N&K

Als sich in den Tagen nach der Geburt herausstellt, dass Alex ein Schreibaby ist, ist ihre Mutter Nina über allen Maßen überfordert. Dennoch kämpft sie für ihre Tochter, fördert sie, und versucht, sich an die offensichtlich starken Empfindungen des kleinen Mädchens anzupassen. Schnell zeigt sich, dass Alex die Welt anders wahrnimmt und Schwierigkeiten damit hat, Alltägliches wie Nähe oder Geräusche zu ertragen. Was Mutter Nina bald klar wird: Alex braucht Regeln. Diese werden bald zum einzigen Ankerpunkt ihres gemeinsamen Lebens machen etwas deutlich: Alex hat eine unfassbare Auffassungsgabe und Fähigkeiten, die sie hervorheben – auch wenn sie mit diesen aneckt.

Margit Mössmer, 1982 in Hollabrunn geboren, ist Autorin und Kulturvermittlerin und lebt in Wien. Zahlreiche Preise und Stipendien, u. a.: Ö1-Literaturwettbewerb, Startstipendium des Bundeskanzleramts Österreich, Hans-Weigel-Literaturstipendium. Nach ihrem Debüt »Die Sprachlosigkeit der Fische« (2015), das als bestes Debüt für den Franz-Tumler-Preis nominiert wurde, erschien 2019 der Roman »Palmherzen« (beide bei Edition Atelier).

Margit Mössmer

Das Geheimnis meines Erfolgs

Roman

NAGEL UND KIMCHE

1. Auflage 2024
Ungekürzte Taschenbuchausgabe bei NAGEL UND KIMCHE
© 2023 by Leykam Buchverlagsgesellschaft m.b.H. & Co. KG,
Graz – Wien – Berlin
© für diese Ausgabe 2024
NAGEL UND KIMCHE in der
Verlagsgruppe HarperCollins Deutschland GmbH, Hamburg
Umschlaggestaltung von wilhelm typo grafisch, Zürich
Umschlagabbildung von tya.studio/Shutterstock
Gesetzt aus der Centennial
von GGP Media GmbH, Pößneck
Druck und Bindung von CPI books GmbH, Leck
Printed in Germany
ISBN 978-3-312-01375-3
www.nagel-kimche.ch

Für meinen Vater,
von dem ich das Schauen gelernt habe.

Flying Amigo III

Dag dag dag, tschewi tschewi dag! Mit dem Ruf der Amsel musste ich einsehen, dass ich kein Bandit war. Ich erhob mich von meinem Sessel, riss Henry Fonda von der
Wand, schlüpfte aus der Hose, nahm endlich den Hut ab,
zog die falschen Stiefel aus und kickte sie mit dem Fuß
unter den Schreibtisch, wo der falsche Revolver lag. Ich
spürte die Butterkeksbrösel unter meinen nackten Sohlen.
Sie erinnerten mich daran, wie lange die Nacht gedauert,
wie sehr sie aus Stunden, Minuten und Sekunden bestan-
den hatte. Butterkeksbrösel, wenn man nahe genug he-
rangeht, sehen aus wie Himmelskörper. Sie können von
Raum und Zeit berichten. Sie sind Zeugen von Vergangenheit und Gegenwart, Leben und Tod.

Ich ging quer durchs Zimmer über die roten Spuren auf
dem Boden. Sie sahen aus wie kleine Flugzeuge. Vor dem
Fenster blieb ich stehen, zog das Hemd aus, machte einen
großen Schritt auf den Stapel IKEA-Kataloge, lehnte mich
mit dem Oberkörper hinaus und blickte zur Amsel in die
Wiese hinunter, senkrecht. Es ist nicht weiter bemerkens-
wert, dass mein Fenster offen stand, auch wenn draußen
der Schnee lag. Mir war heiß, heiß wie an jedem Tag.
    Die Amsel wendete ihren Kopf und sah zu mir nach
oben. Sie beobachtete mich dabei, wie ich mich auf das

Fensterbrett setzte, wie ein nackter Reiter auf sein Pferd. Wie ich schließlich auch mein linkes Bein über den Rücken des Pferdes schwang, sodass beide Beine in der Luft hingen. Die Amsel war eine gewöhnliche Amsel und hatte daher auf die angenehmste Weise nichts dazu zu sagen. Sie wippte dreimal mit ihrem Schwanz auf und ab und flog in den blätterlosen Holunderbusch. Ich blickte an meinen Zehen vorbei in die Tiefe. Der Schnee dort unten war Februarschnee, wässrig und von der frühen Morgensonne beschienen. Ich rutschte mit meinem Hintern einen Zentimeter nach vorn. Meine Fingerkuppen waren noch dagegen und hefteten sich ans Mauerwerk.

Unten in der Küche war Nina schon mit dem Herrichten des Frühstücks beschäftigt.

»Nina!«, rief ich. »Nina!«

»Was?«

»Kannst du mir helfen?«

»Ich habe zu tun!«

»Nina!«

Sie ging endlich die Treppe hinauf. Unsere Treppe bestand aus zwölf knarzenden Holzstufen, also konnte ich ihren Weg nach oben mitzählen. Eins, zwei, drei, vier, bei fünf zitterten meine Arme vor Anstrengung, mein halber Körper hing schon in der Luft. Zwölf! Aber sie kam nicht in mein Zimmer. Sie ging stattdessen ins Schlafzimmer und öffnete dort die Vorhänge. Ich hörte ein Ratsch! Und noch ein Ratsch! Sekunden, Sekunden, Sekunden. Jetzt musste sie bemerkt haben, dass der Spiegel fehlte, und verwendete zwei weitere Sekunden dafür, sich darüber zu ärgern.

»Ich habe dir Tausend Mal gesagt, du sollst mit dem schweren Spiegel nicht –« Sie öffnete die Tür und verstummte. Sie stürmte zu meinen Händen. Zu meinen Schultern. Zu meinem Kopf. Zu allem, was noch greifbar war. Sie packte mich unter den Achseln und zog mich ins Zimmer zurück. Wir landeten auf dem Boden, ihr weites T-Shirt hing über meinem Gesicht und ich verlor den Überblick, oder ich schaute gar nicht, denn Nina schlug mir auf die Wangen, küsste meinen Kopf und rief: »Riri! Schau mich an! Riri!«

Frisch geschlüpfte Amsel-Nestlinge können dem Altvogel bereits den Kopf entgegenstrecken. Ihre Augen sind anfangs geschlossen und öffnen sich am vierten Lebenstag. Ich öffnete die Augen und sah: Nina sah mich an. Sie sah, ich war da. Sie griff meinen Körper ab, um sicher zu gehen, dass auch wirklich alles da war. Sie berührte meinen Nacken, an dem noch immer das Halstuch hing. Eine dunkle Linie verlief quer über meinen Hals von Ohr zu Ohr. Ich sah ihren Zeigefinger, planetengroß. Nina tippte mit ihrem Zeigefinger auf meine Stirn und im selben Takt klopfte es.

»Was soll das? Riri! Riri, was? Was machst du da?« Sie wiederholte es immer wieder. »Was machst du da? Was machst du da? Was machst du für Sachen?«

Dabei machte ich ja gar nichts. Ich lag in ihren Armen wie ein Baby. Nicht einmal meinen Kopf hielt ich selbst, denn den hielt Nina zwischen ihren Händen. Eine einzige, kiloschwere Träne löste sich aus dem Rinnsal, das über ihre Wangen lief, und fiel an der Kinnkante hinunter. Obwohl sie mich im Gesicht erwischte, verstand ich die

Träne nicht. Es gab keinen Grund zu weinen. Aber Nina tat mir leid und ich räusperte mich.

»Ich bin nicht Riri.«

»Was sagst du da?«

»Ich bin kein Bandit.«

»Ist gut, Riri. Du bist kein Bandit.«

Ich bin ein Fisch

Zack! Und ich war auf der Welt. Ich war auf dieser Welt und konnte nicht mehr zurück. Ich war still. Kein Schrei, nicht einmal ein leises Quieken. Die Hebamme übergab mich in Ninas starke Arme. Unsere Häute klebten aneinander, mein ahnungsloses Herz heftete sich an ihres wie Konfetti an einen Plastiksessel. Ich war ein Grund zum Feiern. Es hätte unser großer Moment außerhalb ihres Körpers sein können, das war uns beiden klar. Hier bin ich, hier bist du, hallo, wie geht's? Doch es passierte nicht viel. Ich riss die Augen auf und in Ninas Kopf machte sich eine Erinnerung breit, eine Regel. »Es schreit nicht«, sagte sie. Sie strich mir mit dem Daumen über die Stirn. »Warum schreit es nicht?« Das erste Warum unseres gemeinsamen Lebens.

Niemand antwortete Nina. Sie sah mich mit ihren großen Augen an – Augen, von denen man mir später sagen würde, ich hätte genau dieselben. Ihre Augen waren verheult, meine starr wie die eines Hais. Nina blickte in meine lidlosen Haiaugen, in mich hinein. Sie hätte lächeln können, doch stattdessen fiel sie immer tiefer ins Schwarz meiner Pupillen, als wäre sie eine, die von hoch oben aus einem Turm gestoßen wird. Oder eine, die beim Gehen in einen Brunnen stolpert. Sie fiel in mich, das große Ungewisse.

Augen, Augen, Augen. Neugeborene schauen nicht. Bis vor kurzem war Nina noch zum Geburtsvorbereitungskurs gegangen. Dort hatte man ihr Fotos von zerknitterten Wesen mit unförmigen Köpfen gezeigt, manche mit Haaren drauf, andere nicht. Manche Babyhäute blau, andere gelb, andere rot. Die einen Körper dicklich, mit kleinen Wülsten an den Gelenken, die anderen feingliedrig, beinahe transparent. Es gab hässliche Gesichter, niedliche Gesichter, verschwollene und faltige Gesichter. Aber alle Babys auf den Bildern hatten geschlossene Augen gehabt.

»Ist es okay?« Ninas Frage war dorthin gerichtet, wo eine Hebamme stand. Die antwortete, alles wäre gut, doch Ninas Gehörgänge waren verstopft, gefüllt mit Seen aus Schweiß und Tränen, umgeben von Ohrmuschelgebirgen, also fragte sie noch einmal, lauter, kräftiger: »Ist mein Kind in Ordnung?« Frische Schweißperlen bildeten sich auf ihrer Nase.

Eine Krankenschwester kam, nahm mich von Ninas Brust und wickelte mich in ein Tuch. Ihr Gesicht, eine Eierschale.

»Können Sie bitte warten?« Nina lag da, wie Wäsche im Wasser, hob ihren Kopf an und entdeckte das Durcheinander zwischen ihren Beinen. Wer konnte schon sagen, was von all dem ihr Körper war und was meiner, was das alles sollte, was hier geschah.

»Wir sehen uns das an«, sagte ein Arzt, der sich hinter einem Vorhang versteckt hatte.

»20.2.2001. Schönes Datum, Frau Koch. Und auch noch Glück gehabt, weil knapp am Wassermann vorbei.«

Nina versuchte zu lächeln, schließlich war es eine gute Entwicklung, dass die Frau, die eben noch mit aller Gewalt ihr Knie in Ninas Bauch gestemmt hatte, jetzt für Scherze aufgelegt war. Doch im nächsten Moment seufzte die Hebamme tief und beschwerte sich darüber, dass Ninas Nachwehen nicht schneller einsetzten, damit sie ihre Arbeit fertig machen konnte. Endlich wusch sie ihr das Blut von den Schenkeln, injizierte ihr etwas und begann zu nähen.

Ninas Halswirbelsäule hätte nicht das Gewicht einer Fliege stützen können. Ihr Kopf hing so schwer herab, dass das Kinn auf dem rechten Schlüsselbein auflag. Ihr Körper war gerade geviertelt worden, langsam fügten sich die Teile wieder zusammen, im Dunst des Zimmers aber hatte sich ihre Angst zu sterben gehalten. Ein grauhäutiger Jesus am Kreuz blickte sie aus der Ecke an. Seinen Kopf hatte er genauso hängen gelassen wie Nina ihren. Er war nackt, obwohl die kalte Luft durchs gekippte Fenster kam.

Ich schrie zum ersten Mal. Und hörte nicht mehr auf.

Insomnia

Beim Verlassen des Krankenhauses schaute Nina die Hebamme noch ein letztes Mal fragend an. »Ich weiß auch nicht, Frau Koch.« Sie tat, als hörte sie mein Schreien nicht, und zeichnete mir mit dem Daumen ein Kreuz auf die Stirn.

»Aber ich sehe, Sie haben Hilfe zu Hause.«

»Hilfe?«, fragte Nina.

Die Hebamme zeigte auf die kleine Frau, die gerade mit dem Auto die Auffahrt heraufgekommen war und auf uns zuging.

»Ach so, meine Mutter.« Nina sah die kleine Frau für einen Moment lang an, dann schaute sie zurück zu mir, ins Maxi Cosi. »Ich geh mit diesem Kind so nicht heim.«

»Du bist nur müde«, sagte Ninas Mutter zu Nina und »Gott schütze Sie« zur Hebamme. Die machte einen erleichterten Eindruck, als wir doch ins Auto stiegen. Während der Fahrt sprach Ninas Mutter kein Wort, Nina weinte leise, ich weinte laut.

Was viele nicht wissen, ist, dass das Erste, das man wahrnimmt, wenn man einen Raum betritt, der Geruch ist. Es sind weder die Größe des Raumes noch die Höhe der Decke oder die Farben der Wände. Es ist der Geruch. Meine Nase ist Trägerin und Archivarin unzähliger Gerüche und damit unzähliger Szenerien, Orte und Menschen. Das Krankenhaus roch nach Leuchtstoff. In unserem Zuhause roch es nach Fructis-Shampoo.

Nina legte mich in ihr Bett und wir schliefen. Schliefen wir? Schlief ich? Es verging ein Tag und es verging eine Nacht. Es verging eine Mondphase oder ein Mondphasen-zyklus. Sie trug mich durchs Zimmer. Irgendwann legte sie mich in ein eigenes Bett. *Das einzigartige Mikroklima gibt ein Gefühl von Wärme und Gemütlichkeit*, hieß es im Katalog. Ich lag auf dem Rücken und schrie, wie ich es im Krankenhaus gelernt hatte. Nina sah mich mit ihren gro-ßen Augen an, wie sie es im Krankenhaus gelernt hatte. Sie beugte sich über das Bett, der Kragen ihres T-Shirts dunkel gefärbt. »Schlaf endlich«, flehte sie mich an. Mit zittriger Stimme fing sie an zu singen. Während sie sang, klemmte sie etwas an die Gitterstäbe meines Bettes und auf einmal, als sie fertig gesungen hatte, schwebte sie über mir: die Sichel. Nina tippte sie mit dem Zeigefinger an und sie begann gefährlich hin und her zu schwingen.

»Schau mal«, ein gefühlvolles Flüstern, »der Mond.«

Ich strengte mich an, Nina klarzumachen, dass ich da-mit nicht einverstanden war. Leider konnte ich ihr Gesicht nicht finden und leider war das noch nicht alles. Sie zog an einer Schnur, die aus der Sichel kam, und es wurde un-erträglich heiß im Zimmer. So heiß, dass es wehtat. Nina nahm mich aus dem Bett und trug mich im kochenden Zimmer herum. Ich tobte.

Nina brauchte ewig, um die Sichel wieder von dort weg-zunehmen, und mir wurde klar, sie bestimmte, was passierte und wann es passierte. Sie konnte mein Universum einrichten, wie es ihr passte. Sie war die mächtige Herrscherin in diesem Reich und sie hätte mich in ihrer Verzweiflung über mich zermalmen können wie einen Käfer.

Ich begriff, sie war die Einzige, die mir helfen konnte.

* * *

Die Babywaage stand auf dem Tisch und warf einen bedrohlichen Schatten an die Wand. Nina hatte sie auf Anraten von Doktor Birnbacher gekauft. *Durch das reduzierte Design fügt sich die Waage unauffällig in die Umgebung ein,* stand in der Beschreibung. Von unauffällig konnte keine Rede sein, sie war vielmehr ein drittes Familienmitglied. Nina redete sogar mit ihr.

Ich konnte noch mit nichts und niemandem reden. Ich schrie. Wobei, das sagt sich so leicht. Mit allem, was mir an Kraft zur Verfügung stand, saugte ich die Luft, das menschliche Lebenselixier, ein, fügte im Inneren meines Körpers meinen Schmerz dazu und stieß die schmerzerfüllte, wasserschwere Luft wieder aus. Dauerte das Einsaugen und Vermischen, also der Moment der Stille, besonders lange, war das das Anzeichen für eine Riesenwelle, die umso vernichtender ausfallen, Nina erfassen und in den Abgrund ziehen würde. Wenn ein Baby schreit, so richtig schreit, dann reicht es nicht zu sagen, es stelle einem dabei die Haare auf. In Wahrheit betrifft dieses Schreien jede einzelne Zelle des Hörenden und hätten Zellen Haare, dann würde es ihnen die Haare aufstellen.

Man möchte das nicht hören. Man möchte es nicht hören! Sogar Tiere möchten es nicht hören. Vor allem Tiere.
Kommt ein Hund mit einem schreienden Baby zusammen,
beginnt er heftig zu winseln. Dabei sagen manche, Hunde
seien gut, um Babys zu beruhigen. Wir hatten keinen
Hund.

Ninas Planet

Vor meiner Geburt hatte Nina als Frisörin gearbeitet. In der Frisierstube Biene lobte man sie für ihr Talent, mit Haaren umzugehen. Lob ist für die meisten Menschen angenehm und deswegen löste es bestimmt ein erfreuliches Gefühl in Nina aus. Aber von einem Gefühl kann man sich nichts kaufen, schon gar keinen Golf. Die Biene zahlte ihr 5.000 Schilling im Monat. Der neue VW Polo kostete 250.000 Schilling. Also arbeitete Nina an Samstagen im Spar in der Wiener Straße als Affe. An nur einem Tag verdiente sie dort so viel wie bei der Biene in einer ganzen Woche.

Ein Affe braucht starke Arme, um Bananenschachteln tragen zu können. Und er muss alles, was im Obst- und Gemüseregal liegt, wenden, nachschlichten, drapieren, aussortieren. Die Früchte, die nicht einzeln, sondern in Netzen oder Plastiksäcken abgepackt in den Regalen liegen, muss er noch genauer kontrollieren. Dort verstecken sich schimmlige Zitronen, verbeulte Mandarinen, faulige Zwiebeln. Nina hatte gelernt, dass Obst und Gemüse lebendige Organismen waren, die atmeten und Vorratsstoffe verbrauchten. Ein Apfel mag es gerne kühl und feucht, eine Banane trocken und warm. Dieser Widerspruch war unüberwindbar und Nina musste viele Bananen wegschmeißen. Wie beim Menschen bestehen Bananenhände aus mehreren Fingern. Wenn Nina eine Bananenhand sah, dachte sie an das schwere Gewicht von Kartons. Wenn ich eine Bananenhand sah, wuchs aus ihr die Frage, welchem Wesen diese Hand einmal gehört haben mochte. Einem riesigen Bananenmann vielleicht, der mit tiefer Stimme spricht, tief wie die Stimme vom Steinbeißer in der Unendlichen Geschichte, Ninas Lieblingsfilm, als sie ein Kind war. Oder die Stimme des Universum-Sprechers im Fernsehen, die sie auch ganz gernhatte. Oder Michaels Stimme.

Michael und Nina kannten sich aus der Berufsschule. Michael lernte dort alles über Einzelhandel und Nina alles über Haare: Haar und Kopfhaut beurteilen, reinigen und pflegen, Kopfhaut mit verschiedenen Techniken massieren, Haare mit klassischen Techniken schneiden, Haare mit verschiedenen Umformungstechniken gestalten, Geräte, Materialien und Arbeitsmittel auswählen und einsetzen sowie Arbeitsschritte planen und durchführen, Arbeitsergebnisse kontrollieren, und: Kunden serviceorientiert betreuen. Das bedeutet, sie hatte gelernt, wie man freundlich lächelt. Also lächelte sie auch freundlich, als sie Michael damals die Tür zu unserem Zuhause öffnete. Vielleicht hatte sie in diesem Moment ein Tic Tac im Mund, sicher hatte sie die Haare frisch gewaschen. Und sicher blickte sie Michael ins Gesicht, weil Menschen das tun, wenn sie jemandem die Tür öffnen. Ich weiß nicht, was sie dort im Türrahmen sah. Weiße Streifen auf Orange. T-Shirt, kurze Hosen. Ein Papagei auf der linken Schulter, wie ein Pirat. Mit seiner guten Stimme sagte Michael etwas wie *Ich hatte schon Angst, ich komme zu spät* oder

Ich hatte schon Angst, ich finde nicht her, denn Michael, meinte Nina einmal, hatte vor vielen Dingen Angst.

Als es vorbei war, verabschiedeten sie sich und machten ein neues Date aus. Sie verabredeten sich noch einmal und noch einmal und noch ein paar Male, so lange, bis sie irgendwann einfach aufhörten, einander zu treffen. Nina musste also keine neue Zahnbürste mehr für ihn verschwenden und im Haus war es wieder still. Sie verbrauchte allein auch kaum Strom, nur manchmal lief der Fernseher, begleitet vom Rauschen in den Wänden. Legte sie die gefaltete Tagesdecke auf die blaue Couch, lag sie abends immer noch so da. Niemand hatte sie verwurschtelt oder in ein anderes Zimmer getan. Keine knarzenden Stufen, wenn es nicht die eigenen Schritte waren. Keine riesigen Schuhe, die fast den ganzen Raum zwischen Eingangstür und Treppe einnahmen. Nina behielt wieder die Übersicht. Lichtkippschalter, Türschnallen, Fenstergriffe, wassergefüllte Radiatoren, zwei Schneidbretter, ein Kübel, ein Tisch und Sessel mit Filzklebepunkten an den Beinen, lautlos. Unter der Woche Fructis-Shampoo, am Wochenende Bier-Shampoo, Kapuzenpullover mit Fischskelett-Print, einmal pro Woche Wäsche waschen, die Tagesdecke auf den nackten Schenkeln, der blaue Stoff der Couch darunter.

Und sonst – Ruhe. Welches Chaos sich damals gerade in ihrem Unterleib zusammenbraute, das wusste sie ja nicht. Was sie außerdem nicht wusste, war, dass es mit mir auf der Welt schwieriger wurde, Michael nicht brauchen zu wollen.

Ärzte

Wie ein Schwarm Heuschrecken war ich in Ninas Leben gerauscht und über sie hergefallen. Jede Minute mit mir, eine Heuschrecke. Anfangs hatte sie sich noch nach jedem Tier einzeln gebückt, aber der Schwarm wurde Tag für Tag dichter und irgendwann, nach Wochen und Monaten, konnte Nina keine einzelnen Übel mehr sehen, sondern stand inmitten einer flimmernden, lärmenden, alles zerfressenden Katastrophe.

Nina rief Doktor Birnbacher an und fragte, was sie mit mir machen solle. Der Birnbacher sagte, das Leben sei ein Lotteriespiel oder eine Pralinenschachtel oder so etwas Ähnliches und dass man eben auch ein Schreibaby aus Abrahams Wurstkessel fischen konnte. Schreien sei nichts anderes als Kommunikation, sie solle das nicht negativ sehen. Er sage es gerne noch einmal, vor allem einer jungen Mutter wie ihr: Es handle sich um Anfangsschwierigkeiten, wie es sie nun einmal zwischen Mutter und Kind gebe, mein Schreien würde sich legen. Sie solle sich entspannen, ein Baby reagiere sofort, wenn die Mutter angespannt ist.

Also strengte sich Nina an, entspannt zu sein. Sie hielt ihre Tränen zurück und trug mich durchs Zimmer, obwohl sie wusste, dass mein Toben im Liegen, im Stehen, im Gehen ein und dasselbe war. Sie schaukelte und tätschelte mich. Sie legte mich auf die blaue Couch, fütterte mich mit Tropfen gegen Blähungen, streichelte meinen Bauch, schob meine Beine behutsam hin und her, als wären sie das Gestänge an den Rädern einer alten Lokomotive. Sie wollte mich zum Laufen bringen, ich sollte endlich funktionieren. Sie nahm mich an die Brust und versuchte, mich zum Trinken zu überreden. Alle ihre Anstrengungen waren mir ganz egal. Ich schrie.

»Normal ist das nicht«, sagte Patrick, der uns am Küchentisch zwischen CD-ROM-Türmen sitzend beobachtet hatte, während er Nina ein E-Mail-Konto auf ihrem neuen Computer einrichtete. Nina wollte eigentlich keinen Computer. Schon gar keinen, der den vierten Platz an unserem Tisch besetzte. Nina brauchte auch kein E-Mail-Konto, aber es war angenehm, dass Patrick eine Beschäftigung hatte. Er kannte sich gut mit EDV-Sachen aus. Auf dem Computer gestaltete er Werbematerial für Firmen. Zum Beispiel arbeitete er an der Beklebung für die Fensterfront der Pizzeria Jovanotti in der Wiener Straße. Patrick war selbstständig. Und er war Ninas Bruder. Er schlief oft auf unserer blauen Couch.

Patrick stellte sich vor uns hin und sah mich an. Er roch nach Leder. »Schaut aus wie zehn Tage durchgewatscht«, sagte er.

Ich bemerkte, wie Nina die Kraft aus den Armen schwand. Sie ließ mich sanft auf ihren Schoß sinken. In dem Moment, als mein Kopf ihren Oberschenkel berührte, klebte da ein dünner, roter Faden, der von meinem rechten Ohr zum Hals führte. Wir fuhren ins Krankenhaus.

Die Ärztin in der Ambulanz drückte Nina aufrichtig die Hand und sagte, sie solle sich keine Vorwürfe machen, es könne schon vorkommen, dass man so etwas übersieht. Wir standen im Gang, rechts und links von uns saßen Patienten und starrten uns an.

Die beidseitige Mittelohrentzündung, meinte sie, würde wenigstens erklären, »warum Ihr Kind, wie Sie es mir schildern, so viel schreit«.

Diese Rechnung war aber falsch. Ich war seit sieben Monaten auf der Welt, das heißt, ich schrie seit sieben Monaten. Die Mittelohrentzündung gab es erst seit einem Tag.

Nina hörte der Ärztin gar nicht richtig zu, ihr Blick war an ihrem Long Bob hängen geblieben. Trotz der schlecht gemachten Meschen wirkte die Ärztin jung und verständnisvoll. Also nahm Nina noch einmal alle Kraft zusammen, um unsere Lage zu erklären.

»Mein Kind schläft nicht«, sagte sie.

»Das tut mir sehr leid. Haben Sie Stillen als Einschlafhilfe probiert?«

»Ich meine gar nicht. Nie. Nie, nie, nie.«

Die Ärztin pflichtete Nina bei, dass das eine schwierige Situation war. Als sie anfing, von ihren eigenen Kindern zu reden, unterbrach Nina sie und sagte möglichst laut, um gegen mein Schreien anzukommen: »Ich glaube, mein Kind schreit nicht, weil die Ohren entzündet sind, sondern die Ohren sind entzündet, wegen dem vielen Schreien! Es ist umgekehrt, verstehen Sie?!«

Die Ärztin lächelte freundlich oder unbeholfen oder mitleidig und griff in ein Prospektregal, das dort in unserer Nähe stand. Durch mein Toben konnte man sie nicht mehr verstehen, sondern nur noch sehen, wie sich ihre Lippen bewegten, während sie uns eine babyblaue Broschüre entgegenhielt.

* * *

Die Menschen kommen sich einzigartig vor mit ihren Gefühlen, dabei schwimmt die Menschheit seit Jahrtausenden im selben Gefühlspool. Jedes Gefühl wurde schon Trilliarden Mal gefühlt. Gefühle werden nicht geboren wie Babys, und plötzlich ist da etwas Individuelles, Unvergleichliches. Sie entstehen weder sozusagen aus dem Nichts wie neuartige Viren noch werden sie bei archäologischen Ausgrabungen als etwas längst Verschollenes gefunden und wiederbelebt. Alles bleibt in der Gefühlswelt immer beim Alten. Der Menschenaffe war wütend und Nina war es auch. Nina war wütend auf mich. Nina war still und reglos wütend auf mich. Ausgerechnet hier und jetzt, in der Psychosomatischen Ambulanz, von deren Existenz uns nicht erst eine Broschüre, sondern auch der Birnbacher hätte erzählen können, ausgerechnet hier also, wo Nina mich dem Primarius präsentieren wollte, musste ich ihr in den Rücken fallen und ein unauffälliges Kind sein. Ich saß auf ihrem Schoß und schaute den Arzt über den Schreibtisch hinweg an. Nina füllte inzwischen das Formular aus: *Ich mache mir viele Sorgen* ✔, *Ich weine oft* ✔, *Ich bin sehr müde und kann trotzdem nicht schlafen* ✔, *Ich habe Angst* ✔, *Ich kann nicht mehr lachen* ✔.

»Da steht, wenn ich mehr als vier Punkte ankreuze, kann es sein, dass ich eine psychische Krise habe. Aber ich habe keine psychische Krise, also wenn, dann haben wir beide eine Krise, weil diese vier Punkte, die müsste mein Kind eigentlich genauso ankreuzen.« Sie sah mich wütend oder vorwurfsvoll oder hoffnungslos an. »Also wenn es einen Stift halten könnte.«

* * *

Ein paar Wochen später und ein Viertel Kilogramm weniger, hatten wir einen neuen Termin. Und zwar bei Frau Hamidi im zweiten Bezirk in Wien.

Frau Hamidi war eine ausgebildete Cranio-Sakral-Therapeutin. Nina hatte sie auf einer Homepage gefunden, auf der Mediziner aller Art nach Gemeinden und Bezirken aufgelistet waren. Wir saßen gemeinsam mit Patrick am Küchentisch und warteten. Die Homepage brauchte etwa 15 Sekunden, um zu laden. Der Klick auf den Button Kassen/Kosten dauerte noch einmal so lange. Als sie die Zahlen auf dem Bildschirm sah, legte Nina ihre Hände über den Mund und Patrick fing laut zu lachen an. »Das verlangt die in der Stunde, Nina!«, rief er. »In der Stunde! Für so einen Eso-Hexen-Scheiß!«

Nina zog ihren Kopf einmal zur rechten, einmal zur linken Schulter, so dass es in der Wirbelsäule knackte wie bei einer Boxerin, atmete laut aus, stand auf und ging in die Küche.

Patrick las sich den Text durch und redete einfach weiter.

»Fluid-Tide, was soll denn das heißen? Primäre Respiration. Subtile Pulsation. Ich glaub, ich spinn. Und schau, da, das Behandlungszimmer. Das ist gar kein echtes Arztzimmer, das ist einfach eine Wohnung.«

Nina schreckte die Eier ab, kam an den Tisch zurück und legte mit glühroten Fingerkuppen ein Ei in den Becher vor Patrick. *Apropos Wohnung*, hätte sie sagen können. Zwei Worte.

»Aber borgst du's mir trotzdem?«, fragte sie, ohne ihn anzusehen. Sie starrte stattdessen auf seine Füße. Patrick saß mit den Straßenschuhen da. Mit der rechten Hand griff er nach dem Löffelchen und schlug damit so kräftig aufs Ei, dass die Schalensplitter nur so über die Tischplatte schossen. Mit jedem Schlag hätte Nina ihn fragen können, wie lange das Austauschen der Fenster in seiner Wohnung eigentlich noch dauern würde, bis wann er bei uns bleiben wollte. Es wären kleine Worte gewesen. *Wann ziehst du aus?* Vier Worte. Ein Fragezeichen am Schluss. Worte, klein wie frischgeschlüpfte Babyvögel. Aber Menschen gewöhnen sich an, nicht alles geradeheraus zu sagen. Für viele ist es eine Option, Worte zurückzuhalten. Irgendetwas in ihrem Gehirn funktioniert in gewissen Situationen auf eine gewisse Art, weswegen sie es tun, beziehungsweise eben nicht tun, weswegen sie schweigen.

Frau Hamidi, Hamidi, Hamidi. Hamidi ist ein Name, den ich gerne laut ausgesprochen höre, bei dessen Klang ich an Vanillepudding oder weißes Plastik denke. Im Behandlungszimmer mit dem Orangenduft, den Orchideen auf dem Fenstersims und den gerahmten Zeugnissen an der Wand atmete Nina das erste Mal seit Monaten. Nicht ein, sondern aus. Ausatmen wird unterschätzt.

Anders als der Name vermuten ließ, hatte Frau Hamidi nichts Großartiges gesagt. Sie hörte sich nur Ninas Erzählungen an. Sie mussten sich beide anstrengen, weil es wirklich eine Herausforderung war, neben meinem Toben bei der Sache zu bleiben. Nina erzählte von unserer schwierigen Geburt, von unseren schwierigen Tagen und Nächten. Von den Heuschrecken. Sie erzählte und wiederholte einzelne Worte, wenn Frau Hamidi sie durch mein Kreischen hindurch nicht verstanden hatte. Sie redete über mich, über sich. Sie erwähnte, wie schwer es ihr fiel zu essen, weil ich nicht aß.

Sie wisse, sie müsse essen, aber es käme ihr unfair mir gegenüber vor.

Frau Hamidi legte mich auf die Liege und Nina schaute auf meine halbnackten Gliedmaßen, die ich zitternd in die Luft streckte, umgeben von Bodystoff, der nicht um meinen Körper spannte, wie er sollte. Frau Hamidi packte meinen Kopf mit beiden Händen. Sie packte ihn, sage ich, weil sie ihn wirklich packte. Diese großen Hamidi-Hände an meinem kleinen Kopf. Ich spürte, wie die fleischigen, kräftigen Hamidi-Handinnenflächen durch meine Haut bis zu meinem Schädelknochen vordringen wollten. Das hier hatte nichts mit einer Kopfmassage zu tun, so wie Nina sie in der Berufsschule gelernt hatte. Nina hätte die Behandlung abbrechen und sagen können: *Danke, aber nein danke. Lieber nicht. Lassen Sie das.* Aber wie gesagt, Menschen schweigen.

»Geburtstrauma«, sagte Frau Hamidi. »Der Kopf ist deformiert.«

Aus Ninas Auge floss eine Träne.

»Zum Glück sind Sie rechtzeitig bei mir. Im ersten Jahr lässt sich das noch richten.«

Nachdem Frau Hamidi meinen Schädel lange genug gedrückt und gedreht hatte, nahm sie ihre Fingerspitzen zusammen und rieb meine Ohren. Sie rieb sie fest, bis sie violett waren wie Orchideenblüten, während mein Gesicht vom Schreien blau war wie unsere Couch. Nachdem sie meine Ohren lange genug gerieben hatte, stach sie mir mit einem heißen Zeigefinger auf meine Nasenwurzel. Es wäre passend, jetzt sagen zu können, ich schrie wie nie zuvor, aber Nina hatte schon alles von mir gehört. Ich spürte, wie etwas Kühles durch meinen Kopf ging und meinen ganzen Körper erfasste. Es war, als hätte sich ein Rochen über mich gelegt und mich mit seinen Flossen gestreichelt. Etwas war durch Frau Hamidi in Bewegung gebracht worden und mein Schreien entfernte sich, bis es irgendwann nicht mehr zu hören war.

Nina staunte. War das nur ein schneller Zaubertrick oder hatte Frau Hamidi mich soeben repariert?

»In diesem Kind wohnt eine alte Seele«, sagte Frau Hamidi in die ungewohnte Stille und ließ mich los. »Für so ein Kind brauchen Sie viel Energie.«

»Aber ich habe keine Energie«, sagte Nina wie eine Verkäuferin, der die Ware ausgegangen war. »Ich bin müde.«

Sie bemerkte, dass ich immer noch ruhig war, und lachte den Satz schnell beiseite. Fröhliche Luft strömte aus ihrem Mund und es war, als müsste sie selbst gar nichts dafür tun, als würde diese Luft die großen Scheine einfach so aus ihrer Geldbörse herausheben und in den Raum blasen. Frau Hamidi fing das Geld auf, es sank in ihre weltgroßen, gescheiten Handflächen, die meinen Schädel jetzt so gut kannten, und sagte: »Auf Wiedersehen, Alex.«

* * *

»Und, hat sie so Kerzen aufgestellt, ein Pentagramm auf den Boden gezeichnet und Alex hineingelegt!?« Anstatt quer durchs Haus zu brüllen, hätte Patrick aufstehen und Nina mit dem Kinderwagen helfen können, der immer ein bisschen zu sperrig für die kleine Fläche zwischen Tür und Treppe war.

»Pscht!« Sie schüttelte Schnee von ihrem Schal, die Flocken trafen auf meine heiße Stirn. »Alex ist gerade eingeschlafen.« Sie schlüpfte aus den Schuhen und fuhr mit den Zehen den Boden ab, bis sie den Tretschalter der Stehlampe neben dem Treppenaufgang ertastete.

Ich schlief nicht.

»Hast du's absichtlich so finster?« Blaues Licht ließ Patricks Gesicht aus dem Wohnzimmer hervortreten.

»Vielleicht noch mit schwarzer Katze und Umhang und so?«

»Was hast du da?« Nina schob Decke und Polster zur Seite und ließ sich neben ihm auf die blaue Couch fallen, das Leintuch unter ihr in Falten.

»Laptop.«

»Woher?«

»Wie meinst du das, woher?«

Sie blickte durch die offene Tür auf die schwarze Gestalt meines Kinderwagens. »Keine Ahnung, wie die das gemacht hat, aber es war gut, richtig gut. Danke, echt. Ich gebe dir das Geld nächste Woche wieder.«

Patrick zog sich die Kapuze seines Pullovers ins Gesicht und sang: »I am human and I need to be loved, just like anybody else does.«

Nina verwuschelte ihm mit allen fünf Fingern die Haare.

»Du bist so ein Trottel, Patrick.«

»Gern geschehen. Und jetzt schau mal, was ich grad mach. Was sagst?«

Nina schaute auf den Bildschirm und sah in diesem Moment etwas zum ersten Mal, das wir später alle immer sehen würden, wenn wir mit dem Auto die Wiener Straße entlang fuhren: eine Pizza Margherita, in die die meisten Leute am liebsten sofort hineinbeißen wollten. Der Käse zerfloss heiß und goldig gelb, das Basilikum knallte in einem frischen Grün, die Tomaten lagen da, duftend und fleischig-rot. Die Pizza war kein vollständiger Kreis mehr, ein Stück wurde schon herausgeschnitten und dort, in diesem fehlenden Stück, stand in blau-weiß gestreiften Buchstaben, die aussahen wie Meer und Strandkörbe und Möwenrufe: *Pizzeria Jovanotti.*

»Das ist genial, Patrick«, sagte Nina.

Patrick hatte ein Gespür für die Sprache von Marken. Schon als Kind hatte er Logos gezeichnet. Jedes Logo, das ihm unterkam. Er zeichnete den Nike-Haken, das Adidas-Dreiblatt, die Regio-Kaffee-Krone, den Mercedes-Stern oder die Alfa-Romeo-Schlange. Stundenlang saß er damals an seinen Logos und war deswegen Ninas stiller Bruder. Weil niemand in der Familie wusste, was man mit dem Talent, Logos zu zeichnen, anfangen konnte, begann er mit 16 Jahren eine Schlosserlehre wie viele Buben in seiner Klasse. Er schweißte, flexte und hämmerte jahrelang für den Metallbau-Meisterbetrieb Schmöller in der Prager Straße. Er arbeitete manchmal bis spät am Abend, oft draußen im Freien, auch im Winter. Zum Glück hatte es an dem Abend, als Patrick aus fünf Metern Höhe von einem Gerüst fiel und in den Garten eines Einfamilienhauses stürzte, minus 12 Grad. Er war so dick angezogen, dass ihm bis auf eine Gehirnerschütterung und eine Fleischwunde vom Reißverschluss seiner Jacke, der sich beim Aufprall unter die Haut geschoben hatte, nichts passiert war.

Trotzdem war durch den Unfall etwas Großes in ihm erschüttert worden und er ging nie wieder zum Schmöller zurück. Stattdessen ging er mit seinen Logo-Zeichnungen zum Tätowierer in unserer Stadt. Der Tätowierer schnallte ihm einen hautfarbenen Gummilappen um die Wade und drückte ihm die Nadel in die Hand. Patrick hatte Hunderte Motive geübt und war bereit. Er führte die Nadel zur Wade und da passierte es: Seine Hand fing zu zittern an.

Doktor Birnbacher diagnostizierte damals einen aufgabenspezifischen Tremor. Patricks Hand zitterte nur bei bestimmten Anforderungen.

Doktor Birnbacher

Die Ordination von Doktor Birnbacher roch nach Nirosta und Traubenzucker. Ich saß wie immer auf Ninas Schoß, fixierte wie immer die große Uhr an der Wand und bemerkte erst gar nicht, wie der Birnbacher sein Stethoskop an meine Brust legte. Nina erzählte von Frau Hamidis Arbeit mit meinem Kopf.

»Dass gerade Sie für so etwas Geld ausgeben, Frau Koch. Ich möchte ja die Integrität einer Kollegin nicht anzweifeln«, er lachte oder räusperte sich, »aber die Schädelplatten eines Babys wissen von allein, was zu tun ist, und fügen sich zusammen, wenn sie sich zusammenfügen.«

Er nahm das Stethoskop von mir weg und äußerte wieder einmal seine Sorge, dass ich für meine zwölf Monate viel zu leicht wäre und dass wir seit drei Monaten auf meinen acht Kilogramm herumdümpeln würden, was so auf keinen Fall weitergehen könne. Während er redete, sah er ausschließlich Nina an und am Ende stellte er wie gewohnt eine Bronchitis fest.

»Kann das vom Schreien kommen?«

Der Doktor lachte oder räusperte sich wieder. »Das Schreien kommt von den Koliken.«

Wer gut aufgepasst hat, bemerkt, dass das nicht Ninas Frage war.

»Ich schreibe Ihnen was Neues auf. Nicht ganz billig, aber wirkt.«

Wieder schaute er nur Nina an.

»Sie meinen für mich?«

»Haben Sie Beschwerden?«

Nina durfte sich nicht wie beim letzten Mal verwirren und auch nicht wie beim vorletzten Mal abspeisen lassen. Sie musste sich konzentrieren, bei der Sache bleiben und Dinge einfordern.

»Sie meinen gegen das Schreien.«

»Gegen die Koliken, korrekt.« Mit dem rechten und dem linken Zeigefinger tippte er etwas in den Computer, wobei er nach jedem Tipper tief seufzte. Das habe er nun vom neuen Jahrtausend. Er wäre die letzten Jahrzehnte prima ohne Computer zurechtgekommen. Nina nickte zustimmend oder gleichgültig oder interessiert.

»Wirklich wichtig ist jedenfalls die Gewichtszunahme, Frau Koch«, sagte er und gerade als Nina ihn fragen hätte können, ob er schon einmal ein schreiendes Kind essen gesehen hatte, fragte er: »Frau Hawlicek, was stehen Sie denn die ganze Zeit hier herum?«

Nina drehte ihren Kopf. Ich schaute mit. Eine Frau schlich in flauschigen Pantoffeln quer durchs Zimmer. Ich blickte von den Füßen, ihren schönen Kittel entlang nach oben. Auf ihren Wangen links und rechts hatte sie je drei schwarze Striche, auf ihrer Nasenspitze einen schwarzen Punkt aufgemalt. Auf dem Kopf trug sie einen Haarreifen mit Katzenohren. Die Katze legte dem Doktor einen Zettel auf den Tisch.

»Danke«, sagte der Birnbacher dankbar oder ernst oder genervt.

Die Katze nickte und schlich wieder zur Tür. An ihrem Hintern baumelte ein Schwanz aus Fell herab.

Nina schüttelte das Bild der Arzthelferin aus ihrem Kopf und konzentrierte sich wieder auf meinen. »Ich will, dass jemand in den Kopf hineinschaut«, sagte sie selbstbewusst.

»Ein EEG?«

»Eine Tomografie«, sagte sie schon weniger selbstbewusst.

»Ich glaube nicht, dass das nötig ist. Das kostet, Frau Koch, und Sie müssen lange auf einen Termin warten.« Er rollte ein Stück vom Schreibtisch weg, ließ die Fingerkuppen aber an der Tischkante liegen.

»Ja, das verstehe ich.« Nina rieb mit den Knöcheln ihrer rechten Hand an ihrem rechten Auge.

»Bindehautentzündung?«

»Wie?«

»Ihr Auge. Sieht nicht gut aus. Ich schreibe Ihnen was auf.« Nina drückte mich näher an sich und spielte auf meinem flachen Bauch Klavier.

»Ich weiß nicht, Herr Doktor, ich kann nicht mehr. Was soll ich machen?!« Nina hob die Hand zum Himmel, beziehungsweise zur Lampe, die an der Decke der Ordination klebte wie ein Käfer, der sich totstellt. Eigentlich hatte sie die Frage mit Nachdruck, laut, mit Rufzeichen hinter dem Fragezeichen, gestellt, aber Doktor Birnbacher sah einfach nicht von seinem Computerbildschirm auf, er stellte sich ebenfalls tot.

Er drückte mehrmals auf dieselbe Taste der Tastatur und fluchte leise, ehe er »Ich verstehe« sagte.

Alle verstanden alles.

»Was ist denn eigentlich mit Ihrer Mutter?«

»Die lebt in Bregenz.«

»Kein Katzensprung. Aber kann sie Sie nicht zeitweise unterstützen?«

»Meine Mutter?« Nina wippte heftig mit beiden Beinen auf und ab, so als wollte sie jeden Moment aufspringen. Es schüttelte mich im ganzen Körper. Und als hätte es dieses Schütteln gebraucht, um auf mich aufmerksam zu machen, schaute mich der Birnbacher endlich an. »Wenn Ihr Kind erst einmal sprechen kann, wird alles leichter.«

Nina sah sehr schön aus, als sie vor Doktor Birnbacher zu weinen begann. Sie weinte nicht einfach so dahin, sie hatte etwas Erhabenes, Schicksalsbewusstes an sich, so als würde sie nackt im Licht eines todbringenden Kometen baden. Deswegen schrieb Doktor Birnbacher eine Überweisung mit dem Vermerk *Verdacht auf Hirnblutung.*

Es wurde ein Bild von meinem Kopf gemacht.

Das Bild kostete 190 Euro oder 2.600 Schilling. Es zeigte meinen Kopf von innen. Ansonsten war nichts darauf zu sehen.

Nemo

Langsam gingen Nina die Ideen aus. Die Hebamme, die Ambulanzärztin, der Primarius, der Birnbacher, Frau Hamidi, Hamidi, Hamidi, der Bachblütenapotheker und der guatemaltekische Schamane, der seine Patienten in einem extra aufgebauten Zelt am Messegelände in unserer Stadt empfing. Sie alle halfen nichts.

Patrick war verschwunden und wir waren wieder allein in unserem Zuhause. Wir lagen auf unserer blauen Couch. Ich schrie und Nina weinte. Das Gummiringerl schnürte ihr Handgelenk ein, die Zimmertüren wurden vom Luftzug aufgedrückt oder zugeschlagen, der Regen prasselte an die Fensterscheibe, aus dem Wasserkocher mit dem leuchtenden Kontrolllämpchen strömte der Dampf. Ninas knapp über dem Boden schleifende Schritte, das Fläschchen mit den drei Luftballons darauf, die Babywaage, die Fenster, die Vorhänge, das Gummiringerl an Ninas Handgelenk. Ninas Weinen. Türen, Regen, Wasserkocher, der Schatten der Babywaage, Schritte, Zähne, das Fläschchen, Fenster, Vorhänge, veränderter Lichteinfall, Gummiringerl an Ninas Handgelenk, Türen, Sonnenschein, Fenster, Vorhänge, laute Gasflammen, Gummiringerl an Ninas Handgelenk, Windeln, Windeln, Wind und Windeln, Türen, Gewitterwolken, Wasserkocher, Schritte, der weiße Fleck auf der blauen Couch, Fenster, Vorhänge, veränderter Lichteinfall, gekipptes Fenster, nasser Body, Vorhänge, veränderter Lichteinfall, Gummiringerl an Ninas Handgelenk, Türen, Regen durchs gekippte Fenster, Wasserkocher, Vorhänge.

Und dann, als einmal das Licht richtig war, erkannte ich Ninas Gesicht und bemerkte, dass sie aufgehört hatte zu weinen. In ihren Augen waren alte Tränen zu Gletschern vereist, rundherum lag eine weiße, erschöpfte Schneehaut. Manchen Menschen steht so eine abgefrühstückte Traurigkeit unheimlich gut. Nina war einer von ihnen. Aber es gab außer mir ja niemanden, dem das hätte auffallen können. Niemand sah Nina. Eine Plage, wie man in der Bibel lesen kann, geht viele Menschen etwas an. Ich ging nur Nina etwas an. Es fand sich niemand, der sich zuständig fühlte.

In der Ausweglosigkeit gibt es für Menschen und Tiere ein paar Möglichkeiten zu reagieren. Man kann sich verstecken, davonrennen, sich totstellen oder kämpfen. Ihre Kampfbereitschaft hatte Nina schon bewiesen. Sie hatte wie eine Löwin für mich gekämpft. Wobei dieses Bild etwas Heroisches, fast Freudiges hat. Eine Löwin kämpft mit guten Chancen zu gewinnen. Um Ninas Kämpfen zu beschreiben, sollte man ein anderes Tier hernehmen, eine Stockente zum Beispiel. Nina kämpfte wie eine Stockente für mich. Das heißt, ihr Baby war ihr ebenso wichtig wie der Löwenmutter ihres, doch sie fand das Kämpfen gar nicht lustig und niemand bezeichnete es als heldenhaft oder sonst wie außergewöhnlich. Es war, was es war. Ein

Kampf. Sie kämpfte so lange, bis sie nicht mehr kämpfen konnte. Und es blieb ihr am Ende nichts anderes übrig, als eine andere Taktik zu versuchen: Sie stellte sich tot. Tatenlos blieben wir in unserem Zuhause hocken, und in dieser tatenlosen Stimmung schritt Nina in Zeitlupe durch die Küche, das Schlafzimmer, das Bad. Sie schaute mich mit ihren Gletscheraugen an. In Nina war etwas vereist. Und ihre Kälte ließ auch mich erstarren. Mein Schreien veränderte sich. Immer öfter blieb es einfach in mir drin und ich schaute nur.

Ich schaute den ganzen Tag und begriff: Das Leben bestand aus Dingen. Also lernte ich ihre Namen. Ich sortierte sie der Größe nach. Ohne sie zu berühren. Während Nina jeden Abend vom Schlaf aufgepickt und verschluckt wurde, als wäre sie ein Wurm und der Schlaf ein Vogel, pickte mich nichts auf. Hellwach schaute ich ins Dunkel und ordnete auch nachts die Dinge von Groß nach Klein und wieder retour, von Verlässlichkeit zu Fadenschein. Ich erkannte, viele von ihnen waren zerbrechlich, die wenigsten verlässlich, die meisten sterbenslangweilig. Die Dinge, und damit das Leben, langweilten mich zu Tode.

Da läutete an einem verregneten Samstagvormittag Ninas Telefon. Es war Conny.

* * *

Als Nina die Gittertür öffnete, die den Gehsteig vom Garten trennte, erschien nach den heftigen Regengüssen der vorangegangenen Stunden die Sonne am Himmel und wir wurden vom Leben vor uns überwältigt. Die Blumen, die Sträucher, die Wiese, der Pool, der gepflasterte Weg und jedes Steinchen, das auf ihm lag, waren von einem freundlichen Licht beschienen, so freundlich, dass Nina ihre Sonnenbrille nicht aufsetzen wollte, sondern dem über den üppig blühenden Hortensien tanzenden Rotkehlchen lieber in Echtfarbe nachschaute. Es flog in den wilderen Teil des Gartens, wo das Gras kindshoch stand und Himbeerstauden kreuz und quer wuchsen, ließ sich nieder, putzte sein Gefieder und schüttelte die letzten Regentropfen ab. Neben der Garage stand ein mächtiger Nussbaum. Sein Stamm war über die Jahre vom Wind bearbeitet worden, so dass es aussah, als würde er sich vor uns verneigen. Über der Wasserlacke vor dem Haus schwebte eine Königslibelle, ein Windhauch trug sie hinauf bis zum Dach, wo ein Salamander, der Schutz unter der Regenrinne gesucht hatte, mit neugierigen Füßen erste Schritte aus seinem Versteck wagte.

»Gregor hat geschissen.« Conny drückte Nina Küsschen auf die Wangen und ein kleines Bier in die Hand. »Sorry, bin gleich bei dir.« Sie trug ihr Kind ins Haus und tat das in der lässigen Art, wie sie Eltern manchmal haben, mit einem Arm um seine Körpermitte, so als wäre es nichts weiter als ein Handtuch, und sie auf dem Weg zum Strand.

Ich blieb an der Stelle sitzen, an der mich Nina zu Boden ließ, auf einer Matte, die neben dem Pool in der Wiese lag. Darüber war ein grün-weiß gestreifter Sonnenschirm gespannt. Nina wollte mir die Spielsachen schmackhaft machen, die auf der Matte herumlagen, die Findet-Nemo-Plüschrassel, den Ball oder die bunten Ringe, die man auf einen Stab auffädeln konnte. Ich beachtete die Dinge mit keiner Faser meines Körpers. Hätte Nina mich angesehen, hätte sie die gefährliche Langeweile in meinen Augen gesehen, eine Langeweile, die mich bis zu den Rändern meines Seins auffüllen konnte. Die Langeweile stieg Stunde für Stunde in mir hoch und irgendwann war es nur noch eine Frage von Minuten, bis sie sich ihren Weg nach draußen bahnen und sich kreischend und tobend über uns ergießen würde. Nina kannte den Ablauf bereits. Sie musste mir nicht in die Augen schauen, um zu wissen, was dort war. Stattdessen schaute sie durch die offene Schiebetür zu Conny. Sie hatte den Kleinen auf den Esstisch gelegt, wischte an seinem Po herum und zupfte seinen Body zurecht. Er machte keine Anstalten, sich zu wehren, hielt einen Bauklotz in der Hand und schüttelte ihn mit eher unkontrollierten Bewegungen. Die Art, wie sie über ihr Kind gebeugt stand, sah *natürlich* aus. Die Art, wie das Kind sich über sich beugen ließ, sah *natürlich* aus. Es war, als täten die beiden etwas, worauf sie sich bereits vor ihrem gemeinsamen Leben vorbereitet hatten.

Im Kindergarten hatten Conny und Nina zusammen mit Puppen gespielt, wie alle Mädchen in ihrer Gruppe. Sie gingen auch gemeinsam ins Ballett und in die Musikschule, wie viele Mädchen. In der Volksschule saßen die beiden nebeneinander. Es gibt ein Foto aus dieser Zeit, auf dem sie die gleichen Pullover in verschiedenen Farben tragen.

Conny kam mit einem Lachen im Gesicht, einem Bier in der Hand und ihrem Kind an der Hüfte zum Pool.

»Cremig und senfgelb, super gemacht«, sagte sie zufrieden und setzte sich mit Gregor zu uns auf die Matte.

»Meins!«, rief Gregor und griff nach der Nemo-Rassel.

»Prost!« Nina schaute auf meinen Hintern, der keine Windel mehr nötig hatte. Sie nahm einen Schluck und schob die Sonnenbrille von der Stirn hinunter auf ihren Nasenrücken. Als hätte es geholfen, einen Filter zwischen uns zu legen. Sie fasste sich mit einer Hand ins Haar. Hatte sie vergessen zu duschen? Hatte sie gerade gesprochen? Ich hatte sie lange nicht mehr richtig sprechen gehört. Für mich würgte sie nur Laute der Sorge und Verzweiflung die Kehle hinauf, wie eine Vogelmutter die Nahrung für ihre Babys.

»Mein Gott! Endlich sehen wir uns!« Conny berührte Nina am Oberschenkel, damit fiel eine Eisschicht von ihr ab und sie sagte ihren ersten Satz. »Ja, es war wirklich höchste Zeit.«

»Wir kommen zu nix. Der Stefan immer mit seiner Arbeit.«

»Wo ist der Stefan?«

»Auf einer Begehung.«

Gregor hatte nach einem der Holzringe gegriffen, zuerst nach dem roten, dann nach dem grünen, richtete sich auf und sagte: »Meins!«

»Er ist schon so groß. Und die vielen Haare. Er schaut ganz anders aus als auf dem Foto, das du mir geschickt hast.«

»Ist ja schon wieder ewig her.«

Conny schaute mitleidig oder enttäuscht oder unsicher in meine Richtung. Ich saß da, mit gestrecktem Nacken, und beobachtete, wie der Wind mit dem Sonnenschirm spielte. Sie ließ es instinktiv sein, mich zu berühren.

»Süße Maus, wie groß du schon bist!«

Aber ich war doch gar nicht groß geworden. Die Rippen zeichneten sich durch meinen Body ab. Sie küsste mich schließlich doch auf die Stirn. Ich ließ es zu, weil ich alle Konzentration darauf verwendete, dass mir Gregor nicht zu nahekam. Nahe war uns allen das Wasser. Wir saßen nur etwa zwei Meter vom Beckenrand entfernt.

»Was ist mit dem Zaun-ums-Pool-Projekt?«, fragte Nina.

»Bitte, ja, sag das dem Stefan!«

Gregor war ein Stück in die Wiese gelaufen und quietschte zufrieden dabei.

»Alex bewegt sich gar nicht. Ist dir zu heiß, mein Schatz?« Nina zuckte mit den Schultern.

»Ein Sonnenschirm«, sagte ich.

»Ein Sonnenschirm!«, rief Conny begeistert aus. »Wie gut du sprechen kannst!«

Ja, das konnte ich.

»Und sonst halt ganz die Mama, die war auch immer schüchtern.« Conny zwinkerte Nina zu.

»Alex ist nicht schüchtern«; sagte Nina vorsichtig oder verzweifelt oder müde. »Eher überheblich.«

Conny wartete ein paar Sekunden, bevor sie darauf reagierte. Offenbar überlegte sie, wie zuverlässig diese Information war. Im Leben muss man ständig überlegen, wie zuverlässig Informationen sind.

»Überheblich? Ein Baby?«

Jetzt, wo Conny es aussprach, klang es wirklich lächerlich.

»Okay, nicht überheblich, aber –«

»Besonders? Komm, Nina, sei bitte nicht so eine Mutter. Ich kann keine Eltern mehr hören, die sagen, dass ihre Kinder etwas Besonderes sind.« Sie sprang auf, lief Gregor hinterher, schnappte ihn und brachte ihn auf die Matte zurück. Er protestierte nicht. Sie deutete mit dem Kinn zum Grundstück der Nachbarn.

»Der Schöffling Bub ist langsam im Kopf«, flüsterte sie, »aber nur, weil er motorisch so weit vorn ist und sicher mal ein Spitzensportler wird. Und die kleine Brandstetter«, sie deutete in die andere Richtung über den Zaun.

»Ich sage nicht, dass mein Kind was Besonderes ist«, unterbrach Nina, »ich sage nur, dass Alex besonders arg ist.«

»Alle Kinder sind arg.« Connys Ton war plötzlich hart. Erst jetzt fielen Nina die blauen Schatten unter ihren Augen auf. »Ich würde auch gerne mehr schlafen, glaub's mir. Oder mal wieder laufen gehen. Oder einfach mal fernsehen. Fernsehen! Mir wäre völlig wurscht, was. Oder mit einem Glas Wein in der Badewanne liegen, ohne dass mir irgendein depperetes Spielzeug in den Rücken sticht. Der Stefan sagt, *Na dann geh halt baden, ich schau auf ihn.* Dann geh ich ins Badezimmer, zieh mich aus und merk schon durch die Tür durch, dass das nix wird. Außerdem arbeitet er die ganze Zeit. Seit die Mama tot ist, fühl ich mich so alleingelassen.«

Nina nahm die Sonnenbrille ab und legte eine Hand auf Connys Rücken. Es war seltsam zu sehen, dass auch andere weinten.

»Tut mir leid, Nina. Du bist nicht gerade die, bei der ich das abladen muss.« Sie wischte sich die Tränen von den Wangen und schluckte laut. »Telefoniert ihr manchmal?«

»Geh bitte, wann hätte die Zeit zum Telefonieren? Sie muss ja die Botschaft der Engel des Lichts verbreiten.«

Gregor nahm den Ball und rief: »Meins!«

Ich ignorierte ihn, so gut es ging. Conny sah mich an und ließ sich nicht anmerken, wie sonderbar ich in ihren Augen aussah. Sie sagte deshalb etwas, wofür ich nichts konnte, und zeigte mit dem Finger auf mich: »Schau mal, da ist ein Fleck auf der Hose.«

Mit dieser Beobachtung konnte ich etwas anfangen.

»Fleck auf Hose«, sagte ich deswegen.

»Fleck auf Hose! Ganz genau!«

»Stimmt, muss ich waschen«, sagte Nina pflichtbewusst oder genervt oder gleichgültig.

»Muss ich waschen«, wiederholte ich wie ein Idiot.

»Richtig!« Conny war ehrlich beeindruckt.

Nina wusste, dass der Fleck nicht mehr rausging. Man konnte die Hose ja deswegen nicht wegwerfen. Der Fleck, die Hose, das Bein darunter, ich: Zum ersten Mal an diesem Nachmittag sah sie mich an und sah nur mich. Was eben noch ein Zaubergarten gewesen war, verwandelte sich in dieselbe dumpfe Umgebung wie unser Zuhause.

»Was ich Wäsche wasche! Der Stefan mit seinem Baustellengewand. Manchmal glaub ich, ich wasch für die ganze Siedlung. Und dann wächst Gregor so schnell aus allem raus. Ich muss schon wieder Sachen kaufen.«

Conny bemerkte meine dünnen Arme.

»Was ist mit dem Markus?«

»Michael.«

»Schickt er dir noch was?«

»Jeden Monat.«

»Aber er kommt nie vorbei?« Nina schüttelte den Kopf.

»Telefoniert ihr wenigstens mal?«

»Er telefoniert nicht.«

»Verstehe.«

Verstand Conny das wirklich? Was sollte das heißen, er telefoniert nicht?

»Und der Patrick?«

»Mal da, mal nicht da, kennst ihn ja.«

»Freundin?«

»Gibt's nicht mehr.«

Conny lächelte komisch. Genau so, wie auf dem Foto bei uns zu Hause, auf dem sie mit Zahnspange und angezogenen Knien im lila Satinnachthemd an unserem Küchentisch sitzt, während sich Patrick neben ihr die linke Hand vors Gesicht hält.

»Schau uns an, wir sitzen da und reden die ganze Zeit über die Männer.« Sie zog Gregor an sich heran und setzte ihn auf ihren Schoß. Sie drückte ihre Nase sanft an seine.

»Mein kleines Baby! Das heißt, mein kleines Kind! Du bist ja gar kein Baby mehr. Ich tu mir so schwer, mich daran zu gewöhnen.«

Bei Nina war das anders. Sie hatte sich schwergetan, mich jemals Baby zu nennen.

»Ich brauche das Geld vom Michael sowieso nicht mehr lange. Sobald Alex in den Kindergarten kommt, gehe ich ganz ins Geschäft.«

»Du willst gar nicht zur Biene zurückgehen?«

»Würdest du?«

»Wenn ich so gut Haare schneiden könnt wie du.«

»Ich weiß nicht, die Biene. Ich werde irgendwie deppert neben ihr. Außerdem muss ich ständig zu unfreundlichen Leuten nett sein. Beim Spar muss ich nur zum Obst nett sein. Die Strobl hat gesagt, ich kann jederzeit Teilzeit anfangen. Und es wäre auch nicht für immer.«

Conny strich ihrem Kind die Haare glatt. »Bist du nicht ein kleiner Rabenbraten?«

Das war ein makabres Wort für das Bild, das Gregor abgab: Seine Bäckchen wölbten sich, ganz eins mit der Welt, weit nach außen, seine Stirn, seine Nase, sein Kinn, auch seine Zehen, alles an ihm lachte. Er steckte einen der Ringe in den Mund und rief: »Eis!« Speichel tropfte auf seinen strammen Oberkörper.

»Der Postler hat neulich gemeint, er schielt. Findest du, dass er schielt?«

»Der Postler?« Nina schaute Gregor in die Augen. Blau. Sie konnte nichts darin sehen. Keine gefährliche Langeweile.

Nur die phlegmatische Niedlichkeit eines Familienhundes. Sie zuckte wieder mit den Schultern und versuchte dabei, ein höfliches Gesicht zu zeigen, indem sie die Augen ein bisschen kleiner machte und die Wangen nach oben zog.

»Ich bin froh, dass wir die Muki-Versicherung haben.

Wenn irgendwas wäre, also es ist eh nix, aber wenn...«

»Ja«, sagte Nina. Wir wussten nicht, was mit Muki gemeint war, obwohl es auf der Hand lag, dass es sich um eine Abkürzung für Mutter und Kind handelte. Auch davon hätte uns der Birnbacher erzählen können.

»Schau mal, Gregori.« Conny nahm die Nemo-Plüschrassel in die Hand und schüttelte sie vor seinen Augen hin und her. »Da schau hin! Schau da hin! Zum Fisch!« Gregor streckte seine Hand aus und rief: »Isch!«

Ich schaute zu Nina und sah, wie ihr Blick die Rassel fixiert hatte, als ginge es darum, *ihr* Sehvermögen zu testen. Sie sah Nemos orange-weiße Zeichnung, seine Rücken-, Brust-, Bauch- und Schwanzflosse, seine großen Kulleraugen, von denen eines etwas schief saß. Etwas an diesem Ding störte mich gewaltig. Dabei wusste ich damals noch nicht einmal, dass Pixar beim Zeichnen von Nemo absichtlich einen Fehler eingebaut hatte.

Ninas Gehirn trickste den Lidschlussreflex aus und sie hörte auf zu blinzeln. Sie starrte so lange ohne zu blinzeln, bis das Wasser in ihren Augen aufstieg. Durch derart wassergefüllte Augen musste sie Nemo nur noch verschwommen gesehen haben, doch diese Tränen waren keine Tränen der Verzweiflung. Es waren Tränen der Erkenntnis, die an die Oberfläche schwappte wie ein Eiswürfel im Wasserglas. Conny hatte, ohne es zu ahnen, mit ihrer unbedachten Geste, dem Schütteln von Nemo, ganz unabsichtlich ausgelöst, dass Nina und ich eine neue Wahrheit entdeckten, die wir bislang einfach nicht gesehen hatten: Alle Ozeane der Welt hängen irgendwo zusammen, in allen gibt es Schönes und Grauenvolles, trotzdem gelten im

Pazifik andere Spielregeln als im Atlantik. Das, was Conny erzählte, was sie und ihr Kind erlebten, welche Dinge ihr Sorgen bereiteten, die Windeln, die Muki, das Herauswachsen, das Wäschewaschen, das Schielen: Das alles hatte nichts mit unserer Welt gemein. Dort, wo sie sich mit Gregor aufhielt, dort waren Nina und ich überhaupt nie gewesen. Wir schwammen in einem anderen Meer.

Als hätte es jemand anderer getan, wenn sie nicht schnell genug gewesen wäre, schnappte mich Nina mit beiden Armen, drückte mich fest an sich, ihre Finger zwischen meine Rippen gebettet, und küsste mich. *Es tut mir leid. Du kannst nichts dafür. Ich liebe dich, ich liebe dich, ich liebe dich*, flüsterte oder dachte sie.

Patrick

Ninas Tage waren lang wie die Tage aller Mütter. Die Stunden sollten vergehen. Sie sollten ohne Katastrophen vergehen. Also ging sie oft mit mir auf den Spielplatz. Doch anders als die anderen Mütter und Kinder gingen wir spät abends hin. Wir gingen, wenn es dunkel war, um nicht von anderen Kindern gestört zu werden. Nina hatte dann immer eine Stabtaschenlampe dabei, mit dicker, fetter Batterie, die im Inneren des Gehäuses klackerte. Neben diesem Geräusch gab es noch Ninas leises Schluchzen am Sandkistenrand kauernd, während sie die Lampe mit der einen Hand hielt und mir mit der anderen Hand mitgebrachte Steine und Muscheln aus Kroatien reichte, die sie jedes Mal, wenn sie gewisse Signale von mir bekam, mit einem Tuch abwischte, damit sie auch wirklich aussahen wie Muscheln. *Schau Alex, jetzt ist kein Sand mehr drauf, alles sauber.*

Danke, sprach ich in die Dunkelheit und zählte die Rillen der Muschelschalen.

Wir waren Gestalten der Nacht, Nina und ich. Zumindest so lange, bis die Gemeinde einen neuen Spielplatz hinter der Sporthalle eröffnete. Der alte Platz war damit kinderleer und gehörte uns allein.

Patrick begutachtete die wackelige Konstruktion des Sitz-Karussells. Ob das alles war, wollte er wissen. Warum wir nicht zum neuen Spielplatz hinter der Sporthalle gingen. Dieser Spielplatz wäre das Traurigste, das er je gesehen hatte. Nina erklärte ihm, dass wir lieber hierher gingen, weil es hier keine anderen Leute gab.

»Ah geh, warum wohl?«, fragte Patrick und sie antwortete nicht.

»Warum wohl, warum wohl, warum wohl«, sprach ich unendliche Male nach, mich im Kreis drehend, um Patrick herum. Er reagierte nicht auf mich, schlug weder vor, am Ende der Rutsche zu warten, um mich unten aufzufangen, noch wollte er mich auf der Traktorreifen-Schaukel anschubsen. Das fand ich gut. Er setzte sich stattdessen ins Gras und pflückte Gänseblümchen. Vorsichtig ging ich an ihn heran, hielt mich an seiner Schulter fest, die Lederjacke quietschte unter meinen Fingerkuppen.

»Schau her, man muss den Stiel entlang mit Daumen und Zeigefinger hinunterfahren, bis tief in die Wiese hinein, und dann erst darf man abreißen.«

»Warum?«, fragte ich.

»So halt«, antwortete er.

An seinen Fingern steckten verschiedene Ringe und das Wort RAVE war darauf tätowiert, über vier Knöchel, je ein Buchstabe. Über dem fünften Knöchel der linken Hand, dem, an dem Patricks linker Daumen hing, in diesem Bereich, der bei manchen Menschen ein kleiner Hügel, bei mir aber eine Mulde ist, in die mir Jahre später Frau Magister Granegger hineindrückte, hatte Patrick eine rote Zunge tätowiert. Auf der Zunge lag ein weißer Smiley.

Ich setzte mich zu ihm und schnappte mir das erste Gänseblümchen. Es bestand aus vielen kleinen, kalten, gelben Sonnen, von weichen, weißen Wimpern umgeben, dicht wie Ninas Wimpern.

»Blume«, sagte ich richtig.

»Nein! Vollkommen falsch! Du musst den Stiel ganz runter fahren mit den Fingern, bis tief in die Wiese hinein, hab ich gesagt.«

Nina, die im Traktorreifen saß, schaute zu uns und sah: Patrick, der mit seinen weißen Doc Martens Größe 44 die halbe Wiese plattgetreten hatte und so tat, als hätte er nur Augen für die kleinen Dinge, Ohren für die Zwischentöne im Leben. Und mich, wie ich dasaß und büschelweise Gras ausriss, Gänseblümchenblütenköpfe vor mir, hinter mir, auf mir.

Patrick hatte recht. Ich hatte meine Blumen nicht richtig gepflückt. Verzweifelt ließ ich mich nach vorne ins Gras fallen, streckte meine Glieder von mir, drehte mich auf den Rücken und kreischte.

Patrick schaute angewidert oder empört oder gelangweilt.

»Was ist jetzt los? Warum zuckt sie aus?«

Nina wollte aufstehen und zu uns gehen, aber sie war zu müde.

»Hör auf zu weinen!« Anstatt sich vor mir zu fürchten, kam Patrick näher an mich heran, so nah, dass nur wenige Zentimeter zwischen uns lagen, was mir weh tat. Seine Augen, seine Nase, sein Mund, alles verhärtete sich in dieser Nähe zu einer einzigen Eierschale. Er war langsam, aber schmerzhaft in mich hineingekracht. Ich schrie, so laut ich konnte, die Tränen schossen mir aus den Augenwinkeln und liefen über die Schläfen in meine Haare. Patrick zögerte nicht lange und schlug mir mit der rechten Hand auf die linke Wange. Es tat mir nicht weh.

»Spinnst du? Bist du vollkommen deppert, Patrick?« Nina wartete keine Antworten auf diese Fragen ab. Sie sprang von der Schaukel, lief zu mir herüber, zog mich an einem Arm von der Wiese hoch, drückte mich an ihre Brust und schützte meinen Kopf mit beiden Händen, als hätte man befürchten müssen, dass mir Patrick noch eine runterhauen würde. Sie ging mit mir zum Buggy, aber ich wollte nicht nach Hause, ich hatte ja noch kein einziges Gänseblümchen richtig gepflückt. Ich schrie und tobte und wehrte mich mit allem, was ich hatte. Ich fand keine Worte, um zu verdeutlichen, dass ich hierbleiben wollte.

»Schau mich nicht so an. Die hat vorher schon geschrien. Die weint nicht wegen der Watschen.« Da hatte er recht.

»Sag jetzt nix, Patrick.« Nina drückte mich in den Buggy, es war, als würde sie versuchen, einen Holzbalken zum Sitzen zu bringen.

Patrick sagte trotzdem etwas: »Die Mama hat gesagt, du musst ihr zeigen, wo die Grenzen sind.«

»Was redest du mit der Mama über mich?«

»Sie hat gesagt, du erziehst sie nicht.«

»Die Mama kennt die Alex überhaupt nicht.«

»Was muss sie da kennen? Ein Kind halt.«

»Ihr seid's alle solche Spezialisten. Sicher, Watschen austeilen und alles ist gut! Sieht man ja, wie super das bei dir funktioniert hat.«

»Geh scheißen, Nina. Mir ist es eh wurscht. Ich sag nur, so ist kein zweijähriges Kind. Gar kein Kind ist so. Egal, wie alt. Die ist einfach nicht normal.«

Obwohl Nina kurze Zeit später dasselbe über mich sagen würde, gefiel es ihr offenbar überhaupt nicht, es aus dem Mund ihres Bruders zu hören.

»Und du bist einfach ein Arschloch«, sagte sie ruhig, während sie den Gurt um meinen Körper zurrte.

»Es war nicht fest.«

Mit zitternden Händen schob mich Nina nach Hause, unklar, wie viel des Zitterns von den Erschütterungen der Buggy-Reifen auf dem Kiesweg nach oben zu ihren Armen übertragen wurde und welcher Teil davon aus ihrem Inneren kam. Sie sagte kein Wort mehr und versuchte nicht, mich zu beruhigen. Patrick folgte uns still.

Goran

Irgendwann hatte Nina im Spar zwischen Mandarinen stehend einem anderen Affen in die Augen gesehen. Nina war in zivil, er in Uniform, mit einem Namensschild an der Brust, das er verkehrt herum trug, weil er es nicht richtig fand, dass man das Tragen eines Namensschildes von ihm verlangte.

»Sind Sie neu hier?«, hatte Nina gefragt.

»Eigentlich nicht, eigentlich gibt es immer schon Mandarinen«, antwortete der Affe selbstbewusst, wie junge Männer mit Muskeln und guten Haaren sind.

»Ach so, nein, ich meinte, ob *Sie* neu sind«, Nina zeigte auf den Affen, »nicht *die*«, sie zeigte auf die Früchte. Der Affe schaute verlegen oder unsicher oder immer noch selbstbewusst. Warum hatte sie ihn gesiezt? Sie war aus der Übung. Oder sie war überhaupt nie in Übung gekommen. Oder der Wortlaut dieser ersten Begegnung war doch ein bisschen anders.

Sie drehte eine Mandarine in der Hand.

»*Du*, ob *du* neu hier bist. Ich arbeite nämlich auch hier, bin in Karenz.« Sie deutete auf mich, das Kind im Buggy.

»Ah, cool. Ja, also ich mach das hier nur vorübergehend.«

»Klar.« Sie lächelte.

Er fragte sie sofort, ob sie Lust hätte, einmal mit ihm ein Eis essen zu gehen. Er sah nur sie. Keinen Buggy. Kein Kind darin.

Goran mochte Hunde und Katzen, gegrilltes Gemüse in allen Farben, Hanteltraining im Fitnessstudio, Tennisturniere, Autokino, Magazine, in denen Griller und Boote besprochen werden. Er mochte Hollywoodschaukeln und Cremeschnitten. Laute Konzerte und Vergnügungsparks. Er mochte keine Frauengespräche über Gefühle. Er wollte in die Großstadt ziehen, nach Wien, wo man sich das Fitnessstudio unter vielen aussuchen kann und ständig irgendwo irgendwas los ist.

Nina mochte seine Haare.

Im Sommer lud uns Goran ins Strandhaus seines Vaters nach Zadar ein. Wir fuhren in Ninas geleastem Ford Fiesta hin, einem blauen Dreitürer mit 70 PS. Er kostete knapp 11.000 Euro und war damit um 8.000 Euro billiger als der VW. In diesem neuen Auto atmeten wir als neue Familie für acht Stunden lang dieselbe Luft und Goran bekam mit jedem Kilometer eine Ahnung über mich.

Nina hatte Goran nichts von meiner gefährlichen Langeweile erzählt. Sie hatte sie schon beim Wegfahren gesehen, sie schwamm in meinen immer feuchten Augen im ausladenden Schmetterlingsstil. Nina saß neben mir auf der Rückbank und tänzelte mit gestrickten Püppchen vor meiner Nase herum, zählte von 1 bis 100 und wieder zurück oder sang Kinderlieder. Bald ließ sich von keinem von uns mehr ignorieren, wie mich das alles zu sehr langweilte. Sie sang schneller, lauter, leiser, ganz leise, bis das Beben ihrer Lippen deutlicher zu hören war als die Töne, die ihren Mund verließen. Es war zu spät. Ich tobte. Goran hatte begonnen, sich beim Autofahren mehrmals über die Schulter zu streichen, ein Anzeichen von Nervosität, das zeigte, dass die Zeit gekommen war, in der er erkennen sollte, in welcher Hölle Nina mit mir saß.

Das Strandhaus war ein Bungalow mit Rissen in den Wänden und windschiefem Dach. Nina sagte, als sie aus dem Auto stieg und sich streckte, das wäre der schönste Ort, den sie je gesehen hatte. Sie küsste Goran auf den Mund. Mir waren das Haus und auch das Meer, das man von hier aus sehen konnte, gleichgültig. Aber dort, auf dieser betonierten Fläche vor dem Haus, auf der Gorans Vater rauchend auf einem weißen Plastiksessel saß und mit sich selbst Karten spielte, stand ein Käfig zwischen zwei Oleandern. Darin saß ein Rabe. Ein echter.

Nina und Goran holten Zeug aus dem Kofferraum und brachten es ins Haus, während ich stumm vor dem Käfig stand, der ungefähr meine Größe hatte. Gorans Vater legte die Zigarette in den Aschenbecher und kam dicht an mich heran. Wäre ich nicht darauf fixiert gewesen, jeden Atemzug, jedes kleine Zucken des Vogels zu registrieren, hätte mir seine Nähe wehgetan. Betäubt von den glänzenden Federn vor mir, spürte ich nichts und ließ Gorans Vater sogar meine Schulter berühren, während ich auf den Vogel starrte und wartete, bis er mich ansah. Sein Federkleid schimmerte blauschwarz, sein Schnabel ragte aus dem Gesicht wie das Horn eines längst ausgestorbenen Wesens, so fest und alt und bis oben hin vollgefüllt mit Geheimnissen. Er hockte auf einem Ast, der quer durch den Käfig verlief und an den Enden mit Kabelbinder an den Gitterstäben befestigt war. Unten am Boden lag sein Dreck. Endlich wandte er den Kopf zu mir und ich sah mich selbst, meinen gesamten Körper von den Haaren bis zu den Füßen, in seinen schwarz glänzenden Augen gespiegelt.

»Vinko«, sagte Gorans Vater und lachte oder hustete oder sagte etwas in seiner Sprache. »Vinko«, sprach ich ihm nach.

Wenig später wartete Nina darauf, dass mir endgültig die Augen zufielen. Ich lag im Buggy auf der Terrasse, während sie, mit ihrem Karlovac̆ko in der Hand, unter der Pinie vor dem Haus lag und in der Wienerin blätterte. In Wirklichkeit drehte sie sich alle zwei Minuten zu mir um. Sie deutete Gorans Vater, dass er lieber drinnen Karten spielen solle, weil die schmatzenden Geräusche der Spielkarten auf dem Plastiktischtuch mich wecken könnten, und dass er nicht neben dem Buggy rauchen solle, weil auch der Rauch mich wecken könnte. Dabei schlief ich ja gar nicht.

Goran machte sich daran, ein Loch hinter dem Haus zu graben – leise. Er wollte sich das Fundament ansehen und sagte etwas über Feuchtigkeit in der Wand. Nachdem er eine Zeit lang gegraben und begutachtet hatte, wusste er nicht mehr weiter, schlug mit dem Gummihammer vier dünne Stangen in den Boden und spannte ein Seil, das vor dem Loch warnen sollte. Danach kraxelte er aufs Dach und schnitt einen Ast ab, der über die Satellitenschüssel hing und das Fernsehbild störte.

Nina störte, dass ich noch immer nicht eingeschlafen war. Sie ließ mich aus dem Buggy und überreichte mir eine gelbe Banane. Ich hielt die gelbe Banane in meinen Händen. Ich schaute die gelbe Banane an. Ich biss von der gelben Banane ab. Da brach die gelbe Banane in zwei Hälften. Die untere Hälfte hielt ich noch fest, die andere war auf den Boden gefallen, Erde und Piniennadeln klebten auf ihr. Das falsche Bild der kaputten Banane stellte alles um mich herum sofort auf den Kopf und ich wusste nicht mehr, welchen Dingen ich noch trauen konnte, wo ich überhaupt war. Ich hatte das Gefühl zu fallen, wusste aber nicht wohin. Ich suchte Ninas Augen und fand sie nicht. Ich hörte augenblicklich auf zu atmen, ja, so lange atmete ich nicht, bis mein Gesicht blau wurde, blau wie unsere Couch.

Nina packte mich an den Schultern. Sie schrie mich an. Ich solle endlich damit aufhören, das heißt, ich solle endlich damit anfangen, ich solle gefälligst sofort den Mund aufmachen und atmen. »Atme sofort!«, schrie sie, »Oder du bekommst nie wieder eine Banane!«

Was für ein Unsinn, dachte sie bestimmt über diesen Satz.

Aber die ganze Situation war ja ein Unsinn. Mein Unsinn.

Sie beutelte mich, so wie Gorans Vater einen Sack Kohle über dem Grill beutelte. Sie packte mich, lief mit mir ins

Badezimmer und stellte mich unter die kalte Dusche. Ich schnappte endlich nach Luft, mit weit aufgerissenem Mund, das Wasser lief in die Kehle, ich hustete und spuckte, die Kleider klebten mir klatschnass am Körper. Ich zitterte. Nina zitterte.

»Tiranin«, sagte Gorans Vater und schüttelte den Kopf.

Goran sagte nichts. Er schaute uns nur mit großen Augen an und verstand nicht, welche Szene er soeben mitangesehen hatte.

Eine Banane ist eine Banane, weil sie aussieht wie eine Banane. Sieht sie nicht mehr aus, wie sie aussehen soll, was ist sie dann? Und wer oder was bin ich dann?

Am Tag darauf sprach ich die erste Drohung meines Lebens aus, die ich ohne Nina nie so hinbekommen hätte, deren einziger Zeuge aber Goran war. Goran schmierte mein Gesicht mit Sonnencreme ein, zog mir ein frisches T-Shirt an, setzte mir eine Kappe auf, schnallte mich in den Buggy und drückte mir einen Schnuller in die Hand, den ich, kurz nachdem wir losgefahren waren, in einen Ameisenhaufen warf, ohne dass Goran es bemerkte. Wir fuhren die Strandpromenade entlang, ich sah und hörte die Möwen am Himmel fliegen, die Krähen mit ihren Schnäbeln in Pommes stochern, die Tauben auf den Laternenmasten sitzen, wo sie sich manchmal lautlos, manchmal mit ungeduldigem Gurren aufplusterten und dann wieder dünn wurden. Auf sie alle zeigte ich mit einem ausgestreckten Finger und rief: »In den Käfig!«

»Schlaf doch einfach ein, Aleks. Du hast nix geschlafen, du musst total müde sein!«

Armer Goran, wusste nichts über mich. Er rieb seine Hand an Schulter und Bizeps. Man nennt das Selbststimulierung. Es gab ihm Sicherheit, seine eigenen Muskeln zu spüren. Während er mich im Buggy die Promenade entlangschob, rief ich »In den Käfig!« zur Amsel am Gehweg, »In den Käfig!« zur Meise im Baum, »In den Käfig!« zu Taube, Möwe, Krähe, Fink und Star. Ich wollte alle Vögel im Käfig sehen. Es erschien mir würdig und recht.

Wir hielten vor einem Stand, an dem eine Frau Zeitungen und verschiedene Strandspiele verkaufte. Goran witzelte mit der Verkäuferin herum und griff nach etwas, das ich nicht sehen konnte. Er bückte sich zu mir herunter und gab es mir in die Hand. Es war ein kleiner, blauer Plastikwal. Ich nahm das Tier mit zwei Fingern an der Schwanzflosse. Die Oberfläche fühlte sich unangenehm an, doch die Farbe gefiel mir gut genug, um diesen Umstand zu ignorieren. Ich drückte ihm in den Bauch und bemerkte, dass das Material ein wenig nachgab. Dabei kam Luft aus einem Loch auf der Stirn und der Wal quietschte unspektakulär.

»Wie nennen wir ihn?«, fragte Goran, der vor mir in die Hocke gegangen war, wobei Münzen in seinen Hosentaschen klimperten.

»Käfig«, sagte ich und suchte die Augen des Wals – es waren nur aufgemalte Punkte.

Gorans Augen waren echt. Er riss sie weit auf. Aber nur aus Spaß. Ich blickte an ihm vorbei zum Verkaufsstand, und sah, dass dort noch haufenweise Wale lagen, die genauso aussahen wie der, den ich in meiner *linken* Hand hielt. Ich deutete mit dem Finger meiner *rechten* darauf: »Noch einen Käfig.«

»Ja, dort drüben habe ich ihn gekauft«, sagte Goran und richtete meine Kappe.

»Noch einen Käfig!«, sagte ich lauter und deutete jetzt mit all meinen Fingern, spreizte meine rechte Hand, um zu zeigen, dass ich bereit war, danach zu greifen.

»Du hast schon einen, da, in deiner Hand!«

»Käfig! Käfig! Käfig!!!« Ich zeigte geradeaus auf seine Hüften, die sich in einer Linie mit meinem Kopf befanden. Ich zeigte dorthin, wo die Münzen klimperten. Dann zeigte ich zum Walhaufen. Meinen Arm streckte ich so stark, dass er zitterte, meine Beine streckten sich mit, die Füße kreisten in der Luft vor Erregung. Meine Zehen, meine Finger und auch mein Nacken glühten. Ich war angeschnallt, doch ich hob meinen Brustkorb an, so weit es ging.

Es gibt Land und Wasser, Tag und Nacht, Laut und Leise, Glück und Unglück. *Links* und *Rechts* aber ist nichts Gegensätzliches, sondern etwas, das zusammengehört. Wie das Oben und Unten einer Banane. Ich habe zwei Hände. Hier ist eine Hand, hier ist noch eine Hand. Also bin ich in der Welt, ich existiere. Es gibt mein Gleichgewicht, es gibt das Gleichgewicht in der Welt und es gibt – Goran.

»Aleks, wenn du so drauf bist, kauf ich dir nix mehr!« Er ging um den Buggy herum und setzte sich mit mir in Bewegung. Ich versuchte meinen Körper aus der Gefangenschaft zu befreien und mich so weit umzudrehen, dass ich noch einmal auf die hinter uns zurückgelassenen

Wale zeigen konnte. Dort lag sie, die Vervollkommnung, nur wenige Meter von mir entfernt. Es war vergebens. Ich schrie und schlug mir mit dem Wal, den ich in meiner *linken* Hand hielt, ins Gesicht, was Goran in seiner Selbstbefragung, was als Nächstes mit mir zu tun war, gar nicht bemerkte. Er ging immer schneller, schob mich vor sich her und als ich mich tobend zu ihm umdrehte, sah ich, wie er die Augen weit aufriss. Diesmal nicht aus Spaß.

Die Menschen, die an uns vorbeigingen, schauten besorgt oder mitleidig oder empört. Eine ältere Frau, die auf der gegenüberliegenden Straßenseite spazierte, überlegte offensichtlich, Hilfe anzubieten. Sie blieb stehen, machte kehrt und folgte uns ein paar Minuten lang, bis sie sich dumm vorkam und es bleiben ließ. Ich brüllte und schüttelte meinen Körper so stark, dass der Buggy Sprünge machte. Immer wieder schlug ich mir selbst auf den Kopf, um das Problem zu verdeutlichen.

Goran hielt an. Er hockte sich vor mich hin und sah mir in die Augen, wo er vielleicht schon erkennen konnte, dass sich etwas zusammenbraute, etwas Neues, Großes. Was kommen sollte, war meine Drohung: »Oder du bekommst nie wieder eine Banane!«, schrie ich. Eigentlich ein Halbsatz, aber Goran konnte ihn ja selbst vervollständigen.

»Ich kann so viele Bananen essen, wie ich will!«, rief Goran.

Diese Aussage beeindruckte mich.

Zurück im Bungalow klebten sie mir ein Pflaster auf die Stirn. Ich schlief kurz vor Erschöpfung ein, bevor mich Nina wieder aus dem Buggy ließ. Ich setzte mich neben Vinko auf den Boden und beobachtete, wie er mit seinem Schnabel kleine Fetzen aus einem rohen Hühnerflügel riss, während Gorans Vater Fleischstücke zischend auf den Grill legte.

»Ich glaube, Alex ist nicht normal«, sagte Nina trocken, als ob das Meer nun endlich der Ort gewesen wäre, an dem es möglich war, es zu sagen. Goran fasste sich ans Knie. Eine Gelse, vielleicht. Er war, wie Nina, 23 Jahre alt und hatte noch nie eine Mutter etwas anderes über ihr Kind sagen hören, als dass es das beste von allen war.

Falsche Bilder

Die Welt war überschwemmt mit falschen Bildern. Und obwohl ich in ganzen Sätzen sprechen konnte, war es unmöglich, Worte zu finden und auszuspucken, wenn mich die Bilder fluteten.

»Wieso haben wir keine echten Fische?« Ich deutete auf die Lampe, die auf meinem Nachtkasten stand. Nina hatte sie mir beim Hofer gekauft. Die Fische, die sich darin im Kreis drehten, sahen unrealistisch aus, was mich störte, obwohl mir die bunten Schatten, die sie an die Wände meines Zimmers warfen, gefielen.

Noch einmal, weil sie mich nicht gehört hatte: »Wieso haben wir keine echten Fische?«

»Die muss man füttern«, antwortete Nina.

Ich ließ mir die Schuhe anziehen. Ich war in Gedanken an die Fische, ich –

»Jeden Tag.«

Mein starrer Haiblick erinnerte sie daran, dass das kein Argument dagegen war. Nichts mochte ich lieber als etwas, das sich jeden Tag wiederholte.

»Man braucht ein Aquarium.«

»Ja.«

»Mit einem Aquarium ist es noch nicht getan. Man braucht eine Pumpe, Pflanzen, Kies, einen Filter und

einen Erwachsenen, der all diese Dinge immer rei-
nigt.«

Nina reinigte ständig irgendwelche Sachen. Das Ge-
schirr, die Fenster, den Boden, meine Kleider, ihre Kleider,
meine Schuhe, ihre Schuhe, das Klo. Nina putzte, putzte
und putzte alles Mögliche auf der Welt und ich sah nicht
ein, warum sie ausgerechnet ein Aquarium nicht putzen
konnte.

»Komm, wir gehen einkaufen.«

»Kaufen wir Fische?«

Nach all den Wochen, in denen wir zum Hofer gefahren
waren, kauften wir zum ersten Mal wieder beim Spar ein.
Nina hatte das beschlossen, weil sie bald wieder arbeiten gehen und sich deshalb in der Filiale blicken lassen
wollte. Sie hatte Angst, dass man sie nach all der Zeit, die
es wegen mir schon länger dauerte als gedacht, vergessen haben könnte. Als hätte irgendeiner von Ninas Kolle-
gen unseren letzten

Besuch vergessen können.

»Gehst du bitte endlich ordentlich«, sagte Nina auf dem
Parkplatz zu mir. Ich wusste nicht, ob das eine Frage war
und wenn, dann kannte ich die Antwort nicht.

Sie suchte eine Münze in ihrer Geldbörse. »Warum ist
da schon wieder nichts drin? Was habe ich gestern aus-
gegeben?«

So viele Fragen.

Sie suchte nach einem Einkaufswagen mit kaputtem
Münzschlitz, und wie immer, wenn wir in den Spar hi-

neingingen, schaute ich hinauf, über den Eingang, dorthin, wo die Buchstaben hingen. S P A R. Ich blickte hinauf und bemerkte: Das S fehlte. P A R. Wer hatte das S weggegeben? Und warum? Wenn mir das S normalerweise sagte, wo ich war, nämlich im Spar, wo war ich nun ohne das S?

Nina duckte sich, als wäre es möglich gewesen, meinem Schrei auszuweichen. Sie schob den Wagen weiter, nur ein kurzes Stück, dann blockierte ein Rad, sie blieb stehen, stützte sich am Griff ab, legte ihr Gesicht in die Handflächen und flüsterte etwas hinein. Wir waren noch nicht einmal beim Obst angekommen, man konnte nicht wissen, was sie als Nächstes tun würde, schon öfter waren wir in Geschäften nach wenigen Minuten wieder aus der Tür gerannt, die man eigentlich nur zum Hineingehen benutzen darf.

»Wo bin ich?«, fragte ich Nina. Sie antwortete nicht. Ich schrie.

Eine Frau schüttelte ihren Kopf und Nina versteckte sich hinter der Obstwaage. Eine ihrer Kolleginnen stand am Ende des Ganges und Nina kam mit ihrem Gesicht ganz nah an meines. »Du weißt genau, wo wir sind!«, flüsterte sie laut oder schrie sie leise. »Hörst du jetzt auf.« War das wieder eine Frage?

Ich ließ mich tobend zu Boden fallen. Eine unerträgliche Hitze ging von ihm aus. »Dann kaufen'S dem Buben halt was Süßes, in Gottes Namen«, sagte ein alter Mann, der einen Trolley hinter sich herzog. Er schüttelte ebenfalls den Kopf.

Nina riss mich an meinem linken Arm wieder hoch. Es knackte in der Schulter. »Du machst mir jetzt ein einziges

Mal kein Theater, ein einziges Mal! Hör sofort auf zu schreien!«

Ich verstummte, wartete, bis Nina mich nicht mehr ansah, dann hielt ich die Luft an.

Als wir im Auto saßen, sah mich Nina erschrocken oder müde oder wütend an. »Was ist los?!«, schrie sie. »Hör auf, die Luft anzuhalten! Du bist ganz blau im Gesicht! Mund auf! Mach sofort den Mund auf!« Mit den Fingern ihrer rechten Hand fuhr sie mir zwischen die Lippen, mein Mund öffnete sich und ein Schwall kam aus mir heraus. Er stank und lag bröckelig auf mir. Nina holte eine Flasche aus dem Kofferraum, zog ihre Weste aus, schüttete Wasser darüber und legte mir die nasse Weste auf den Kopf. Sie strich ein zerknülltes Papiersackerl von McDonalds wieder glatt und hielt mir die Öffnung über Mund und Nase. Sie zitterte. Sie berührte meine heiße Stirn. »Warum, Alex? Warum?« Das hätte ich zurückfragen können. Konnte ich aber nicht. Ich weinte. Ich blickte an Nina vorbei aus dem Auto auf die Straße. Auf dem Gehsteig bewegte sich ein graues Knäuel. Ich atmete und wischte mir über mein Gesicht. Da saß eine Taube.

Flying Amigo I

Im Fernsehen habe ich einmal zwei Nashörner gesehen. Ihre Gesichter aggressiv oder schüchtern oder traurig, ihre Körper mit Häuten, dick wie Autoreifen, fleckig vom Staub, die Beine fest in die Erde gestellt, die Hörner alt und massiv, die Ohren ständig am Wackeln, weil die Gelsen sie kitzelten. Die Nashörner waren kaum voneinander zu unterscheiden. Beide wedelten mit ihren Schwänzen, beide hielten ihre Köpfe gebeugt und tranken aus demselben Wasserloch. Aber während ein Nashorn allein war, trug das andere einen Vogel auf dem Rücken. Der Vogel war braun, hatte schwarze Augen und einen roten Schnabel, mit dem er dem Nashorn Maden und andere Parasiten aus der Haut pickte. Der Sprecher im Fernsehen nannte ihn Madenhacker. Das Nashorn trank gierig, während der Vogel es putzte. Als sich eine Wolke vor die Sonne schob, wendete der Vogel seinen Kopf in die Richtung, aus der ein Wind kam, hüpfte geschwind den Rückenkamm des Nashorns entlang nach vorne und setzte sich auf sein Horn. Mit diesem Warnsignal hörte das Nashorn sofort auf zu trinken und lief davon. Es drehte sich nicht um, als hinter ihm ein Schuss fiel und sein Nashornfreund tot zu Boden stürzte.

* * *

Neben dem McDonalds-Parkplatz hatte die SPÖ auf einer ungenutzten Brache eine Hüpfburg aufgestellt. Die Burg wurde von zwei jungen Männern in roten Funktionsjacken bewacht. Die eine Wache trug ein Körbchen mit Feuerzeugen und Flyern in der Hand. Die andere teilte Krapfen aus. Nina warf zwei Krapfen in ihre Handtasche und eine der Wachen schaute komisch. Sie machte eine abweisende Geste zum ihr angebotenen Flyer und kontrollierte, ob das Feuerzeug funktionierte. Die Flamme spiegelte sich in ihren Augen, die noch etwas nachglänzten, weil sie am Mäcki-Klo geweint hatte.

Sie sagte, ich solle mich zum Schuheausziehen auf den Boden setzen. Dabei beschlich uns eine kleine Hoffnung, denn wir bemerkten, dass keine anderen Kinderschuhe vor der Burg herumlagen.

»Bei dera Ködn, Frau Koch.«

Nina blickte auf. Eine Frau hatte ihre Nase durch den Zaun gesteckt, der das Burgareal vom benachbarten Parkplatz trennte. Aber Nina kannte die Frau gar nicht.

»Ich sag, bei dieser Kälte! Da müssen's ja krank werden, die Kinder. Zuerst schwitzen's und dann verkühlen's sich!«

Nina riss unbeirrt an den Klettverschlüssen meiner Schuhe, hebelte meine Füße heraus und nickte. Natürlich war an dem, was die Frau sagte, etwas dran. Es war kalt. Und die Idee der SPÖ bescheuert. Deswegen hielt sich auch niemand hier auf, die beiden Burgwachen ausgenommen. Ich war allerdings ohnehin immer krank und wenn die Kälte dafür sorgte, dass wir allein und unter uns blieben, sollte es uns recht sein. Nina zog mir die Strumpfhose nach oben, das Oberteil ihres alten Ballett-Tutus lag in Falten über mir, es war mir viel zu groß. Sie richtete mir das Krönchen auf meinem Kopf. »Schnell, jetzt ist's gut, geh rein!«, feuerte sie mich an und tätschelte mir den Rücken. Ich wiederholte ihre Aufforderung als in der unmittelbaren Zukunft liegende Tatsache, als Selbstvergewisserung: »Ich geh jetzt rein!«

Ich machte den ersten Schritt und spürte den ungewohnten Boden unter mir. Ich wandte mich noch einmal zu Nina um. Ich wollte sehen, ob sie sicher war, dass das hier eine gute Idee war. Sie versteckte ihre klammen Finger in den Jackenärmeln und drehte am Feuerzeugrädchen. Sie machte den Eindruck einer Geheimagentin, die dabei war, jeden Moment aufzufliegen. Sie lächelte mir zu. Ich konnte es erkennen. Es war einfach, die Veränderung in ihrem Gesicht wahrzunehmen, weil sie die ganze Zeit davor nicht gelächelt hatte. Man muss dazu sagen, sie lächelte wie ein Kind, dem man sagt, dass es für ein Foto lächeln soll. Wie man mir später in der Schule sagen würde, dass ich lächeln sollte.

Ich ging weiter über die Zugbrücke ins Innere. Der Boden gab nach, aber meine Füße versanken kaum. Ich, die federleichte Ballerina. Ich ging vorsichtig, setzte einen Schritt nach dem anderen mit großer Konzentration, trotzdem passierte mir ein Fehler, ich rutschte aus und fiel. Ich beeilte mich aufzustehen, schnell hatte ich verstanden, wie sich der Boden unter mir zu meinem Körper verhielt, wie ich ein, zwei, dann sogar drei Schritte gehen konnte, ohne hinzufallen. Denn Hinfallen wollte ich nicht. Ich blieb an einer Stelle stehen und wippte auf und ab, mein Tutu wippte mit, bis auf einmal, aus unbestimmter Richtung, eine fremd ausgelöste Schwingung unter meinen Füßen zu spüren war. Sie überlagerte meine eigenen Schwingungen und störte meinen Rhythmus gewaltig. Ich drehte mich um und da stand – ein Mädchen hinter mir! Es war in die Burg eingedrungen, einfach so, ohne sich anzukündigen. Wo war Nina? Warum hatte sie das Mädchen nicht aufgehalten? Ich schaute zum Ausgang und sah Nina auf dem Boden sitzen, den Kopf in die Hände gelegt, als würde sie schlafen. Dieses Mädchen hatte die Burg ein- und mir alles, was eben noch da war, weggenommen. Sie trug Fühler auf dem Kopf, einen gelb-schwarz geringelten Rollkragenpullover und Flügel auf dem Rücken. Viel zu unkontrolliert flog sie herum, fiel absichtlich hin und ihre Sprünge machten es mir schwer, stehen zu bleiben. Sie sprang ohne Konzept von links nach rechts und wieder retour. Sie warf sich in die Burgmauern, das gesamte Gebäude zitterte. Ich drückte meinen Körper an die Wand und suchte nach dem Ausgang, nach Nina. Das Mädchen hüpfte in meine Richtung und streckte die Hand nach mir aus. Offensichtlich wollte sie sich an mir festhalten. Ich schwitzte, die Burg stand in Flammen. Ich versteckte meine Arme hinter dem Rücken und presste mich noch stärker gegen die Wand. »Hallo«, sagte sie. BAM! »Wie heißt du?« BAM! BAM! BAM! Jedes Wort ein Schlag ins Gesicht. Sie kam an mich heran, näher, noch näher, fast berührte ihre Wange die meine. Fast wollte ihre Haut durch meine dringen. Langsam, aber schmerzhaft, krachte sie in mich hinein, während ihre goldenen Löckchen wie gefährliche Morgensterne vor meiner Stirn hin und her schwangen. Ich überlegte, ihr die Waffen zu nehmen und sie an ihren Löckchen zu Boden zu reißen, doch eine Berührung kam nicht in Frage.

Nina hielt mich an der Hand, als sie das Mädchen abtransportierten. Die Burgwachen starrten mich an. Ich starrte zu Nina hinauf, während sie mich nicht ansehen konnte. Hätte sie mich angesehen, hätte sie das Blaulicht des Rettungsautos gesehen, wie es sich in meinem Krönchen spiegelte.

An diesem Nachmittag war ich schuld daran, dass Nina das Herz zusammenbrach. Es brach nicht plötzlich zusammen, wie das Trommelfell eines Kindes, das von einem Schrei zerrissen wird, sondern leise und langsam, wie eine Hüpfburg, der man die Luft auslässt.

* * *

Hätte ich einen Vogel auf mir sitzen gehabt, einen wie das Nashorn ihn hatte, wäre uns das nicht passiert.

Der Tod

An einem Tag im Sommer blickte Conny von der Wohn-
küche aus durch die offene Schiebetür nach draußen auf
die Terrasse und sah Gregors lachenden Mund. Sie drehte
ihm für zwei Minuten den Rücken zu. Als sie das nächste
Mal aufblickte, fehlte etwas im Bild. Sie lief hinaus auf die
Terrasse. Dort lag Gregor mit dem Gesicht nach unten im
Planschbecken und rührte sich nicht. Vielleicht hatte er
nach etwas greifen wollen oder er hatte ohne Grund das
Gleichgewicht verloren. Gregor war mit dem Kopf in ein
lächerliches Wasser gefallen und hatte ihn einfach nicht
mehr angehoben. Warum nicht? Warum hatte Gregor seinen Kopf nicht mehr angehoben, wenn er doch wusste,
wie das geht? Warum hatte er sich totgestellt, bis er wirklich tot war? Gregor war ertrunken. Das erfuhr Nina am
Telefon. Sie weinte viel und lange. Anders als sonst.

Nach Gregors Tod gab es eine Menge Zaungäste. Sie ver-
sammelten sich um die Geschichte wie hungrige Löwen
um ein verletztes Zebra. Und weil Conny ein Kind unserer
Stadt war und Nina ihre Freundin, wurde Nina mit einem
Schlag zu einer wichtigen Person. Ständig wurden wir von
fremden Menschen angesprochen, in der Fußgängerzone,
beim Frisör, beim Arzt, beim Einkaufen. Es waren Fremde,
die selbst das Gefühl hatten, gar keine Fremden zu sein,

es aber doch waren. Menschen, die Nina vielleicht vom Sehen her kannte, deren Namen sie aber nie gehört hatte. Menschen, die, obwohl Nina klarstellte, dass wir keine Zeit hatten, dass wir jetzt weitermussten, ihre Gedanken mit uns teilten und die immergleichen Fragen stellten. Ob Frau Koch nicht mit der Kindsmutter befreundet sei, ob die Kindsmutter nicht damals in unserer Stadt ins Gymnasium gegangen war, ob Frau Koch das herzliche Beileid dieser und jener Person aussprechen könne. Wie schrecklich, wie furchtbar, wie unaussprechlich dieser Unfall sei. Ob man etwas tun könne. Dass man beten würde, zu Gott. Ob sie wisse, wie es der Kindsmutter denn nun ginge, also, wenn man die Umstände berücksichtige, und dem Vater, natürlich.

Was hätte Nina zu all dem sagen sollen? Der Tod ist in der Luft, in der Erde, im Feuer, im Wasser. Er ist überall gleichzeitig. Der Tod ist in einem riesigen Nashorn und in einer winzigen Ameise. Und manchmal ist der Tod in einem kleinen Kind.

Patrick kam, mit einigen Wochen Verspätung zwar, aber mit einem Strauß weißer Lilien, der Nina sehr rührte. Sie fiel ihm um den Hals und sie blieben eng umschlungen wortlos im Garten stehen, die Lilien neben ihnen im Gras. Er schlug vor, am Wochenende auf mich aufzupassen, damit Nina Conny besuchen und sie bei was auch immer unterstützen konnte. Die Entwürfe für den aktuellen Kunden könne er auch von hier aus machen. Er öffnete die Autotür, holte eine Sporttasche heraus und es war beschlossen.

Wie sich herausstellte, steckte in Patricks Sporttasche ein DVD-Player. Er meinte, zur Ablenkung sollten wir einen Filmabend machen. Er hätte da einen Actionfilm für Kinder dabei. Nina willigte ein, ging in die Küche und kurz darauf saßen wir zu dritt auf unserer blauen Couch, jeder einen Pudding löffelnd, und schauten 2 Fast 2 Furious. Als Nina und Patrick anfingen, in den Film zu quatschen, rutschte ich von der Couch und setzte mich ganz nah vor den Fernseher auf den Boden. »Verpiss dich«, sprach ich der Figur im Film nach. Ich flüsterte den Text, ohne dass Nina und Patrick mich hören konnten. »Okay, okay, okay!« Und:

»Motoren anlassen!« Und: »Das ist genau mein Ding.«

Kurz vor einem wichtigen Rennen, als der eine Mann zu den anderen Männern sagt: »Halt, halt, halt, wenn hier was geregelt wird, dann nur auf dem Asphalt«, fingen Nina und Patrick zu streiten an.

»Es hätte ihr nicht passieren dürfen? Was soll das heißen, es hätte ihr nicht passieren dürfen?« Nina war von der Couch aufgesprungen, als wäre da etwas Spitzes in der Sitzfläche versteckt gewesen.

»Ich mein nur, glaubst nicht, der Stefan hasst sie jetzt ur?«

»Ich pack's nicht! Du bist so ein Psycho, Patrick! Wie kannst du nur jetzt an sowas denken? Zum fünfzigtausendsten Mal, sie will dich nicht!«

Ich drehte mich zu den beiden um und sah, wie Nina ihren rechten Arm ausstreckte und Patrick mit der Faust in den linken Oberarm boxte. »Verschwind, ich halt dich nicht aus!«

Patrick rieb sich den Arm, obwohl ich nicht glaube, dass ihm der Schlag wehgetan hatte.

»Echt jetzt?«, fragte er. »Ich bin doch grad erst gekommen?«

»Gratuliere Patrick, neuer Rekord.« Sie nahm seine Sporttasche und warf sie ihm vor die Füße. Er hob die Tasche auf und verließ das Haus.

»Verpiss dich!«, rief ich ihm hinterher.

Er hörte mich nicht, aber Nina sah mich mit großen Augen an. Ich blickte mit aufgeregten Fingerkuppen zum Fernseher. Den DVD-Player hatte er zum Glück vergessen.

* * *

Immer wieder wählte Nina Connys Nummer auf ihrem Telefon und immer wieder legte sie wieder auf, bevor jemand abheben konnte. Immer wieder schaute Nina auf ihr Telefon, und immer wieder hatte Conny nicht zurückgerufen.

Die anderen

Die Wolken feuerten Regengeschosse aus dem Himmel. Sie explodierten auf den Fensterscheiben und Wasser lief über die bunten Mandalas, die an der Innenseite klebten. Trotz der Wucht des Wassers konnte kein Tropfen die Farben erreichen und zum Laufen bringen, alles blieb an seinem Platz. Jedes Mandala hing im gleichen Abstand zum nächsten und eines sah aus wie das andere. Sie waren sorgsam ausgemalt worden, kein Strich verließ die vorgegebenen Konturen.

Offenbar hörte Nina das Knacken des Türöffners nicht, denn die Eine öffnete ihr die Tür von innen. »Frau Koch?

Stehen Sie doch nicht in dieser Sintflut, bitte, kommen Sie herein! Brauchen Sie ein Handtuch? Haben Sie keinen Schirm?«

Nina trat ein, stampfte zwei Mal ordentlich auf der Fußmatte auf, schüttelte den Regen von der Jacke und schob die Kapuze herunter. Sie umschloss ihren Pferdeschwanz mit der Hand und drückte die Haarspitzen aus. Ein Rinnsal ging zu Boden und die Andere stieß die Eine mit dem Ellbogen in die Seite. Es wirkte, als wären die beiden von Ninas Anwesenheit überrascht gewesen, dabei waren sie es doch, die sie angerufen hatten.

»Danke, dass Sie so schnell gekommen sind.« Die Eine führte Nina in die Garderobe, in der Regenmäntelchen und Schirmchen an kleinen Haken hingen, darunter standen Gummistiefelchen in ordentlichen Reihen. Alle Mäntelchen hingen leblos herab, nur das blaue Mäntelchen war seltsam ausgebeult. »Es tut uns leid, Frau Koch, dass wir sie angerufen haben, aber wir wissen nicht mehr, was wir tun sollen.« Nina ging an das Mäntelchen heran, schob es zur Seite und da stand ich. Mit beiden Händen hielt ich die Garderobenstange fest. In meinem Gesicht sah sie die Panik von Stunden. Ich schnappte nach Luft wie ein Fisch auf der Sandbank.

»Ich glaub, ich spinn«, brach es aus Nina heraus. »Sehen Sie nicht, wie mein Kind schwitzt, in dem Kostüm?«

Die Andere schien plötzlich ebenfalls Probleme zu haben, ausreichend Luft zu bekommen. »Die hat Nerven. Ich geh, bevor ich was Falsches sag«, sagte sie und verschwand.

»Ich glaube nicht, dass das das Problem ist, Frau Koch.«

Mit ihren Worten umkreiste die Eine uns wie eine Katze eine Kröte umkreist, unsicher, ob der Gegner zu groß für sie ist.

Nina riss mir die Mütze vom Kopf und lockerte mit einem Handgriff die Schnur, die hinter meinem Rücken geknotet, den dicken Bauch festhielt. Der Polster und mit ihm der Kochlöffel fielen auf den Boden. »Köchinnen sind dick«, hatte ich Nina beim Kostümzusammenstellen gesagt. »Ich brauche einen Bauch.«

Ich versuchte, Luft zu holen, doch da war noch zu viel in meinen Lungen, das einfach nicht herauskam.

»Ausatmen«, sagte Nina, »ausatmen«, während sie mir die Schürze über den Kopf zog.

»Wir haben ja gehofft, dass es nur Eingewöhnungsprobleme waren, doch leider müssen wir sagen«, die Eine sprach in einem *Wir*, das ihr durch die Abwesenheit der Anderen schwer über die Lippen kam, »Sie sehen es ja selbst. Es wird leider mit jedem Tag schlimmer, Frau Koch.«

»Sie müssen meinen Namen bitte nicht bei jedem Satz dazusagen. Ich kenn den ja.«

Die Eine schaute irgendwie, darum erkannte Nina, dass sie jetzt besser etwas sagte wie: »Entschuldigen Sie, ich komme direkt von der Arbeit.«

Seitdem ich vier Jahre alt war, musste ich in den Kindergarten und Nina musste arbeiten. Daran führte kein Weg vorbei. Jeden Morgen nahm sie ihr laminiertes Namensschild aus dem Körbchen, in dem auch der Autoschlüssel lag, wischte mit dem Ärmel darüber und pinnte es an ihre Brust. Mit diesem Ritual wurde sie zur Angestellten. Das Tragen des Schildes war eine Dienstanweisung. Nina störte das Schild nicht. Sie war froh, dass sie kein Affe mehr sein musste, sondern dass sie jetzt im Trockensortiment arbeiten durfte. Wer einmal eine Zeit lang jeden Morgen Bananenschachteln hin und her geschleppt hat, weiß, warum man darüber froh ist. Die Obst- und Gemüseabteilung ist das Herzstück eines jeden Supermarktes, sie trägt die Last des ersten Eindrucks und jeder Affe trägt sie mit. Sein halbes Leben, so kommt es dem Affen vor, verbringt er an der Anlieferrampe, zwischen Bergen von Frischwaren, die sofort verräumt werden müssen. Dosen sind da geduldiger.

»Wir hätten Sie auch nicht angerufen, wenn wir nicht am Ende, also wenn wir wüssten, wie wir –. Wir haben noch zwanzig andere Kinder in der Gruppe.« Miau! »Verstehen Sie?«

Warum sollte Nina das nicht verstehen. Jetzt erst schaute sie der Frau ins Gesicht. Auf ihren Wangen hatte sie jeweils ein rotes Herz aufgemalt. Auf ihrem Kopf trug sie einen winzigen Hut, der von einem Gummiband gehalten wurde, das sich in ihre fleischigen Wangen schnitt.

Nina holte das Mäcki-Sackerl aus ihrer Tasche und legte die Öffnung über meinen Mund und meine Nase. »Atmen. Ganz ruhig, dir passiert nichts.«

Ninas kühlende Worte.

»Ich konnte nichts machen, es wurde immer ärger. Es tut mir leid, ich sag das sonst nicht, aber ich weiß einfach nicht, was ich in diesen Momenten tun soll. Die halbe Gruppe hat mir zu weinen angefangen, weil Alex so laut geschrien hat, ohne Grund.«

Nina tupfte mir mit ihrem Ärmel die Stirn ab, mit meinen Atemzügen raschelte das Papier. *Ohne Grund* war natürlich gelogen.

»Die Kinder sind noch ganz verstört. Unser Kleinster hat sich vor Angst sogar in die Hose gemacht.«

Der weiß doch gar nicht, was Angst ist.

»Sie können sich vorstellen, welche Sauerei das in einem Tigerkostüm macht.«

Sie schaute sich um, als suchte sie nach Verstärkung,

doch von ihrer Kollegin war nichts zu sehen. Sie holte ihr Telefon aus der Hosentasche und rief sie an, nach einigen Sekunden Stille, in die sich der Gesang von Kindern mischte, legte sie auf. »Okay.« Sie wandte sich Nina wieder zu. »Eigentlich möchte ich das nicht so zwischen Tür und Angel mit Ihnen besprechen.« Sie schaute beschämt oder arrogant oder nervös auf ihre Fingernägel – nicht gerade Krallen, bis auf einen Akustikgitarre-Spielfinger waren sie kurz geschnitten –, dann auf Nina, dann auf mich, dann auf den Boden, wo Ninas Regenfußspuren glänzten. »Das hier ist sicher nicht die ideale Gesprächsatmosphäre, aber Sie sind ja beim Abholen immer in Eile, immer so schnell weg, reagieren nicht auf unsere Einladungen zum Gespräch und kommen nicht zu den Veranstaltungen. Sie wissen, es gibt schon seit längerem Probleme, das hier ist nur ein Vorfall von vielen, aber Sie –«

»Es tut mir leid, Frau –«, unterbrach Nina. »Es ist … Ich arbeite, wissen Sie.« Man konnte hören, wie gern Nina es aussprach, *ich arbeite*. Aber hier, in dieser Garderobe, zählten gerade andere Dinge.

»Es tut mir ebenfalls leid, Frau –«, sie schluckte das

»Koch« im letzten Moment hinunter. »Ebenfalls. Nur, Sie wissen, wir sind ein kleines Team.« Sie sprach leiser, damit ich sie nicht so gut hören konnte. »Und wenn Alex so ist …«

Sie legte ihre Hände an ihr Gesicht. Als sie die Hände wieder wegnahm, waren die Herzen auf ihren Wangen verschmiert.

»Wir können die Situation nicht länger verantworten. Wir müssen auf alle Kinder schauen, nicht nur auf eines.«

Nina steckte schnell die Mütze und den Kochlöffel in ihre Handtasche, so als könnten wir, wenn sie sich nur genug beeilte, vor den Worten der Frau fliehen. Sie versuchte auch den Polster hineinzustopfen, aber er wollte einfach nicht in die Tasche passen. Sie schob meine Füße in die Stiefelchen. Ich spürte, dass dies ein Moment für Komplizenschaft war, also ließ ich es zu.

»Es ist mir auch unangenehm, das anzusprechen, aber viele Eltern machen sich Sorgen wegen des Vorfalls in der Hüpfburg letztes Jahr.«

Ninas zusammengefallenes Herz. »Was für Eltern? Ich kenne keine Eltern.«

»Bitte, verstehen Sie mich nicht falsch. Ich wollte nicht ... Ich glaube einfach, Alex ist ...«

»Ja?«

»Alex ist woanders besser aufgehoben.«

»Wie meinen Sie das, woanders?«

Nina nahm mich hoch, presste meinen überhitzten Körper an ihre Brust und hielt mir die Ohren zu.

Mit zugehaltenen Ohren passiert etwas Schönes: Man kann plötzlich deutlich sehen. Ich erkannte, wie hilflos die Eine umher sah, während sich ihre Lippen bewegten, so als suchte sie irgendwo ein Loch, in dem sie einfach verschwinden konnte.

»Sie müssen Ihrem Kind Grenzen setzen, Frau Koch!«, rief die Andere so laut, dass ich es trotzdem hörte. Sie hatte bis zum Finale gewartet, um wieder aufzutauchen.

Nebelkrähen fressen Aas.

Nina schnappte den Polster, legte den Regenmantel über mich und so flatterten wir zur Tür hinaus. Ich blickte noch ein letztes Mal zurück und in beiden Augenpaaren der Frauen glänzte etwas. In den einen Augen waren es Tränen des Mitleids. In den anderen Augen, Tränen des Triumphs.

Ich wartete, bis Nina die Haustür aufsperrte, dann kotzte ich auf den Fleckerlteppich im Vorzimmer. Nina rollte den Teppich ein, zog mir die Kleider herunter, wickelte mich in den Malermantel und bettete mich auf die blaue Couch.

»Wenn ich es recht bedenke, will ich nicht mehr zurück«, sagte ich.

»Das trifft sich gut«, sagte Nina traurig oder erleichtert oder enttäuscht.

Sie holte einen nassen Waschlappen und legte ihn mir aufs Gesicht.

»Die anderen Kinder krachen ständig in mich hinein.«

»Wie meinst du das?«

Sie holte das grüne WIFI-Kursbuch aus ihrem Schlafzimmer und legte es mir auf den Bauch. Es war tonnenschwer und zeigte mir, wo ich war. Ich streichelte seine Seiten. Mit jedem meiner Atemzüge hoben und senkten sich 434 Seiten Papier. Ich spreizte meine Hand und fuhr mit meinen Fingern zwischen die Seiten, spürte das Papier in den Fingermulden liegen, zwischen Daumen und Zeigefinger, zwischen Zeigefinger und Mittelfinger, zwischen Mittelfinger und Ringfinger, zwischen Ringfinger und kleinem Finger. Ich umarmte einen Wald. Ich war ein glückliches Waldmonster, während das kühle Regenwasser durch ein kuscheliges Frottee-Blätterdach auf mich herabregnete.

Wenn der Raum zwischen meinem Körper und dem Weltall genauso unendlich ist wie der zwischen meiner Körpergrenze und meinem Inneren, wo genau stehen die anderen? Wenn Nina zum Beispiel irgendwo in mir ist, ist Patrick auch irgendwo in mir, aber nicht so nah an meinem Innersten wie Nina. Und dann gibt es noch die anderen, die mit hoher Geschwindigkeit aus einer unendlichen Entfernung auf mich zurasen und meinen Körper nicht als Hindernis wahrnehmen. Sie nennen das Handgeben oder auf die Schulter tippen oder umarmen oder spielen oder schubsen. Nachdem sie aus einem anderen Universum kommend in mich reingekracht sind, lassen sie mich verbeult auf der Erde liegen. Es fällt ihnen nicht einmal auf, dass sie mich übersehen haben.

* * *

Abends war es Zeit für meine Blütentropfen. Die Zeremonie begann wie immer mit dem Aufstellen der vier Gefäße: ein Zahnputzbecher, der Schraubverschluss einer Colaflasche, ein altes Schnapsglas und ein Eisbecher. In jedes meiner Behältnisse träufelte Nina ein paar Blütentropfen hinein. Ich leckte sie der Reihe nach vom kleinsten zum größten Gefäß aus und klopfte mir nach getaner Arbeit auf die Schulter. Es dauerte, bis ich begriff, dass mir Nina, die auf der blauen Couch saß, nicht wie sonst dabei zusah. Sie schaute stattdessen in den Fernseher. Dort lief die Super Nanny.

Die Super Nanny war eine, die in fremde Wohnungen und Häuser ging und dort verschiedene Sachen sagte und machte, um den Menschen, die dort lebten, zu helfen. Sie stellte sich in eine Ecke der meist kleinen Küchen oder Kinderzimmer und sah den Familien bei ihren Alltagsbeschäftigungen zu: Zähneputzen, Mittagessen, Hausaufgaben machen, Schlafengehen. An jenem Abend besuchte die Super Nanny die 25-jährige Nadine. *Nadine ist alleinerziehend und lebt mit ihren drei Kindern in Sömmerda. Eine lieblose und aggressive Atmosphäre schlägt Katia Saalfrank entgegen, als sie die vierköpfige Familie besucht. Wüste Beschimpfungen sind an der Tagesordnung. Die Familie braucht Hilfe. Dauerstreit Tag für Tag.*

Der kleine Tommy, ein wilder Bub mit roten Haaren und schiefen Zähnen, knallte mitten in unserem Wohnzimmer mit dem Gesicht in den Pommes-Teller, weil seine Schwester ihn schubste. Die fünfjährige Chiara zog ihre Mutter so fest an den Haaren, dass sie ihr ein Büschel herausriss. Die zwickte daraufhin ihre Tochter so entschlossen in die Wange, dass dort ein roter Fleck blieb. *Mama, ich hasse dich!* Die Super Nanny sagte nichts. Nadine schaute die Super Nanny an: *Sehen Sie? Sehen Sie, womit ich es hier zu tun habe? Ein Monster. Sie ruiniert jedes gemeinsame Essen. Sie will nicht ins Bett. Sie schlägt ihren Bruder. Sie zerstört alles, was man ihr in die Hand gibt.* Endlich sprach die Super Nanny und Nadine riss die Augen weit auf, überrascht von ihrer Einschätzung, dass da gar kein Monster war, sondern nur ein Mädchen. Dann saß die Super Nanny im Nebenzimmer, als Mutter Nadine mit ihren Kindern den Tisch deckte. Über Kamera und

Mikrofon war sie mit dem Geschehen verbunden und sah und hörte alles mit. *Sag ihr jetzt, dass sie das gut gemacht hat*, flüsterte sie ihr über den Kopfhörer ins Ohr. *Beuge dich zu ihr runter und schenke ihr deine Aufmerksamkeit. Schick sie nicht einfach Händewaschen, begleite sie.* Nadine befolgte alles, was die Super Nanny befahl, und das Leben war auf einmal schön. Es war Magie.

Nadine hatte drei Kinder. Nina hatte nur mich. Als die Super Nanny Nadine bat, gemeinsam mit ihren Kindern eine Zeichnung anzufertigen, in der alle Familienmitglieder abgebildet werden sollten, schaltete Nina den Fernseher aus, legte ihr Gesicht in die Hände und schlitterte weg. Weg von der Super Nanny, weg von unserem Wohnzimmer. Sie war ganz in die Höhle vor ihrem Gesicht vergraben, die sich langsam mit Wasser füllte. Ich schaute sie mit meinen großen, gefährlichen Augen an. Man könnte glauben, ich sah weder ihre Wut noch ihre Angst noch ihre Liebe. Doch das stimmt nicht. Ich sah das alles. Ich wusste nur nicht, was es mit mir zu tun hatte.

Ich stellte die leeren Gefäße wie jeden Abend kopfüber der Größe nach in einer Reihe auf, schob Scuttle, meinen Sessel, so an den Tisch, dass seine Lehnen gerade nicht die Tischkante berührten und ging zu ihr. Ich tippte auf ihr Knie und streichelte die Außenwände ihrer Höhle. Finger für Finger begann sie zu bröckeln, bis ihre Augen, ihre Nase, ihr Mund zum Vorschein kamen. Sie sah mich an, breitete ihre Arme aus – die Flügelspannweite eines Kondors – und umarmte mich.

Grenzen setzen

Oft haben die Leute vor uns ihre Köpfe geschüttelt. Manche haben darauf geachtet, dass sie das Kopfschütteln vor uns verstecken, andere nicht. Wir hatten es über die vielen Jahre hinweg bei unzähligen Gelegenheiten gesehen: Als wir beim Frisör waren und mir die Biene den Kopf mit kochend heißem Wasser wusch. Als wir in der Abenddämmerung zum neuen Spielplatz gingen, dort aber ein Fußballmatch mit fremden Kindern stattfand. Als mir die Zahnarztassistentin Scuttle aus der Hand riss und ihn in den Vorraum stellte.

Als mir der Postbuschauffeur keinen zweiten Fahrschein für meine linke Hand geben wollte. Als mich der Mann in der Trafik am Oberarm packte, weil ich in die falsche Richtung ging. Als mich Nina am Sparparkplatz im Pyjama aus dem Auto zog. Als ich am Sparparkplatz ohne Schuhe stand. Als ich dem Nikolaus in der Fußgängerzone die Hand geben sollte. Als wir in der Fußgängerzone einen lebenden Menschen gesehen haben, der von oben bis unten angemalt war, sich aber nicht bewegte, sich totstellte. Als ich beim Kinderfest am Hauptplatz im Kreis tanzend die Hände verschränken musste und nicht mehr wusste, wo links und rechts war. Als Doktor Birnbacher auf Urlaub gefahren war und ein Fremder in mein Ohr leuchtete. Und so weiter. Überall dort waren Menschen anwesend, die ihre Köpfe schüttelten. Sie schüttelten die Köpfe über mich, sollte man meinen, aber in Wirklichkeit schüttelten sie die Köpfe über Nina.

»Das ist das Koch-Kind«, sagten diejenigen, die Nina kannten.

»Das ist Kindesmisshandlung!«, rief einmal eine, die Nina gar nicht kannte.

Es war aber nicht Ninas Idee gewesen, mich bei sieben Grad barfuß quer durch die Stadt gehen zu lassen. Es war ihre Mutter, meine Oma, die ihr am Telefon erklärt hatte, dass sie hart bleiben musste, dass, wenn ich mich jeden Tag weigerte, meine Schuhe anzuziehen, und das zu stundenlangen Konflikten führte, sie mich spüren lassen musste, wie es war, ohne Schuhe zu gehen. Sie hatte Nina aber nicht gesagt, wie sie mit einer wildfremden Frau umgehen musste, die sich schützend vor mich stellte. »Sehen Sie nicht, wie Ihr Kind Sie anfleht?«, fragte die wildfremde Frau. »Es zittert am ganzen Körper. Ziehen Sie dem Kind sofort die Schuhe an!«

Mit zwei Fingern hielt Nina meine Schuhe in die Luft und stupste der wildfremden Frau damit auf die in Daunen verpackte Brust. Die wildfremde Frau übernahm meine Schuhe.

»Viel Glück«, sagte Nina. Sie wischte sich den Rotz in den Jackenärmel, drehte sich um und stieg ins Auto. Noch eine ganze Stunde später redete die wildfremde Frau mit den Schuhen herumfuchtelnd auf mich ein. Nina saß stumm hinter dem Lenkrad und schaute mir beim Toben zu. Vor Aufregung lief mir Blut aus dem rechten Nasenloch, ich hörte für einen Moment auf zu weinen. Wir sahen uns

über die wildfremde Frau hinweg durch die Windschutzscheibe an, wie zwei Banditen im Duell, Nina und ich.

* * *

Ich, ich, ich. Abends fand ich wie immer Trost im Lichtschalter neben unserer blauen Couch. Ich, ich, ich. Ich
drückte den Lichtschalter. Ich drückte den Lichtschalter und das Licht ging an. Ich drückte den Lichtschalter
und das Licht ging aus. Ich drückte den Lichtschalter
und das Licht ging an. Ich drückte den Lichtschalter und
das Licht ging aus. Ich drückte den Lichtschalter und
das Licht ging an. Ich drückte den Lichtschalter und das
Licht ging aus. Ich drückte den Lichtschalter und das
Licht ging an. Ich drückte den Lichtschalter und das Licht
ging aus. Ich drückte den Lichtschalter und das Licht
ging an. Ich drückte den Lichtschalter und das Licht ging
aus. Ich drückte den Lichtschalter und das Licht ging
an. Ich drückte den Lichtschalter und das Licht ging aus.
Ich drückte den Lichtschalter und das Licht ging an. Ich
drückte den Lichtschalter und DAS LICHT GING AUS. ICH
DRÜCKTE DEN LICHTSCHALTER UND DAS LICHT GING
AN. Ich drückte den Lichtschalter und – Nina packte meinen Arm. »Alex, es reicht!«

»Ich habe dir schon tausend Mal gesagt, dass du damit
aufhören sollst!«
    Wirklich?
    »Ich hab's dir gesagt: Wenn du nicht aufhörst, nehme
ich dir Scuttle weg!«

Nina hielt Scuttle fest und ließ ihn nicht mehr los, so sehr ich auch an ihm zerrte. Ich krallte mich gerade noch an ihren Unterschenkel, um sie aufzuhalten, doch sie ging unbeirrt in den Vorraum, warf ihn in die Höhle unter der Treppe, versperrte sie und legte den Schlüssel oben auf den kilometerhohen Rahmen der Haustür. Ich schrie, so laut ich konnte, und fasste immer wieder mit meiner rechten Hand an die Treppenwand, als könnte ich zu Scuttle hindurchgreifen, mit meiner linken hielt ich mir den schmerzenden Bauch. Die Hitze des Zimmers umschloss mich fest. Noch Stunden später lag ich am selben Fleck und tobte. Nina überlegte aufzugeben und Scuttle herauszuholen. Ich konnte es ihr ansehen. Doch stattdessen ging sie ins Schlafzimmer und holte die Kamera, die ihr Patrick besorgt hatte. Bis zu diesem Zeitpunkt hatte es schon viele Fotos von mir gegeben: Blasse Haut, Augenringe wie die Mutter. Aber das war unser erster Film. Nina wusste von der Super Nanny, während des Filmens sollte sie keinesfalls versuchen, mich zu beruhigen, und das wollte ich auch nicht. Ich wollte nicht beruhigt werden. Beruhigt sein bedeutet, einverstanden zu sein mit der Welt.

Nina blickte durch die Kamera und sah: mich. Sie sagte kein Wort und berührte mich nicht, bis dieses dumpfe Geräusch auftauchte, das Schlagen meines Kopfes auf den Boden.

»Alex, bitte, du tust dir weh!« Die Worte fallen ins Video wie ein Ball ohne Sprungkraft, plopp, rollt er unsichtbar ins Bild und bleibt dort liegen. Wo ich mit Händen und Füßen schlage und trample, wo ich in den Teppich beiße, bis meine Zähne rot glühen, wo mein Kopf über das Laminat schleift und mein Schweiß Spuren zurücklässt.

Irgendwann war ich an Ort und Stelle vor Erschöpfung eingeschlafen.

Nina drückte auf PLAY. Im Fernsehen habe ich einmal gesehen, wie Polizisten das Video eines Attentats analysieren. Nina hatte keine Polizisten. Sie war es ganz allein, die sich mein Attentat wieder und wieder ansah, um etwas herauszulesen. Nachdem sie das Video etwa zehn Mal gesehen hatte, musste sie von meinem Kreischen erschöpft gewesen sein und sie drückte die Mute-Taste. Sie beobachtete. Sie sah hin. Sie sah mein übertriebenes, stummes Gesicht. Und weil Gesichter den Menschen immer so viel verraten, begriff sie es: Das, was man da sah, war kein Attentat. Das war eine Schmelze.

Frösche, die keine sind

Der neue Kindergarten war nicht nur für mich neu, sondern für die ganze Stadt. Er war groß und hell. Er hatte eine Wiese und Bäume, Sandkisten, über denen Sonnensegel gespannt waren, zwei Rutschen, diverse Schaukeln und einen Kletterparcours. Innen gab es bunte Möbel, glatte Flächen und Spielecken. Im neuen Kindergarten sagte eine Eierschale:

»Du weißt nicht mal, wie alt du bist.« Eine andere sagte: »Du kannst dir nicht mal die Schuhe binden.« Eine andere sagte:

»Tak«, und meinte Traktor. Eine andere sagte: »Du gehst komisch.« Eine andere sagte: »Willst du spielen?« Eine andere sagte: »Was ist deine Lieblingsfarbe?« Eine andere sagte: »Ich zermalme dich.« Eine andere sagte: »Kannst du überhaupt Zähne putzen?« Eine andere sagte: »Du musst den Ball mit zwei Händen fangen.« Eine andere sagte: »Geh weg!« Eine andere sagte: »Wieso machst du das?« Eine andere sagte:

»Du hast einen Vogel«, und tippte mit dem Zeigefinger so laut gegen ihre Eierschalenstirn, dass es krachte.

Im Kindergarten hing ich nicht in meinem Heimnetzwerk und so wie Nina damals große Rechnungen bezahlen musste, wenn sie mit ihrem Nokia im falschen Netz war, so bezahlte auch ich große Rechnungen, sobald ich wieder zu Hause war. Im Kindergarten schmolz ich leise, für andere unbemerkt. Ich schmolz wie ein von einem Kind fallen gelassenes Eis, das am Gehsteig in der Sonne liegen bleibt, weil niemand sich zuständig fühlt. Die Leute steigen rein oder bemerken es doch noch rechtzeitig und machen einen Schritt darüber.

Die Zeit ist eine Kugel, wie mein Kopf. Immer passiert alles. Trilliarden Dinge teilen sich einen Moment. Der Raum ist eine Kugel, wie die Zeit, wie mein Kopf, eine unendliche Kugel. Die zerbrochene Fliese, zu Hause im Badezimmer. In der Früh, zu Mittag, nächste Woche, gestern, vor einem Monat fällt mir ein Patzen Zahnpasta auf den Pullover. *Das ist kein Problem, das kann man waschen.*

Die Tante sagte: »Wir basteln heute einen Frosch.«

Das waren heiße Worte für das kälteliebende Baumfarn, das ich war.

»Warum?«

»Dazu nehmen wir zuerst ein Stück Papier, seht her.«

Die Fliese im Badezimmer war zerrissen. Sie sah nicht mehr aus wie eine Fliese. Also war sie nun irgendetwas anderes.

Leila berührte mich am Unterarm, sie sagte etwas, ich konnte sehen, wie sich ihre Lippen bewegten, zart wie Fliegenflügel. *Tu endlich weiter.* Nina zog mir einen neuen Pullover an, die Fliese war kaputt. Die Milch stand im Raum zwischen den Fensterscheiben, dort war es kalt. Ich schaufelte den Zucker hinein, in der kalten Milch löste er sich nicht auf. Der Käfer lag oben in meinem Zimmer auf dem Fensterbrett, während ich unten in der Küche am Tisch saß.

»Alex? Nimm dir doch bitte auch ein Stück Papier wie die anderen.«

Auf der Tischplatte, neben der Cornflakesschüssel, klebte rote Spaghettisoße vom Vortag. Ich fuhr mit dem rechten Finger darüber. Nina räumte den Geschirrspüler aus.

Die Tante schnitt laut ins Papier.

Ich stolperte beim Aussteigen. Ich blickte an mir herab. Der falsche Pullover. Der Knopf der Hose fraß meinen Bauch. *Wo hast du das her mit dem Supervulkan? Schlaf jetzt.* Frösche, die im Winter zu Eis wurden. Wer hatte die Fliese kaputt gemacht? Wenn niemand etwas gegen die Supervulkane unternahm, würden wir alle bald sterben. Ich erklärte das drei verschiedenen Eierschalen. Keine von ihnen reagierte.

»Wir falten das Papier jetzt so.«

Kann ich endlich zu Zohreh gehen?

Ich stolperte aus dem Auto, die Bettkante grub sich in die Unterseite meines Oberschenkels, als ich mich aufsetzte. Ich drehte den Wasserhahn zu stark auf. Ich schabte den Zucker vom Schüsselboden, die Cornflakes ermatteten im Schatten des Milchlichts. »Brav, dass du Alex hilfst, Johanna.«

Ein Papier. Johannas Strumpfhose hatte ein Loch unterhalb des linken Knöchels und Haare standen büschelweise aus ihrem geflochtenen Zopf.

Nina pfiff ein Lied und schaltete den Fernseher ein. Heißer Dampf stieg über der Milch auf. Denkt man wirklich im Kopf oder denkt man woanders? *Wir müssen*

Handschuhe und Haube aufsetzen, es ist kalt. Aus der Haube hing ein Faden. Ich zeigte ihn Nina. *Das macht nichts*, und immer wieder: *Ich hasse die Strobl.* Nina klemmte das Namensschild an ihre Brust. *Kann ich dir was helfen?* Nina trank einen Orangensaft im Stehen. Den Orangensaft bewahren wir im Raum zwischen den Fensterscheiben auf. Dort ist es kalt. Ihre Pyjamahose saß nicht richtig, ich konnte ihre Unterhose sehen. *Wann kaufst du einen Kühlschrank, Nina?* Ich tastete mit dem linken Finger über die rote Spaghettisoße auf dem Tisch.

Johanna streckte mir das Papier hin. »Ich habe den Frosch für dich gefaltet.« So sahen keine Frösche aus. In der Nacht sah mein Kleiderkasten wie ein riesiger Mensch aus. *Aber das ist nur ein Kasten, Alex.* Die kaputte Fliese wird das ganze Haus in den Abgrund ziehen. Boiler können explodieren, Sicherheitsventile können alt sein. *Die Strobl hat mir den Dienstplan geändert. Kannst du sie heute führen und abholen, Patrick?*

»Wir basteln einen Frosch, Alex.« Die Tante berührte mich am Knie. Der Ohrring in ihrem rechten Ohr hätte jeden Moment herausfallen können. In der Ecke jammerte eine Eierschale. Eine andere kam aus dem Klo. *Wo ist Zohreh?* Zohreh ist in der Küche. Nicht alle Cornflakes schwimmen oben, manche müssen untergehen. *Alex, du hast fünf Minuten. Iss jetzt!* Cornflakes sind gelb, aber wenn sie zu lange in der Milch schwimmen, verlieren sie ihre Farbe. *Ich will eine Banane.* Nach dem Frühstück zeigte ich Nina meine sauberen Hände. *Ich bin nicht schmutzig! Das ist toll, aber du kannst dich ruhig schmutzig machen, wir können ja immer Händewaschen.*

Immer Händewaschen. Die Cornflakes taten am Gaumen weh, wenn ich nicht wartete, und waren Matsch, wenn ich wartete. Der Käfer auf dem Fensterbrett in meinem Zimmer saß schon seit einer Woche am selben Fleck und bewegte sich nicht. War er tot oder gefroren oder nur gelangweilt oder mit sich selbst beschäftigt? Der Pullover war falsch. Der Knopf der Hose fraß meinen Bauch. Ich nickte vor einem Eierschalengesicht. »Okay«, sagte ich. Mein Kopf hier im Kindergarten, mein Kopf gestern unter der Dusche. *Wo läuft das ganze Wasser hin, Nina?* Frösche haben: Augen, Nase, Mund, Beine. Eine Eierschale klebte Plastikpunkte auf das gefaltete Papier.

Die Tante steckte plötzlich fast unter meiner Haut, sie nahm meine kleine Hand mit ihrer erwachsenen Hand. Ich hoffte, sie würde an mir abrutschen wie ein Gnu am schlammigen Uferrand. »Hast du das Papier gefaltet?« Das Papier bleischwer auf meinem Schoß. »Oder willst du lieber ein anderes Tier basteln? Du magst doch Vögel?« Natürlich mochte ich Vögel, deswegen ließ ich sie auch aus diesen Dingen heraus. »Sprichst du bitte mit mir?«

»Okay«, probierte ich.

»Was ist okay?«, wollte die Tante wissen. Man kam nicht immer damit durch.

»Da ist das Logo vom Libro drauf«, fügte ich hinzu.

»Das stimmt! Auf dem Papier ist das Logo vom Libro drauf«, wiederholte sie, als hätte ich das nicht gerade gesagt.

»Du hast ja Adleraugen.«

Wenn die Tante etwas über Adleraugen gewusst hätte, hätte sie das nicht gesagt. Ich konnte den Sicherheitsgurt schon selbst klicken. Gottseidank, weil Patrick hätte den Gurt nicht für mich geklickt. *Für die paar Meter.* Patrick hörte Rihanna und trommelte mit beiden Händen aufs Lenkrad. Auf dem

Rücksitz lagen duftende Kartons, auf denen DVD-Player stand. Auf den Knöcheln seiner rechten Hand hingen Hautfetzen. Ich mochte Rihanna. Sie sang so laut, dass ich sonst nichts hören musste. Ich stolperte aus dem Auto und fast hätte Nina vergessen, Bananen zu kaufen. Ich zählte die Regentropfen auf der Windschutzscheibe so weit ich konnte, dann fing ich von vorne an. *Du nimmst aber nicht ernsthaft den Sessel mit? Lass ihr ihren Scuttle bitte, Patrick, sie wird sonst wütend.* Wahrscheinlich lag der richtige Pullover zu diesem Zeitpunkt in der Wäsche-kiste. Unter dem Regal mit den Handtüchern. Es gab raue und kuschelige Handtücher. Ich brauche keine Handtü-cher. Nina wusch mir mit einem feuchten Waschlappen über den Mund. Mir fällt nichts ein, das sich besser an-fühlt. Ich sehe die Fliese, Nina! Ja, die Fliese ist kaputt. Die Fliese! Ja, die ist kaputt. Wir werden sie tauschen. *Ach so, wir wollen ja nicht, dass die Madame wütend wird.* Mister DJ, Mister DJ, Mister DJ. Hey, Mister DeeeJaaay! Wir fuhren bis zur Kreuzung, blieben beim Stopp-Schild stehen. Es ist immer derselbe Weg. Es ist immer derselbe Weg. Es ist jeden Tag derselbe Weg. Mit meinen Händen streichelte ich Scuttle, mit meiner Stimme sagte ich S, T, O, P, P. Wir fuhren am Solarium vorbei, die große gelbe Sonne, die den Daumen nach oben streckt, hatte Patrick entworfen und dorthin geklebt. Gelb auch der Postkasten bei der Bushaltestelle.

»Schön gemacht, Nico!«

»Nico, kennst du den gefährlichsten Supervulkan der Welt?«

Nico zuckte ängstlich oder gleichgültig oder unsicher mit den Schultern. Er hielt das gefaltete Papier mit den aufgeklebten Plastikpunkten auf seiner flachen Hand vor seiner Brust. »Den bring ich meiner Mama«, sagte Nico. »Quak, quak«, sagte er.

Mir war heiß, schrecklich heiß. Ich trug eine geringelte Strumpfhose, darüber noch eine Hose mit Knopf und einen Pullover mit Arielle darauf. Arielle, in typischer Meerjungfrauen-Art gewunden, umarmt ein Seepferdchen, um sie herum steigen Luftblasen auf. Ich schnappte nach Luft.

Ich sah mich um. Alle anderen hielten ihre gefalteten Papiere mit den Plastikpunkten darauf in ihren flachen Händen.

Überall falsche Bilder. »Was ist das?«, fragte ich und zeigte auf einen der Punkte.

»Das sind die Augen.«

»Das sind aber keine Augen. So sehen keine Augen aus.«

»Doch sind das die Augen!«

Hätte ich Papier falten und Punkte darauf kleben sollen? Ich rieb meine Beine aneinander, schnell und schneller, wie eine Fliege. Die Tante schaute ehrgeizig oder grantig oder neugierig.

»Was machst du da?«

»Ich ziehe diese Hose aus.«

»Aber das geht nicht, Alex.«

»Mir ist heiß.«

»Ohne Hose ist es viel zu kalt. Hopp!«, sie zog mir die Hose wieder hinauf bis zum Knopf, der den Bauch fraß.

Ich nahm das Papier in die Hand.

»Wir basteln heute nicht mehr, Alex, siehst du, alles wird schon weggeräumt. Wir machen jetzt einen Sesselkreis.«

Es gab klebrige Münder, Schweißfüße und Nester in den Haaren. Es gab Ohrenentzündungen, Brechdurchfall und Feuchtblattern. Es gab Filzstiftpunkte, die Zeigefingerlinien entlang bis zu den Daumenwurzeln. Es gab Singen, Gitarre spielen und es gab Sesselkreis. Sesselkreis bedeutete 12 andere Augenpaare also 24 Augen, bedeutete 12 andere Hand- und 12 Fußpaare, also 48 Gliedmaßen, unzählige Finger und Zehen, genauso viele Finger- und Zehennägel, bedeutete Millionen fremde Haare und Partikel, bedeutete Hosenbeine, Pulloverärmel, 12 andere Stimmen, die gleichzeitig in 100 Stimmlagen sprachen, Ringelreihen, Hände, die auf Sitzflächen trommelten, mein rechter, rechter Platz ist leer.

Ich lief zum Fenster, an dem manchmal Wolken und Vögel vorbeizogen, selten, wenn ich Glück hatte, auch Zohreh. Meine Augen suchten vergeblich nach Zohreh. Ich presste meinen heißen Kopf aufs Fensterbrett. Auf dem Fensterbrett lagen 12 gefaltete Papiere in Grün.

Zohreh

Der Weg von der Eingangstür mit den aufgeklebten Herbstblättern bis zum Büro mit den aufgeklebten Buchstaben war lang. Zumindest, wenn man Scuttle schleppen musste wie ich. Bei jedem dritten Schritt verhaspelten sich meine Füße in seinen Füßen. Nina fragte, ob sie mir helfen dürfe. Ich verneinte. Scuttle war weich, stabil, gut auf der Haut und wenn man mit ihm rücken musste, spürte ich den Boden darunter nicht in meiner Kopfinnenseite kratzen wie bei allen anderen Sitzgelegenheiten dieser Welt. Er konnte nass werden und war weiß und glatt und freundlich wie die

Möwe Scuttle in Arielle.

Auf dem Schild neben der Tür stand: Anja Ölsböck, pädagogische Leiterin. Zwei Mal gelang es Nina, das Entwicklungsgespräch zu verschieben, beim dritten Anlauf der Leiterin konnte sie nicht mehr aus, und sagte zu.

»Schön, dass Sie gekommen sind«, sagte Frau Ölsböck.

»Hallo Alex! Bitte setzen Sie sich, wohin Sie wollen.« Nina prüfte die Optionen: eine grün gestrichene Gartenbank, ein grauer Sitzsack und ein Hocker mit Sitzauflage. Sie nahm die Auflage vom Hocker und setzte sich.

»Darf ich Ihnen das abnehmen?« Es dauerte ein paar Sekunden, bis sich Nina von der Auflage in ihren Händen

trennte. Sie hatte sie an sich gedrückt wie ein Kuschel-
tier.

»Gut«, sagte Frau Ölsböck und ließ sich in etwas nieder,
das aussah wie ein Zahnarztsessel, mit Nackenstütze und
vielen Knöpfen und Hebeln an den Seiten. Sie schlug vor,
ich solle mich in die Ecke setzen und Stifte spitzen. Sie
bezeichnete Scuttle als Stuhl und das Stifte spitzen als
Arbeit, die erledigt werden müsse. Alle sprachen immer
von Arbeit, sie waren besessen von Arbeit. Ich setzte mich
auf Scuttle und spitzte.

»Normalerweise sind die Kinder ja beim Entwicklungsgespräch nicht anwesend.«

»Ja«, sagte Nina. »Der Dienstplan, ich habe niemanden gefunden, der –« Von draußen hörte man Laub unter
einem Rechen.

»Das ist unser Karli«, sagte Frau Ölsböck mit Blick in
den Garten. Ich lief zum Fenster, stellte mich auf die Zehenspitzen, drückte Hände, Stirn und Nase an die Scheibe
und sah zu ihm hinaus.

»Hm?«, machte Nina.

»Herr Winkler, der Gärtner. Er ist zweimal die Woche
hier. Alex schätzt ihn sehr und hilft ihm gerne bei der Gar-
tenarbeit.«

Für den Landschaftsgärtner gab es in Wien zwei
Kursangebote. Beide waren im WIFI-Katalog als Vor-
bereitungskurse für die Meisterprüfung angeführt. Der
Abendkurs bestand aus 226 Lehreinheiten. Täglich außer
Freitag und Sonntag. Kosten: 2.390 Euro.

»Normalerweise kann der ja gar nicht mit Kindern«,

rutschte es Frau Ölsböck heraus. »Ich meine, selbstverständlich kann er mit Kindern, sonst wäre er nicht hier bei uns, aber, Sie wissen schon, er ist manchmal ein wenig, nun, sagen wir, in seiner Welt.«

»Aha.« Ich sah Nina in der Spiegelung der Scheibe.

»Jedenfalls, mit Alex kann er. Und Alex mit ihm. Sind schon alle Stifte fertig, Alex?«

Wie konnte Frau Ölsböck mich das nach so kurzer Zeit fragen? Natürlich waren noch nicht alle Stifte fertig. Ich setzte mich wieder. Buntstiftflocken klebten auf meiner Hose, in meinem Haar.

Frau Ölsböck schlug eine Mappe auf und begann zu reden. Doch Nina war gar nicht bei der Sache. Sie bemerkte, dass sie vergessen hatte, den linken Arbeitshandschuh auszuziehen. Handschuhe schützten Ninas Hände bei der Arbeit vor Verletzungen oder sie schützten die Ware vor ihren Händen, das wussten wir nicht genau. Unauffällig zog sie den Handschuh hinunter. Auf ihrem Handrücken klebte ein -50%-Preisrabatt-Pickerl, das sie nicht zu bemerken schien, weil sie wie immer ihre Fingerkuppen auf Schnittwunden kontrollierte. Kartons können gefährlich sein. Die Strobl war eine, die bei jeder Teambesprechung die kleinsten Kratzer an ihren Fingern registrierte. Nina war nicht sicher, ob Verletzungen auf den Händen für die Strobl ein gutes Zeichen waren, das für Arbeitseifer stand, oder ein schlechtes Zeichen, das von Ungeschick zeugte. Jetzt starrte Nina die Kekspackung auf dem Schreibtisch an. Ihr erster Impuls wäre sicher gewesen, nach dem Mindesthaltbarkeitsdatum zu sehen. Sie checkte täglich das

MHD Hunderter Produkte, deswegen konnte sie gar nicht mehr anders. MHD, die drei Buchstaben, um die sich alles drehte. Lief eine Ware am nächsten Tag ab, musste Nina sie mit einem Prozent-Pickerl bekleben. Lief eine Ware noch am selben Tag ab, musste sie sie aus dem Verkauf nehmen. Diese Sachen brachte Nina dann zu uns nach Hause, obwohl das nicht erlaubt war und sie sich nicht dabei erwischen lassen durfte.

»Aber das habe ich ja bereits erklärt.«

»Wie bitte?«, fragte Nina.

»Den Beobachtungsbogen, meine ich. Das Entwicklungsportfolio, in dem unsere Pädagoginnen im Haus ihre Beobachtungen festgehalten haben. Den besprechen wir dann unter vier Augen, sobald Zohreh da ist, um Alex abzuholen.«

»Alex' Freundin?«

»Meine Freundin!«, rief ich.

»Deine Freundin«, sagte Frau Ölsböck. »Darüber, also über Zohreh, meine ich, möchte ich nachher auch mit Ihnen sprechen, Frau Koch. Aber bevor wir dazu kommen, haben Sie von Ihrer Seite her Wünsche oder Fragen?«

»Wünsche?« Nina hatte versucht, etwas vom sogenannten Beobachtungsbogen abzulesen, sie erkannte Zahlen und Tabellen, aber ehe sie näher hinsehen konnte, schob Frau Ölsböck ihren Unterarm darüber.

»Oder wollen Sie mit einer Anregung unser Gespräch beginnen?«

Nina rieb sich mit den Knöcheln im Auge herum, vor kurzem hatte sie dort wieder die roten, juckenden Äderchen entdeckt. Etwas stach sie in die Wange und sie bemerkte endlich das Rabatt-Pickerl auf ihrem Handrücken. Sie zog es herunter, zerrieb es zwischen den Fingern und ließ es auf den Teppichboden fallen. »Ich«, sagte Nina, »ich komme gerade von der Arbeit.«

»Gut, dann beginne ich. Alex ist nun seit drei Monaten bei uns und wir hatten nach einem Monat ein kurzes Gespräch, Sie erinnern sich.« Nina nickte und starrte weiterhin auf den Beobachtungsbogen. »Jedes Kind ist anders. Das soll uns nicht behindern. Aber lassen Sie uns dennoch erste Erkenntnisse zusammenfassen. In der Sonnenstrahlengruppe lief es für Alex nicht besonders gut, wir wissen warum. Seit drei Wochen ist sie in der Regenbogengruppe. Wir haben mit Marlies gesprochen, wir sehen uns heute an, was das ergeben hat.«

»Mit wem haben wir gesprochen?«

»Mit unserer Ergotherapeutin.«

»Okay.« Es war doch jedes Mal interessant, von einem Beruf zu erfahren, von dem man zuvor noch nichts gehört hatte. Wir kannten ihn nicht aus dem WIFI-Katalog.

»Sie kümmert sich darum, unseren Kindern im Alltag zu helfen. Wenn sie beispielsweise Handlungen, die eigentlich dem Alter entsprechend wären, noch nicht ausführen können.«

»Muss man da etwas studieren?«

»Wie bitte?«

»Um als so eine Therapeutin mit Kindern zu arbeiten.«

»Frau Marlies hat viele Jahre Erfahrung in Theorie und Praxis, da können Sie beruhigt sein.«

»Kann ich mal sehen?« Nina beugte ihren Oberkörper nach vorn und fast griff sie nach dem Stück Papier auf dem Schreibtisch, aber dann zog sie die Hand wieder zurück.

»Ich erkläre Ihnen später, was die Pädagoginnen im Haus beobachtet haben. Erzählen Sie doch erst einmal, wie ist es denn bei Ihnen zu Hause?«

Nina atmete aus, atmete ein und begann zu berichten. Sie erzählte, dass wir auf 75 Quadratmetern wohnten und dass das Haus ihrer Mutter, meiner Oma gehörte, die jetzt aber mit einem neuen Mann in den Bergen wohnte und das Haus nicht mehr brauchte. Sicher müsse man ein paar Dinge richten, die Wasserleitungen wären laut und manchmal gebe es Flecken an den Wänden, aber sie kontrolliere immer gleich auf Schimmel. Vor einem Jahr habe sie das Badezimmer neu gefliest. Wir würden außerdem viel lüften, mir wäre ohnehin meistens heiß. Gerade sei der Kühlschrank kaputt, aber das sei nicht so schlimm, wir würden nicht viel essen. Frau Ölsböck schaute irgendwie besonders, weswegen Nina auf einmal schneller redete. »Also, nicht viel aus dem Kühlschrank. Wir essen nicht so viele Dinge aus dem Kühlschrank, meine ich. Sonst essen wir schon viel. Also nicht zu viel. Aber genug.«

»Verstehe. Was ich aber eigentlich meine, wie geht es Ihnen beiden zu Hause?«

»Ah.« Nina blickte zur Sitzauflage, die jetzt unter Frau Ölsböcks Schenkeln lag und umklammerte stattdessen ihre Knie. In unseren Köpfen formierten sich die Bilder, Töne und Gerüche, aus ihnen musste Nina jetzt eine Antwort bauen: mein Erbrochenes auf dem Teppich, jeden Tag, wenn ich vom Kindergarten nach Hause kam. Mein Erbrochenes auf ihrem Pullover, wenn sie versuchte, mich vom Erbrechen abzuhalten. Mein heißer Körper und mein blaues, atemloses Gesicht. Ihre Tränen im Badezimmer, ihre Tränen in der Küche, ihre Tränen im Kasten, ihre Tränen vor dem Fernseher, ihre Tränen im Schraubglas, ihre roten, juckenden Augen, ihre roten, juckenden Augen, ihre roten, juckenden Augen, ihre Tränen am Klo, mein Hämmern gegen die verschlossene Klotür, das Rauschen von Wasser, dort und da. Im Wasserkocher, im Badezimmer, im Spülkasten, im Aufwaschkübel, in mir, in ihr, in den Wänden, in der Waschmaschine, mein Hämmern.

»Glauben Sie«, fragte Nina, »dass Alex glücklich ist?«

»Sie meinen hier bei uns?«

Es klopfte und die Tür ging auf.

»Wunderbar, Zohreh ist da.«

»Zohreh!«, rief ich.

»*Das* ist Zohreh?«, fragte Nina.

»Hilfst du Zohreh bitte in der Küche, Alex?«

Ich stand auf und nahm Scuttle an mich. »Zohreh kommt aus Afghanistan. Dort gibt es Kobras!«

»Voll cool«, sagte Nina freundlich oder verwirrt oder interessiert und wischte mir im Vorbeigehen ein paar Spitzer-Späne von der Schulter.

Zohreh wartete geduldig an der Schwelle, bis ich so weit war, und wir verließen zusammen das Büro. Die Tür fiel hinter uns zu und ich hörte Nina noch einmal fragen: »*Das* ist Zohreh?«, dann hörte ich nichts mehr.

In der Küche war es wie immer still. Stille Arbeitsplatte, stiller Tisch, stille Zohreh. Sie ließ wie immer zuallererst die Jalousie herunter und kippte das Fenster. Durch die waagrechten Stäbchen hindurch zeichnete die Sonne ihr Muster in den Raum. Hell, dunkel, hell, dunkel, hell, dunkel, hell, dunkel, hell, dunkel, hell, dunkel. Wie immer setzte ich mich in die Mitte des Raumes auf Scuttle und zählte die Striche, während Zohreh ihre langen Haare bürstete und zu einem Knoten zusammenband. Wenn ein Wind kam, schepperten die Stäbchen der Jalousie ganz still.

Ich fragte Zohreh wie immer, ob sie schon einmal von einer Kobra gebissen wurde.

Sie bestätigte mir wie immer, dass sie schon oft gebissen wurde. Sie holte wie immer den großen, stillen Topf heraus, schob wie immer den Tripp Trapp an die Küchenzeile heran, wartete wie immer, bis ich fertig gezählt hatte, erlaubte mir wie immer die Hose auszuziehen, versicherte mir immer, dass alles an meinem Körper am richtigen Platz war. Jetzt konnte ich hinaufklettern und in den Topf schauen.

»Warum haben wir in Österreich keine Kobras?«

»Ein Österreicher würde den Biss einer Kobra nicht überleben.« Sie schüttete Milch in den Topf und drehte das Rad auf 3. Ich fixierte den leuchtenden Punkt über dem Rad, die Freude darüber sprang rosa in meine Fingerkuppen über.

»Leider fressen Kobras Vögel«, erklärte ich Zohreh.

»Mhm.«

»Magst du Vögel?«

»Nicht besonders.«

»Warum nicht?«

»Die Schnäbel.«

»Welche Vögel gibt es in Afghanistan?«

»Jede Menge.« Über der Milch stieg stiller Dampf auf und ich hielt meine Nase darüber.

»Amseln?«

»Bestimmt.«

»Spatzen, Raben, Kohlmeisen, Blaumeisen, Rotkehlchen, Elstern, Spechte, …?«

»Sicher, sicher, das gibt es alles«, unterbrach Zohreh meine Auflistung.

»Weißt du, wie viele verschiedene Vögel es gibt?«

»Puh.«

»Über 10.000.«

»Ganz schön viele.«

»Ich hab ein dickes Buch, da steht das alles drinnen.«

»Weißt du, was mir passiert ist? Ich musste Tom zum Tierarzt bringen, er hat sich beim Spielen an der Pfote wehgetan.«

»Aha«, sagte ich. »Wie alt bist du?«

»Sag ich dir jeden Tag, 21. Sag du mir lieber, wie alt du bist! Wie alt bist du?«

Ich schwieg.

»Du bist bald sechs, Alex.«

»Kennst du den gefährlichsten Supervulkan der Welt?«

»Yellowstone.«

»Kannst du das noch einmal sagen?«

»Yellowstone.«

»Kaufst du Aludosen?«

»Nein.«

»Aludosen machen das Ozonloch.«

»Ich weiß.«

»Patrick trinkt immer aus Aludosen. Weißt du, wie groß das Ozonloch ist?«

»Ich fürchte, einige Millionen Quadratkilometer groß.«

»Bringt uns das Ozonloch alle um?«

»Ich glaube nicht.«

»Als Baby hab ich einen Freund gehabt, der ist gestorben.«

»Das ist ja schrecklich, Alex. Was war das für ein Freund?«

»Ein Freund eben. Kannst du schwimmen?«

»Nicht besonders gut.«

»Warum nicht?«

»Ich habe es nie richtig gelernt.«

»Gibt es in Afghanistan ein Meer?«

»Nein, aber viele Berge.«

»Gibt es in Afghanistan Sterne?«

»Riesige Sterne.«

»Weißt du, was Sterne sind?«

»Ein Stern ist ein Himmelskörper.«

»Nein, ein Stern ist eine Kugel aus Gas.«

»Ach so.« Sie drückte mir den stillen Schneebesen in die Hand.

»Nina sagt, die Sterne schauen mir in der Nacht beim Schlafen zu. Sie leuchten, weil sie mich sonst nicht sehen können.«

»Rühren!«, befahl Zohreh.

Puddingpulver rieselte in die Milch. Stille Vanille, stille

Vanille, stille Vanille, stille Vanille, stille Vanille, stille Va-
nille, stille Vanille, stille Vanille, stille Vanille, stille Vanille,
stille Vanille, stille Vanille.

»Zohreh?«

»Hm?«

»Woran merkt man eigentlich, dass etwas tot ist?«

»Wenn es sich nicht mehr bewegt.«

»Patrick hat gesagt, der Käfer auf meinem Fensterbrett
ist tot. Aber er bewegt sich im Wind.«

»Wer ist noch mal dieser Patrick?«

»Das ist nur mein Bruder!«, rief Nina schnell dazwischen.

Nina und Frau Ölsböck waren plötzlich in der Küche
aufgetaucht und mit einem Schlag war es nicht mehr
still.

Zohreh fing an, mich wie immer nach dem Puddingkochen sauber zu machen.

»Hier wie besprochen die Kontaktdaten. Überlegen Sie
es sich.« Frau Ölsböck überreichte Nina eine Visitenkarte
und Nina steckte sie in die Jeanstasche, ohne die Augen
von Zohreh zu nehmen. »Danke, aber so etwas können
wir uns nicht –«

Sie beobachtete Zohreh dabei, wie sie mir Haare aus
dem Gesicht strich, und verstummte. Wie nah sie mir
kommen durfte, war beachtlich. Zohreh klopfte den
Schneebesen an der Kante des Topfes ab und tauchte ihn
ins Abwaschwasser.

»Sie ist ein spezielles Mädchen«, stellte Frau Ölsböck
fest.

»Ja, wirklich«, sagte Nina und starrte Zohreh an, die mir mit einem feuchten Tuch den Pudding von den Fingern wischte. »Sehr speziell. Jetzt verstehe ich, warum Alex so viel über sie spricht.«

»Ich meine Ihre Tochter!«, rief Frau Ölsböck.

Ach ja

Ich bin ein Mädchen. Das hatte ich natürlich schon viel früher gewusst. Zu dieser Zeit aber verstand ich, dass ich es für immer sein würde. Ein Mädchen zu sein kam mir entgegen. Mädchen verhalten sich still und spielen auf durchschnittlich drei Quadratmetern Raum. Buben verhalten sich laut und spielen auf durchschnittlich fünfzehn Quadratmetern Raum. Ein Mädchen zu sein bedeutet, die anderen Mädchen zu beobachten, und zu sein wie sie. Niemand fragt oder kann sagen, wer damit angefangen hat, es ist ein Mädchensein-Kreislauf.

Ich beobachtete Dana, die in einem Bilderbuch blätterte. Ich beobachtete Marie, die die Haare der Puppe bürstete. Ich beobachtete Lisa, die die Konturen einer Schnecke mit einem Buntstift nachzeichnete. Ich beobachtete Johanna, die Glitzersteine auf einen Pappmaschee-Kopf klebte. Marie zu Lisa: »Sagen wir, du bist die Verkäuferin und ich kauf bei dir ein.« Lisa zu Johanna: »Nein, sagen wir, du bist der Vater, ich die Mutter und Johanna das Kind.« Marie, mit einem erhobenen Finger der rechten Hand: »Du, du, du. Du warst ganz schlimm!«, und Lisa: »Ja, schlimm warst du, du bekommst kein Eis!«

»Weißt du, wie viele Supervulkane es gibt?«, fragte ich Marie.

Marie sagte nichts.

»Weißt du, wann der letzte Supervulkan ausgebrochen ist?«

Marie bürstete einfach an den Haaren ihrer Puppe. Wenn Marie nichts sagen wollte, musste ich alles sagen.

Ich erzählte ihr, was ich über Supervulkane wusste. Das war damals noch nicht viel.

Marie hörte nicht zu, sie bürstete weiter.

Wenn Marie nicht mit mir über Supervulkane reden wolle, meinte Nina, müsse ich mit ihr über etwas anderes reden. »Oder ihr müsst gar nicht reden. Spielt einfach was.«

»Spielen wir Vater, Mutter, Kind. Du kannst wieder das Baby sein.«

Ich legte mich in die Ecke und war das Baby. Ich starrte gegen den Heizkörper und zählte seine Rippen.

Wo bin ich?

Eigentlich waren Ninas Dienstzeiten schön. Schön, weil
sie immer gleich waren und sich mit meinen immer gleichen Dienstzeiten deckten. Alles in unserem Leben ging
sich ganz genau aus. Nina brachte mich um halb sieben
in den Kindergarten und hatte eine halbe Stunde Zeit, um
ans andere Ende der Stadt zu fahren. Um sieben Uhr begann sie mit ihrer Arbeit. Sie arbeitete bis zwölf Uhr, fuhr
zurück durch die Stadt, holte mich ab und wir fuhren
nach Hause. Zuhause gab es gelbe Sachen: Erdäpfelpüree,
Käsetoast, Pommes oder Mais. Als Nachspeise Banane mit
Honig, Vanillepudding oder, wenn Nina gar keine Zeit fürs
Puddingkochen haben wollte, Butterkekse und Ananas-
scheiben aus der Dose. Eine Dose, eine Dose, eine Dose,
eine Dose. 5 mal 5 ist 25. Fünf Stunden Arbeit an fünf Tagen, und zwar immer am Vormittag, das galt für uns beide.

Am Freitagnachmittag stand Nina auf einmal im Wohnzimmer und trug ihren Mantel: ein falsches Bild. Wieso trug
Nina ihren Mantel? Wo wollte sie an einem Freitagnachmittag hin? Änderung im Dienstplan. Das waren Worte
wie uraltes Vulkangestein, und, anders als der Dienstplan, unabänderlich. Wie sie sich das vorstelle, hatte Nina
die Strobl am Telefon gefragt, sie könne nicht einfach so
kurzfristig alles umwerfen. Wozu es Dienstpläne gäbe,

wenn man sich nicht darauf verlassen konnte. Was sie mit Alexandra machen solle, hatte sie gefragt. Die Strobl meinte, Nina könne mich doch über Mittag im Kindergarten lassen. Das schlug sie vor, weil sie mich nicht kannte. An manchen Tagen saß ich schon um zehn Uhr mit Scuttle vor der Eingangstür und wartete darauf, abgeholt zu werden. Es spielte keine Rolle, ob die Tür mit Herbstblättern, Schneeflocken, Blumen oder Sonnen beklebt war, ich wollte sie am liebsten öffnen und gehen.

Jedes Mal, wenn die Tante bemerkte, dass ich dort saß, fragte sie mich, was ich da mache. Ich sagte, ich würde hier sitzen, und sie sagte, ich solle in die Gruppe zurückkommen.

»Nein, danke«, sagte ich dann, »ich warte lieber hier auf Nina.«

Mit Frau Ölsböck hatte Nina abgemacht, dass ich hin und wieder ein Bild male. Ich fragte sie, was ich falsch gemacht hätte, wofür das die Strafe war. Nichts, meinte Nina, gar nichts hätte ich falsch gemacht, ich solle nur malen, um mich auf eine Sache zu konzentrieren. Aber ich konzentrierte mich doch ständig auf ganz viele Dinge!

Ich solle es einfach probieren. Bitte.

Nina strich Mascara auf ihre Wimpern, suchte ihre Socken, schaute immer wieder auf die Uhr und versicherte mir, dass sie bald wieder zurückkommen würde.

»Kein Bild, das du mit nach Hause bringst, ist von dir. Das ist doch schade.«

Ich wusste nicht, was daran schade sein sollte. Zum Glück waren die nicht von mir. Auf der kaputten Kühlschranktür hing ein verwackelter Menschenkopf, eine bunte Wurst mit Zunge, eine Sonne mit Sonnenstrahlen, ein schlecht ausgemaltes Mandala. Es waren allesamt falsche Bilder und sie taten mir weh.

»Kein einziges. Das haben immer die anderen für dich gemacht. Aber malen ist wichtig, sagt Frau Ölsböck.«

Sie holte einen Stapel Prospekte aus der Klappkiste in der Küche. Ich spürte eine Aufregung in meinen Fingerkuppen. Sie faltete die Prospekte auf und legte sie im Wohnzimmer auf den Boden. Ich sprang von Scuttle auf und setzte mich auf die Prospekte, fuhr zuerst mit meinen Händen darüber, es knisterte unter der Haut. Dann fuhr ich mit meinen Füßen, meinen Knien, meinen Ellbogen über Buchstaben und Bilder. Ich hauchte meinen Atem auf sie, ich –

»Geh da runter«, Nina zog mich zur Seite und legte ein großes, leeres Papier über meine Prospekte. »Geht schon, leg los!« Ihre Stimme hatte die unternehmungslustige Fröhlichkeit einer Animateurin. Knapp darunter lag Ninas müde Stimme.

Im weißen Malermantel hockte ich vor dem weißen Papier. Ich liebte den weißen Mantel. Den weißen Mantel durfte ich nur zu Hause anhaben. Im Kindergarten musste ich Strumpfhosen, Hosen, Röcke, Kleider, Blusen, Shirts und Pullover tragen.

Ich schaute auf das weiße Papier, das die Bilder von Hofer, Hartlauer und Media Markt verdeckte. Ich schob das Papier weg und *legte los*. Ich studierte die Produkte: eine Digitalkamera mit Speicherkarte, eine Toplader-Waschmaschine, ein Wecker in Form eines Schweins, ein

Handstaubsauger, ein Toaster mit Zeitschaltuhr, ein gelber – Nina zerrte das Papier wieder über die Prospekte, es versperrte mir die Sicht, also schob ich es wieder weg. Eine Armbanduhr mit leuchtender Digitalanzeige, ein gelber Mülleimer mit elektrischer – Nina klopfte mit dem rechten Zeigefingernagel auf das mit Wasser gefüllte Marmeladenglas. Wieder ein falsches Bild.

»Wieso ist da keine Marmelade drin?«

»Ich bitte dich, Alex.« Sie streckte mir einen Pinsel entgegen. »Du sollst malen.«

Aber Bilder zu malen kann niemals gut gehen. Jedes Bild, das man malt, ist immer falsch. Beim Bildermalen schwebt man in einem Universum voller schwarzer Löcher, die einen beim Versuch, etwas abzubilden, verschlucken. Sie sind unendlich groß und unendlich gefährlich.

Ich stand auf, setzte mich auf Scuttle und krempelte die Ärmel meines Mantels nach oben, zuerst die rechte, dann die linke Seite. Ich achtete darauf, dass beide Ärmel nach dem Aufkrempeln gleich lang waren. Sie waren es nicht, also musste ich sie wieder herunterschieben und von Neuem anfangen.

Nina ließ ihren Fußballen zu Boden knallen. Er steckte in einem Socken, so wie ihr Arbeitgeber das von ihr wollte. Sie hob ihn an, ließ ihn zu Boden knallen, hob ihn wieder an und ließ ihn zu Boden knallen. Tusch, tusch, tusch! Das Wasser zitterte im Glas.

»Was wird das?«

War die Frage an mich oder ans Universum gestellt? Ich schaute sie an. Ich schaute ihren Mantel an.

»Wieso gehst du weg?«

Sie ging in die Hocke und formte mit ihren Händen eine Schale, mit der sie mein verwirrtes Gesicht auffing. »Ich muss ausnahmsweise arbeiten. Morgen ist wieder alles normal, versprochen.«

Morgen ist wieder alles normal.

»Wenn ich zurück bin, zeigst du mir, was du Schönes gemalt hast, okay?«

Schönes? Vanillepudding war schön. Winter war schön. Weiße, glatte Armlehnen waren schön. Mit Nina fernsehen war schön. Fische und Vögel waren schön. Lichtschalter waren schön.

Ich rutschte hilflos auf Scuttle hin und her.

»Von da oben aus wird's nicht gehen. Du musst dich auf den Boden setzen.« Nina sagte Tschüss, steckte ihre Sockenfüße in die Schuhe und ging zur Tür. Die Tür fiel im selben Moment ins Schloss, in dem ich in einen Butterkeks biss.

Obwohl ich nicht dabei war, wusste ich genau, was Nina jetzt tat, weil es immer derselbe Weg war. Immer derselbe Weg. Ich konnte ihr von oben bei ihrem Weg zuschauen, ohne dabei zu sein: Sie ging durch den Garten auf die Straße und stieg in den blauen Fiesta. Sie fuhr hinauf bis zum Hauptplatz, fuhr in den Kreisverkehr hinein und beim Chinarestaurant hinaus und am Rathaus vorbei in die Schulstraße, nach links in die Wiener Straße, vorbei an der Pizzeria Jovanotti, über drei Inseln zum Spar.

Nina war weg und ich war allein. Ich blickte zur Schlüsselablage. Dort lag noch ihr Namensschild. *Du musst dich auf den Boden setzen.*

Ich setzte mich auf den Boden und starrte auf das weiße Blatt vor mir. Die Butterkeksbrösel lagen darauf verstreut wie winzige tote Käfer. Ich legte mich auf den Bauch und meine rechte Wange auf das Papier. Aus dieser Nähe wurden die Brösel auf einmal groß und mächtig und jedes von ihnen sah einzigartig aus. Die Brösel stachen in meine Wangenhaut. Wo war Nina? *Ausnahmsweise. Was wird das?* Und: *Du sollst malen!*

Ich schaute in den Malkasten und zählte zwölf Farbfelder. Mich interessierte eine Farbe. Ich schob die Ärmel meines Malermantels nach unten und krempelte sie neu auf, so dass sie gleich hoch abschlossen. Wo war der Pinsel? In meinem Gesicht. Ich nahm den Pinsel aus meinem Gesicht. Da passierte es. Ich tunkte seine Spitze ins Wasser und tunkte seine Spitze ins Blau. Ich – strich. Von links nach rechts, mit dem Pinsel übers Papier. Kaum war der Strich in der Welt, fuhr er mir mit seinen spitzen Enden ins Gehirn. Ich hatte alles falsch gemacht. Alles. Das Blau sämtlicher Himmel dieser Erde fiel mir auf den Kopf und drückte mich zu Boden. Die Farbe blieb nicht dort, wo ich sie hingesetzt hatte. Sie rann aus meinem Strich, sie rann und rannte wie ein Sprintläufer, schneller, als ich schauen konnte. Sie fraß das Papier auf, Faser für Faser. Das Papier wehrte sich gegen diesen schrecklichen Fehler, indem es riesige, wütende Wellen schlug. Mit dem Papier wurden auch die Dinge um mich herum wütend, der Malkasten, das Marmeladenglas, der Boden, auf dem ich saß. Ich blickte nach oben, dorthin, wo gerade noch Nina gestanden und auf mich heruntergeschaut hatte. Ich suchte nach etwas von ihr. Ich suchte nach ihren lauten Füßen, nach einer Socke, einer Wade, um die ich meine Hände legen konnte. Ich fand nichts. Nina war wirklich nicht da. Drei Inseln. Meine Augen zwei Bojen, verankert auf losem Grund, schauten zurück auf das Unglück vor mir. Ich verwandelte mich selbst in ein schwebendes Häufchen Farbe im Wasserglas, in Auflösung begriffen. Meine Beine Wassertropfen.

»Was ist jetzt wieder los? Hör auf zu brüllen, sag mir, was los ist!« Jemand stand im Zimmer. Ich sah von unten nach oben: Lederschlapfen. Groß. Eierschalengesicht. Mit einem Fetzen tunkte jemand Wasser vom Boden auf.

»Spezialistin! Ich nehm dir jetzt alles weg!« Jemand schaffte das Marmeladenglas, den Malkasten, den Pinsel und das Papier aus meinen Augen. Die Prospekte blieben liegen. Mit dem Anblick der Prospekte spürte ich wieder Boden unter mir, wurden meine Beine zu Beinen, meine Augen zu Augen: eine Digitalkamera mit Speicherkarte, eine Toplader-Waschmaschine, ein Wecker in Form eines Schweins, ein Handstaubsauger, ein Toaster mit Zeitschaltuhr, ein gelber – Er hatte mir alles weggenommen, was ich nicht mochte, also mochte ich Patrick. Die Dinge fügten sich wieder in ihre Ordnung. Scheinbar lächelte ich.

»Das findest du auch noch lustig? Ich kann dir noch mehr wegnehmen!«

Ich wischte mir die Tränen von den Wimpern und sah: Patrick neben Scuttle. Patricks Hand und Scuttles Lehne. Patricks Knöchel, seine Finger, die Ringe daran, und

Scuttles Lehne. Ich sprang vom Boden auf, so schnell ich konnte, doch es war zu spät.

* * *

»Sie hat ja gar nix an.«

Nina hatte noch nicht einmal ihre Schuhe ausgezogen, lief sie schon auf mich zu.

»Wie lange ist sie schon so?«

»Ich schau nicht jedes Mal auf die Uhr, wenn sie spinnt.«

Tatsächlich waren Stunden vergangen. Stunden, in denen ich Patrick angefleht hatte, mir Scuttle zurückzugeben.

»Alex, was ist los?«

Wenn der Wasserpegel nach einer Überflutung sinkt, wird das Ausmaß der Zerstörung erst sichtbar. Wie sollte ich Nina meine Situation erklären? Es war ja nicht nur die aktuelle Situation, der aktuelle Tag. Jeder neue Tag legte sich auf einen alten, aber der alte verschwand nicht unter dem neuen. Die Tage stapelten sich und wurden zu einem haushohen, wackeligen Turm. Immer musste ich alles aus allen Tagen tragen. Ja, oben auf lagen im Moment Patrick und Scuttle. Aber darunter stapelte sich noch viel mehr, von winzig kleinen Dingen wie dem Knopf meiner Hose bis zu gigantischen Dingen wie den Supervulkanen.

»Nina.« Mehr brachte ich nicht heraus.

Sie drückte mich an sich, ihre Haare rochen nach Putzmittel, Karton und Plastikfolie. Meine Atmung wurde ruhiger und ich spürte, von Brustkorb zu Brustkorb, wie sie ein Lachen hinunterschluckte.

»Ich weiß nicht, was daran lustig sein soll.« Patrick zeigte auf mich, so als fände er mich insgesamt, als Erscheinung in der Welt, nicht lustig.

»Nina!« Sie achtete nicht auf mich, hielt sich nicht einmal ein Ohr zu und wartete auch nicht, bis ich aufgehört hatte zu weinen, sondern redete einfach über mich hinweg.

»Ich lach über mich. Weil ich der größte Trottel bin, dass ich geglaubt hab, das funktioniert.«

»Tu nicht so, als würde sie bei dir nicht genauso spinnen.«

»Ich will nicht darüber reden.«

»Nina!« Ich zeigte zitternd zur Treppe. »Nina!«

»Was!?«

»Scuttle!«

»Was ist mit Scuttle?«

»Ich hab ihn ihr weggenommen.«

»Was? Warum?«

»Warum?«

»Ja, warum!?«

Patrick zuckte mit den Schultern und Ninas Herz zuckte mit. Urplötzlich verschwand der Kartonduft aus ihrem Haar.

»Wo ist er?«

Nina schaute Patrick an, doch er schaute nicht zurück. Er sah stattdessen mich an, und zwar auf die Art, wie Menschen ein Naturschauspiel beobachten, eines, das Ehrfurcht, aber auch Ekel in ihnen hervorruft. Wenn ein

Raubvogel eine Taube im Flug packt und in der Luft zerfetzt, dass es nur so schneit, oder wenn eine Schlange einer Maus das Genick bricht und es befremdlich knackt.

»Unter den Stufen, Schlüssel am Türrahmen.«

Ich holte meine heiße Stirn aus der wassergefüllten Mulde zwischen Ninas Kinn und Schulter. Endlich, endlich, endlich: glatt, weiß, weich, meins. Ich schmiegte mich an Scuttle und wusste wieder, wo ich war.

»Na bitte, da bekommt sie wieder, was sie will.«

»Patrick, lass gut sein.«

Patrick öffnete den Mund, aber es kam nichts mehr heraus. Er blieb für einen Moment wie versteinert stehen, dann schnappte er seine Sporttasche und stopfte ein paar Sachen hinein. Nina verschränkte ihre Arme und sah ihm dabei zu.

»Mir ist das zu steil.« Er warf die Sporttasche über seine Schulter und ging aus der Tür.

Meinen Kopf auf Scuttles Sitzfläche gebettet, strich Nina über meine klitschnassen, heißen Haare. »Keine Angst, Alex, der kommt wieder. Er weiß nicht, wo er sonst hinsoll.«

Ich hatte keine Angst.

Die Visitenkarte

In der Küche war es wie immer still. Stille Arbeitsplatte, stiller Tisch. Ich ließ zuallererst die Jalousie herunter und kippte das Fenster. Durch die waagrechten Stäbchen hindurch zeichnete die Sonne ihr Muster in den Raum. Hell, dunkel, hell, dunkel, hell, dunkel, hell, dunkel, hell, dunkel, hell, dunkel. Wie immer setzte ich mich in die Mitte des Raumes auf Scuttle und zählte die Striche. Wenn ein Wind kam, schepperten die Stäbchen der Jalousie ganz still.

Zohreh war nicht da. Also wartete ich.

Sie kam nicht. Ich wartete.

Und wartete.

Jemand berührte mich an der Schulter. Es war nicht Zohreh. Ich schrie. Jemand nahm meinen Unterarm. Jemand sagte, dass ich nun schon lange genug gewartet hätte und damit aufhören solle. Jemand sagte, dass Zohreh nicht mehr kommen würde. Nicht heute, nicht morgen, gar nicht.

Ich riss mich aus dem fremden Griff, warf mich zu Boden und umklammerte Scuttles Beine.

Jemand rief Nina an. Sie müsse bitte sofort von der Arbeit weg, um mich abzuholen. *Es* wäre, *ich* wäre außer Kontrolle. Zu dritt brachten sie mich zum Auto. Nachdem sie mich mit Gewalt in den Sitz gedrückt hatten, zogen sich die Tante und Frau Ölsböck so schnell zurück wie Schnecken, deren Fühler man berührt.

Nina fuhr mit quietschenden Reifen los und schrie mich an: »Lass das! Lass das Fenster! Hör sofort auf damit! Alex! Hör sofort auf! Bitte!«

Ich spürte die Hitze über meine Stirn, meine Augen und den Hals entlang rinnen wie Wasser unter der Dusche.

Wir fuhren ins Krankenhaus. Die Ärztin fragte Nina, was passiert war. Nina sagte, ich wäre von der Schaukel gefallen.

»Das passiert«, sagte die Ärztin und nähte die Platzwunde an meiner Stirn.

Als wir zu Hause ankamen, durfte ich Butterkekse essen und Arielle schauen. In der Szene, in der ich jedes Mal lachen musste, weil sich die Möwe Scuttle eine Gabel in die Haare steckt, um Arielle zu erklären, dass es sich bei dem von ihr gefundenen Menschengegenstand um eine Bürste handelt, kam Nina mit einem Haufen Jeanshosen ins Wohnzimmer, die sie auf den Boden warf. Sie setzte sich mitten in den Haufen und durchsuchte wie eine Gestörte alle Taschen. Wütend oder ratlos oder übergeschnappt richtete sie dabei Fragen an sich selbst: »Wo ist diese verdammte…? Wo habe ich diese scheiß…? Wie kann ich so deppert sein, dass ich nicht mehr weiß…?« Nach mehreren Flüchen schrie sie: »Ha!«, und streckte ein zerknittertes, mitgewaschenes Kärtchen in die Luft wie eine Trophäe. Sie kam zu mir auf die blaue Couch und hielt es ins Licht des Fernsehers. Dort standen die Buchstaben Mag, der Name Bettina Granegger und eine Telefonnummer darunter.

»Tut's weh?«, fragte sie mich, als wäre ihr gerade erst aufgefallen, dass ich auch im Raum war. Ich tippte mit den Fingern auf meinen Stirnverband und schüttelte den Kopf.

Nina schnappte ihr Telefon, doch sie tippte nicht die Nummer auf der Visitenkarte ein. Mit dem Telefon in der Hand schlich sie die Couch entlang, hin und her, hin und her, wie eine Löwin, die die Gitterstäbe zählt. Es dauerte ewig, bis sie sich traute, ihre Mutter anzurufen – Arielle hatte mittlerweile schon Beine bekommen und ihre Stimme verloren.

Nina erzählte von unseren Schwierigkeiten. »Mama«, sagte sie zu ihrer Mutter, »kannst du mir Geld borgen?«

Wenig später legte sie auf und stieß einen wütenden oder sehr wütenden Schrei aus. Dann sah sie mich an und musste plötzlich lachen. Mit dem Verband auf meinem Kopf, sagte sie, wäre es das Einfachste, am Faschings-dienstag in einer Woche als Mumie zu gehen. Ich aber wollte an diesem Höllenort, an dem es keine Zohreh mehr gab, nur eines sein: unsichtbar.

Invisible Man

Am Anfang von Findet Nemo stellt Marlin fest, dass seine Frau und seine Babys von einem Barrakuda gefressen wurden. Gerade noch blödelt er mit seiner Cora in der Anemone, da taucht plötzlich der Raubfisch aus dem Nichts auf. Cora schwimmt sofort hinunter in die Höhle, in der ihre Babys schlafen. Marlin verliert den Überblick, alles geht furchtbar schnell, er flitzt ihr nach, der Barrakuda erwischt ihn mit seiner kräftigen Schwanzflosse und schleudert ihn gegen einen Felsen. Blackout. Als er wieder zu sich kommt, sieht er die Katastrophe: Seine Frau und alle Babys wurden gefressen. Nicht alle, eines ist natürlich übrig, sonst gäbe es ja keinen Film.

Die Art, wie Marlin in dieser Situation schaut, die weit aufgerissenen Augen und der offene Mund, sind Anzeichen für sein Entsetzen. Nina sah mich also entsetzt an, da gab es keinen Zweifel. Ich wusste nur nicht warum. Ich hatte Stift und Papier benutzt, so wie es alle immer von mir wollten. Endlich konnte ich Nina stolz machen.

»Woher«, fragte sie mich, »woher kannst du das?«

»Ich schwimme einfach gerade aus.«

»Wie meinst du das?«

Auf ihren entsetzten Blick folgte etwas anderes, ihr Gesicht entspannte sich und sie lächelte. Es gibt viele Arten zu lächeln. Man kann höflich lächeln, gespielt lächeln, gerührt lächeln, verliebt lächeln, verlegen lächeln oder verängstigt lächeln.

Sie starrte auf das Blatt Papier in ihrer Hand.

»Gibt es mehr davon?«

Ich stand auf und ging zur Kommode neben meinem Bett. Ich schob mein Kostüm zur Seite, das dort wie ein Schatten ohne Ursprung lag, öffnete die Schublade und zeigte Nina die anderen Blätter.

Während sie meine Arbeit betrachtete, leuchtete das Winterlicht, das durch das geöffnete Fenster in mein Zimmer kam, in ihren Marlin-Augen.

»Okay«, sagte sie.

»Okay«, sagte ich.

In einem Gesicht kann vieles gleichzeitig passieren. Unterhalb von Ninas Augen lagen ihre dunklen Augenringe und in dem Moment, als sie die Blätter zurücklegte, die Lade zuschob und sich auf mein Bett setzte, leuchtete gar nichts mehr, siegten die Ringe.

»Okay«, sagte sie, als hätte sie es nicht schon gesagt.

Es wunderte mich nicht, dass Nina unter dem Gewicht des Alus ihre eigenen Gedanken vergaß. In ihrem Kopf mussten Trilliarden Dosen stecken! Dosen, Dosen, Dosen. Dosen von Inzersdorfer, Dosen von Maggi, von Knorr, von Felix. Geriffelte Dosen und glatte Dosen. Dosen mit 400 Gramm und Dosen mit 800 Gramm. Dosen mit Rindsgulasch drin, mit Schweinsgulasch, mit Gulaschsuppe, mit ungarischer und normaler Bohnensuppe, Leberknödelsuppe, Ravioli in Tomatensauce und Spaghetti Bolognese, Dosen mit gefüllten Paprika und Linseneintopf. Außerdem

Dosen mit Kidneybohnen, weißen Bohnen, Käferbohnen, Mais und Erbsen. Neben all den Dosen gab es noch die vielen Lebensmittel in Schraubgläsern, vom Essiggurkerl über den Rote-Rüben-Salat bis zum – tausend Messer in mein Herz – Thunfisch.

Seit dem 18. Februar kauften die Leute unverderbliche Waren auf Vorrat, weil ein Spaziergänger im Wasserpark an der Alten Donau in Wien einen toten Schwan gefunden hatte. Und Nina musste es ausbaden. Grippen würden wieder vorbeigehen, hatte sie mich oder sich selbst beruhigt, ich wäre doch auch ständig krank und würde wieder gesund werden. Ich hatte angemerkt, dass die Vögel starben. Nina meinte, der Schwan wäre sicher schon alt gewesen.

Ich ging auf Nina zu und klopfte ihr auf den Kopf. »Hallo?«
Sie legte ihre Hände an meine Wangen. »Hallo.«

Sie richtete mir den Mantel. Sie drehte mich um wie einen Gegenstand und fing an meinen Zopf neu zu flechten.

»Gut. Das besprechen wir später mit Frau Granegger.«

Sie schluckte auf eine Art, dass ich es in ihrem Hals sehen konnte. Dieses knödelige Schlucken machte Nina jedes Mal, wenn sie den Namen Granegger sagte. Der Name nämlich stand für unser gemeinsames Sparprogramm: Wegen Frau Granegger gab es nur noch am Wochenende Sachen wie Orangensaft oder Butterkekse. Wegen ihr gab es noch immer keinen neuen Kühlschrank. Wegen ihr würde Nina noch lange auf ihren Frisörbesuch im ersten Wiener Bezirk sparen müssen. Wegen ihr war Nina zur Bank gegangen und hatte einen Minikredit aufgenommen.

»Ich möchte mit dir über gestern sprechen.« Sie deutete zum Kostüm auf der Kommode. Das Kostüm hatte mir Nina nach einer Vorlage aus dem Prospekt genau so gemacht, wie ich es haben wollte. Sie hatte einen schwarzen Rollkragenpullover an eine schwarze Strumpfhose genäht und mir in Patricks alte Skihaube zwei Löcher für die Augen geschnitten, damit ich sie über den Kopf ziehen konnte.

»Die Tante hat mir erzählt, dass du den ganzen Tag nichts getrunken und nichts gegessen hast.«

»Mhm.«

»Dass du nicht am Klo warst, Alex.«

»Mhm.«

»Aber du hast doch gewusst, wie du aus dem Anzug herausschlüpfen musst. Wir haben das geübt. Alle Kinder haben Krapfen gegessen, nur du nicht? Du magst doch Krapfen.«

Krapfen schmeckten mir ausgezeichnet, das war aber nicht der Punkt. Wie lange streunte Nina noch mit ihren Gedanken herum? Warum dachte sie nicht selbstständig nach?

»Ich will ja nur, dass du es dir nicht immer so schwer machst, Kind.« Sie zog mir die Haare streng nach hinten, meine Kopfhaut kribbelte schön. »Warum hast du nichts gegessen oder getrunken?«

Es ist unangenehm, offensichtliche Dinge erklären zu müssen. Wenn die Antwort doch allen Parteien klar sein sollte, hat man das Gefühl, vom Fragenden getestet zu werden, so als würde es um etwas anderes gehen als um die – eben offensichtliche – Antwort. Was wollte Nina von mir wissen? War das ein Test oder war es möglich, dass sie wirklich nicht verstand? Ich sagte einige Minuten lang nichts, vielleicht würde sie die Frage zurückziehen oder vielleicht würde die Frage im Raum verdunsten, doch als Nina fertig geflochten und das Gummiringerl um meine Haarspitzen gebunden hatte, nahm sie mich an den Schultern, drehte mich wieder zu sich um und sah mir in die Augen. »Hm?«

Ich konnte dieses Spiel ewig aussitzen. Ich starrte sie mit meinen Haiaugen an und schwieg.

»Also gut, dann besprechen wir das auch mit Frau Granegger.« Nina schluckte knödelig.

* * *

»Und? Erzählst du es mir, wenn du es schon nicht deiner Mama erzählt hast? Warum hast du dein Kostüm nicht ausgezogen? Kannst du mir das sagen, Alexandra?«

Ich blickte wie immer auf das Bild an der Wand. Orange und Blau. Dramatischer Wellengang im Ohr.

Es war unsere dritte Sitzung bei Frau Granegger. Einen Teil der Stunde, die eigentlich gar keine Stunde war, weil sie nur aus 50 Minuten bestand, die 90 Euro kosteten, war Nina mit dabei, den Rest der falschen Stunde war ich mit Frau Granegger allein.

Ich sagte es laut, deutlich und langsam zum Mitschreiben: »Ich war der In-vi-si-ble Man.«

»Ja, das hast du schon gesagt, aber warum«, sie schlug sich auf die Stirn, als hätte sie gerade eine Gelse gestochen, dabei sollte mir diese Geste zeigen, dass sie etwas verstand, dass etwas über die langsame Leitung doch noch am Ziel ankam.

»Hättest du dein Kostüm ausgezogen, wärst du nicht mehr unsichtbar gewesen, richtig?«

Ich nickte.

»Aber selbst ein Unsichtbarer muss mal aufs Klo, meinst du nicht?«

»Das kann ich nicht wissen, ich kenne sonst keine Unsichtbaren.« Sie lachte und ich sah ihre ungewöhnlich langen Schneidezähne. »Wieso hast du so lange Zähne?«, fragte ich.

»Alex!« Was denn, Nina? Es war offenbar nicht an mir, Fragen zu stellen.

Frau Granegger schlug ihre Beine übereinander und ihr blaues Heft auf. »Die einen haben lange Zähne, die anderen kurze Arme, die dritten sind unsichtbar. Jeder Mensch ist anders.«

Da hatte sie schon recht.

Im Gegensatz zu Nina interessierte Frau Granegger die Sache mit dem Kostüm aber gar nicht. Sie wollte wissen, wie es abgesehen davon lief, und mit uns über meine Zukunft sprechen. Mit aufgeregten Händen holte Nina meine Zeichnungen aus ihrer Tasche und zeigte sie ihr. Frau Granegger begutachtete sie lange Zeit. Ob das nicht totaler Wahnsinn sei, fragte Nina. Ich schaute Frau Granegger ins Gesicht und versuchte herauszufinden, ob dort dasselbe Entsetzen zu finden war, wie ich es zuvor in Ninas Gesicht erkannt hatte.

»Wahnsinn würde ich nicht sagen«, meinte sie endlich. Aber ja, sie verstehe schon, was Nina meine. Angesichts der Tatsache, dass ich ja nicht nur bereits sechs Jahre alt wäre, sondern auch längst lesen und schreiben konnte, wäre es höchste Zeit für die Schule, denn sie habe den Verdacht, ich wäre unterfordert, zu Tode gelangweilt, und sie wäre daher ziemlich sicher, dass in der Schule alles leichter für uns werden würde.

Nina schaute skeptisch oder überrascht oder hoffnungsvoll.

Das Reden über die Schule ließ meine Fingerkuppen freudig rosa werden. Das Rosa mischte sich mit dem Orange und Blau auf dem Bild an der Wand. Ich trommelte mit den rosa Kuppen meiner linken Hand auf Scuttle, hielt die rosa Kuppen meiner rechten Hand in die Luft und fuhr damit die gewundenen Striche im Bild nach, zuerst die blauen, dann die orangenen. Ich badete in den Farbwellen, die wie warmes Meerwasser über meine Schultern schwappten und meinen Nacken streichelten. Ich ignorierte die farblose Figur im Vordergrund, mit ihrem weit aufgerissenen Mund, den hohlen Augen, den an die Wangen gepressten Händen. Offenbar fühlte sie ebenfalls Entsetzen, wie Marlin und Nina. Das Interessante aber lag außerhalb der Figur. Im Blau. Und im Orange.

»Sie redet die ganze Zeit von diesen Supervulkanen«, sagte Nina plötzlich aus dem Nichts heraus. »Und was sonst so in der Welt passiert. Ist das normal?«

»Ich verstehe«, sagte Frau Granegger.

Verstand sie das wirklich? War es denn normal, dass Nina und Frau Granegger nie über diese Dinge sprachen? Immer sprachen sie vom Toben, vom Anziehen, vom Klogehen. Nie über die großen Dinge in der Welt. Aber all diese Dinge existierten. Ich hatte sie im Fernsehen gesehen.

Insomnia

Bevor ich in die Schule gehen durfte, musste ich es noch durch die schlechte Hälfte des Jahres schaffen. Jedes Jahr teilte sich wie Schneewittchens Apfel in eine gute und eine schlechte Hälfte. Die süße, ungefährliche Hälfte ging von Oktober bis März. Die bittere, giftige von April bis September. Im Gegensatz zum ahnungslosen Schneewittchen, das Obst von fremden Leuten annimmt und sich dann über die Konsequenzen wundert, war ich aufgrund der Verlässlichkeit der Jahreszeiten auf das Übel vorbereitet.

Die Sonne ist nicht immer, aber wenn sie ist, ist sie überall. Im Frühjahr übernahm sie alles, was mich umgab. Im Sommer nahm sie mir die Luft zum Atmen und ich träumte von Eisbären, Schneefüchsen, Pinguinen und einem Leben unter Wasser. Deswegen musste ich es machen wie die Karpfen und nachtaktiv werden. Während Nina schlief, schlich ich nackt die Stufen hinunter ins Wohnzimmer und setzte mich auf unsere blaue Couch. Ich schaute fern, aß Butterkekse und übte, mich auf dem Weg zum Klo nicht vor den Schatten zu fürchten. Ich setzte mich an den Küchentisch und zeichnete meine Bilder, die Frau Granegger Vogel-Bilder nannte. In den vielen wachen Nachtstunden kühlte mein Kopf aus und im Kindergarten holte ich nach, was ich nachts versäumte.

Ich konnte so gut wie an jedem Ort einschlafen. In der Spielecke, in der Garderobe, auf der Gartenbank.

Eines Nachts, als ich wieder einmal Arielle schaute und Sebastian gerade sang: *Du weißt, was dem Fisch passiert, denn sollten die hungrig werden, wird Fischi poschiert serviert*, hörte ich einen Knall im Garten. Ich lief zum Fenster und schaute hinaus. Weder ein Mensch noch ein Tier war zu sehen, aber die Mülltonne lag am Boden. Der Wind hatte sie einfach umgeschmissen. Ich schaute auf ihre Oberfläche, das glatte, graue Plastik, in dem sich der Mond spiegelte. Ich schaute von der Mülltonne in den schwarzen Himmel, wo aber gar kein Mond war, sondern eine Straßenlaterne. Das Licht der Straßenlaterne an unserer Kreuzung erreichte einige Dinge, doch ein Ding strahlte zu mir herüber wie ein geheimnisvoller, freundlicher, faszinierender, gelber Stern.

Ich lief zur Tür, sperrte sie auf, ging, ohne mir Schuhe oder sonst etwas anzuziehen, hinaus auf die Straße und auf das Ding zu. Wie konnte ich ihn so lange übersehen haben? Wie konnte ich sie alle so lange übersehen haben? Ich steckte meine Finger in die Klappen des Postkastens an unserer Kreuzung. Und bald steckte ich meine Finger in die Klappen aller Postkästen dieser Welt: in den zwischen Hartlauer und Trafik, in den beim Krankenhaus, in den bei der Bushaltestelle am Hauptplatz, in den bei der Fleischerei. Mir entkam keiner von ihnen. Ich sah ihre höflichen Kanten vor meinen Augen, spürte die glatten, gelben Klappen über den Briefschlitzen an meinen rosa Fingerkuppen, hörte deren fröhliches Klackern. Ich legte meine rechte Wange an sie.

Die Schule

Ich darf nicht schlafen. Ich muss die Muräne im Kopf schlafen lassen. Ich muss der Lehrerin in die Augen schauen. Ich muss Socken anhaben. Ich muss eine Hose und einen Pullover anhaben. Ich muss mit den anderen reden. Ich muss aufhören, meine Hände in der Luft zu drehen. Ich muss aufhören, meine Fingerkuppen abzutasten. Ich muss mit den anderen in den Pausenhof gehen. Ich muss sagen, wenn ich aufs Klo muss. Ich muss sagen, wenn ich speiben muss. Ich muss auf dem ganzen Fuß gehen. Ich muss mein Pausenbrot essen. Ich darf nicht nur Pudding essen. Ich muss auf dieser Stufe sitzen und auf Nina warten. Ich muss schreiben. Ich muss schnell schreiben. Ich muss warten, bis die Lehrerin zurück ist. Ich muss mir die Ohren zuhalten. Ich muss die Augen schließen. Ich soll nicht so still sein. Ich muss mitmachen. Ich muss ausrechnen, was Frau Scheffel will. Ich muss das fertig machen. Ich muss malen. Ich muss vom Klo wieder zurückkommen. Ich muss sagen, wenn ich Kopfweh habe. Ich muss nach vorne schauen. Ich muss ein Lieblingsding von zu Hause mitnehmen. Ich muss darüber sprechen. Ich darf nicht traurig sein. Ich muss ein großes Mädchen sein. Ich muss die Türschnalle am Schultor in Ruhe lassen. Ich darf nicht auf Scuttle sitzen. Ich muss auf dem Schulsessel sitzen. Ich muss das Metall der Sesselbeine aus meinem

Gehirn kratzen. Ich muss mich beruhigen. Wenn ich mich nicht beruhige, komme ich in den dritten Stock. Ich muss Guten Morgen sagen. Ich muss Auf Wiedersehen sagen. Ich muss Danke sagen. Ich muss die Kleinen schützen. Ich muss alle warnen. Ich muss von den Vulkanen erzählen. Ich muss vom eingestürzten Dach des Supermarktes erzählen. Von den Begrabenen darunter. Ich muss Bitte sagen. Ich muss Entschuldigung sagen. Ich muss mich wehren. Ich soll nicht auf meinen Kopf schlagen. Ich soll nicht auf meine Knie schlagen. Ich soll sagen, wenn was ist. Ich soll nicht so ein Tamtam machen. Ich soll lächeln. Ich muss bei der Sache bleiben. Ich muss gut im Rechnen sein. Ich muss über die Amseln im Schulhof sprechen. Ich muss über Nester, Eiergrößen, Brutzeiten sprechen. Ich muss über die Sterne sprechen. Über Postkästen. Ich darf niemanden zwingen. Ich darf Sarah nicht zwingen. Ich darf Paul und Matej nicht zwingen. Ich muss aufhören können. Ich muss die Pflanze in Ruhe lassen. Ich muss die anderen auch etwas sagen lassen. Ich muss Herrn Pfeiffer suchen. Ich muss den Lurch suchen. Ich muss die Fersen auf den Boden geben. Ich muss die Augen aus der Luft nehmen. Ich darf kein Fisch sein. Ich muss antworten, wenn ich gefragt werde. Ich muss fragen, wenn ich etwas nicht verstehe. Ich darf mich nicht verkrampfen. Ich muss den Stift locker halten. Ich muss den Ball festhalten. Ich muss in der Zweierreihe stehen. Ich muss die Hand geben. Ich muss die Wassertropfen zählen. Ich muss die Fugen zählen. Ich muss die Kerben auf meiner Tischplatte besuchen. Ich muss den Riss im Türstock anschauen. Ich muss aufhören, an meinem Kragen zu ziehen. Ich muss aufpassen. Ich muss vor den anderen aufpassen. Ich muss ausrechnen, wer mir was tut. Ich muss die Kellermauer berühren. Ich muss mich hier hinlegen, bis Nina kommt. Ich muss meine Schuhe allein zumachen. Ich muss meine Jacke allein zumachen. Ich muss eine Jacke anziehen. Ich muss die Stifte spitzen. Ich muss meine Hausaufgabe nicht machen.

Ich darf mir die Hände nicht waschen. Ich soll vom Waschbecken weg. Ich soll das Wasser abdrehen. Ich soll nicht schon wieder aufs Klo gehen. Ich muss ruhig halten. Ich muss das Pflaster oben lassen. Ich muss eine neue Zeile anfangen. Ich muss das Wort in die Zeile bekommen. Ich muss die Mitte suchen. Ich muss mich beruhigen. Ich muss ruhig bleiben. Ich soll in der nächsten Zeile weiterschreiben. Ich muss aufpassen, dass ich nicht ausrutsche. Ich muss den kleinen Paul trösten. Ich muss die Pflanze streicheln. Ich muss nachsehen, wie mein Tisch von unten aussieht. Ich muss das Licht abdrehen. Ich muss das Licht aufdrehen. Ich muss das Licht abdrehen. Ich darf den Lichtschalter nicht berühren. Ich darf nicht aufstehen. Ich muss Frau Scheffel folgen. Ich darf Herrn Pfeiffer nicht überall hin nachgehen. Ich darf die Stifte nicht zu viel spitzen. Ich soll mit den Spitzen der Stifte nicht in die Haut fahren. Ich soll nicht versuchen, die Ohren zu spitzen, das sagt man nur so. Ich soll Frau Scheffel erzählen, was ich gestern gemacht habe. Ich soll keine Kataloge in die Schule mitnehmen. Ich soll nicht so viele Prospekte in die Schule mitnehmen. Die anderen sollen nicht so laut sein. Die anderen sollen nicht lachen. Ich soll mich nach hinten auf den Sitzsack setzen und mich ausruhen. Ich muss die Schulärztin fragen, was Bronchien sind. Ich muss einen Bogen um das Klettergerüst machen. Ich muss warten, bis alle Kinder aus der Garderobe gekommen sind, bevor ich hineingehe. Ich muss meine nackten Füße verstecken. Ich soll meine Vogel-Bilder herzeigen. Ich muss mir die Hände waschen. Ich muss herausfinden, ob der Lurch ein Männchen oder Weibchen ist. Ich muss einen Partner oder eine Partnerin für den Lurch finden. Ich muss Herrn Pfeiffer die richtigen Pinsel reichen. Ich soll mitspielen. Ich muss schwitzen. Ich muss meine Haare aus dem Nacken streichen. Ich muss die Pulloverärmel aufrollen, so dass sie auf beiden Seiten gleich lang sind. Ich muss mir mehr Gesichter merken: 23 Eierschalen – 4 Gesichter = 19 Eierschalen. Ich muss mir die Gesichter von Frau Scheffel, Sarah, Paul, Matej und vielen anderen merken. Ich muss mir ein Kostüm überlegen. Ich muss es richtig machen. Ich muss Nina fragen, ob ich Kuchen essen darf oder Allergien habe. Ich muss braunen Kuchen essen wie die anderen. Ich muss schauen, dass mich niemand berührt. Ich muss die Muräne im Kopf schlafen lassen. Ich muss in ein Papiersackerl atmen. Ich muss fest ausatmen. Ich darf nicht blau werden im Gesicht.

Ich darf nicht schlafen.

Ich muss auf die Pausenglocke hören. Ich höre nicht zu. Ich muss zuhören.

Ich hörte: »Da spielt die Musik!« Ich hörte keine Musik. »Alexandra, aufwachen!«

Ich klemmte in einem Schraubstock fest. Meinen Kopf konnte ich gerade noch heben. Der Schraubstock war Frau Scheffel, die direkt neben mir stand, die Hand auf meiner Schulter. Der Radiergummi war auf meiner Wange kleben geblieben und fiel auf das Heft herab. Alle anderen husteten. Doch nicht, alle anderen lachten. Woher wussten sie, wann etwas zum Lachen war?

Ich rieb mir die Augen, Tausende warme Punkte schwebten vor mir in der Luft. Sie waren Erinnerungen an eine bessere Version des Moments, also versuchte ich sie festzuhalten, Punkt für Punkt. Ich öffnete und schloss den Mund, immer wieder, um sie aufzuschnappen und zu schlucken, so wie Fische im Aquarium ihr Flockenfutter fressen. Niemand hustete, alle lachten. Ich hielt meine Hände an die Ohren.

»Scht!«, zischte Frau Scheffel der Klasse zu. »Wo bist du mit deinen Gedanken?«

Ich blieb stumm.

Frau Scheffel warf ihr Netz aus. Sie wollte meine Augen einfangen. Ich wehrte mich. »Schau mich an, Alexandra. Schlafen tun wir zu Hause im Bett und nicht in der Schule.«

Aber ich schlief ja nie, im Bett. Ich lag dort immer nur.

Wo waren meine geschluckten Punkte jetzt? Im Bauch, in der Brust, im Kopf?

Frau Scheffel klopfte auf meinen Tisch. Ihre Fingerkuppenschlieren zeichneten sich darauf ab. Der Ekel kroch meine Speiseröhre hinauf.

Ich blickte auf das Heft vor mir, die warmen Punkte waren zerstoben, wie ein Schwarm Heringe nach einem Haiangriff, vor mir nur noch ein kaltes Rechteck, darin ragten meine exakten As in die Höhe. Ich baute sie wie

Giebeldächer, jeder Strich hielt den anderen in einer perfekt ausgeklügelten Statik. A, A, A. Keine Musik. »Du hast nicht *eine* Zeile. Alle anderen haben *fünf* Zeilen!«

Sie ergriff meine Hand mit einer Selbstverständlichkeit, als wäre es ihre eigene, und schraubte den Stift in meine Handfläche. Ich hielt ihn mit meinen Fingerkuppen fest. Aus ihnen war das freudige Rosa entwichen.

* * *

Die Schulärztin, eine sehr kleine, sehr fröhliche Frau, sprach ewig lange über unsere verblüffende Ähnlichkeit – wie man dermaßen dieselben Augen haben konnte! – und schaute belustigt oder fasziniert oder skeptisch von einem Augenpaar ins andere. Für Nina waren unsere ähnlichen Augen keine Besonderheit, also schaute sie immer wieder auf ihr Telefon, wippte ungeduldig oder nervös oder gelangweilt mit den Beinen auf und ab, und hielt der kleinen Ärztin schließlich wortlos meine Vogel-Bilder hin. Die kleine Ärztin nahm die Zeichnungen entgegen und fing an, sie durchzublättern. Sie blätterte. Und blätterte.

Endlich sagte sie etwas. Sie sagte etwas über meine beachtliche Merkfähigkeit und Vorstellungskraft. Diese Zeichnungen, die könnte man ja beinahe als Stadtpläne benutzen, so genau wären sie gearbeitet. Alle Straßen, Kreuzungen und sogar die Postkästen wären von mir richtig eingezeichnet worden. Dass ich das alles aus der Vogelperspektive zeichnen könne, wäre einfach fantastisch!

»Fantastisch, fantastisch«, wiederholte Nina. »Aber finden Sie es auch normal?«

»Ach, wissen Sie, was ist schon normal.« Das wussten wir eben nicht.

»Zuhause haben wir noch viel mehr davon!«, rief Nina. »Sie zeichnet unsere Zimmer, den Garten, alles von oben!«

»Ist das wahr?«, fragte die kleine Ärztin. »Ich muss schon sagen, fantastisch.«

Sie fände es jedenfalls wichtiger, sagte sie, und gab Nina die Zeichnungen zurück, dass wir uns um die Muräne in meinem Kopf kümmern.

In meinem Kopf war schon nach wenigen Schulwochen die Muräne erwacht. Muränen sind Knochenfische, die aussehen wie Schlangen. Sie sind sehr muskulös, haben also viel Kraft. Bestimmt hatte die Muräne schon immer in mir gelebt, aber sich nie gezeigt. Muränen sind nämlich standorttreu und bleiben die meiste Zeit in ihrem Versteck, einer Höhle, einem Korallenriff oder einer Felsspalte. Aber ein Raubfisch bleibt ein Raubfisch. Immer öfter traute sie sich heraus aus ihrem Versteck und tuschte dabei mit ihrer Schwanzspitze gegen meine Stirn oder knabberte an meinem Unterkiefer.

»Auch wegen dem vielen Speiben.« Die kleine Ärztin wandte sich an mich. »Du musst immer so viel speiben, gell? Den anderen Kindern graust da recht.« Sie zwinkerte mir zu und hustete oder lachte. »Deswegen sollten wir herausfinden, was die Auslöser sind.«

»Auslöser?«, fragte Nina. Sie fasste sich abwechselnd an die Handgelenke. Am Vormittag hatte der Ausfall eines Kühlgerätes den Alarm ausgelöst. Stundenlang war sie damit beschäftigt gewesen, die Tiefkühlware in Sicherheit zu bringen. Das Ganze musste extra schnell erledigt werden, weil das Gerücht umging, der Vertriebsleiter, der zwar nicht der Geschäftsführer, aber immerhin der Chef des Regionalverkaufsleiters war, wäre auf dem Weg in die Filiale. Es kam kein Vertriebsleiter, Nina hatte sich umsonst so beeilt.

»Stress, Unwohlsein, Ängste, die Alex belasten«, erklärte die kleine Ärztin.

»Ängste?«

War es Ninas neue Strategie einzelne Wörter zu wiederholen? Ja, Ängste!

»Ängste«, sagte die kleine Ärztin.

Um diesen Ängsten auf den Grund zu gehen, sei sie nicht die Richtige, was sie aber empfehlen würde, sei eine Kopfschmerzaustestung. Die sei gratis. Die kleine Ärztin erklärte Nina und mir, dass es 200 verschiedene Kopfschmerzarten gebe. Von Muränen gibt es etwa 100 Arten, unter ihnen wiederum fünf Arten, deren Biss tödlich enden kann, wie der der Mittelmeermuräne, der ich locker in Kroatien begegnen hätte können, wäre ich damals ins Meer gegangen.

Solange wir die Auslöser noch nicht kennen würden und damit verhindern könnten, dass mir das noch einmal passiere, riet uns die kleine Ärztin, solle ich mir eine Strategie zurechtlegen, um eine weitere Kopfwehattacke abzuwehren. Im Klartext und für ein Kind verständlich hieß das: »Wenn du wieder dieses Gefühl bekommst, dir die

Luft wegbleibt, du dein eigenes Blut im Körper hörst, dich dieser Fisch im Kopf beißt, so wie du es mir beschrieben hast, dann denk an was Schönes.«

* * *

Ich musste nicht lange warten, bis das Gefühl wiederkam. Dieses Gefühl, wenn ich spürte, dass die Muräne erwachte und zuerst zaghaft, dann immer heftiger an die Innenwände meines Kopfes schlug. Und ich musste auch nicht lange nachdenken, was das Schöne war, an das ich denken wollte, um das Gefühl wieder loszuwerden. Vor kurzem hatte ich zum ersten Mal SpongeBob gesehen. Ein sprechender Postkasten! Der im Meer lebt!

Gelb. Rechteckiges Gelb. Gelbes, weiches Gelb. Gelbes, weiches Gelb, mit gelben weichen Löchern drin. Gelb, das sich drücken, dehnen und quetschen lässt und das explodiert. Füße, die in Socken, die in Schuhen stecken, braune Hosen, ein weißes Hemd, eine kleine, rote Krawatte. Gelb, Gelb, Gelb, bis hinauf zum Mund, zwei weiße, glatte Zähne, eine Nase, zwei Bälle als Augen, so groß, dass auch ich sie sehen kann.

»Alles klar, Kinder?

Geht das nicht lauter? Oooooooooh

Wer wohnt in 'ner Ananas ganz tief im Meer? Saugstark und gelb und porös und zwar sehr?

Wenn der Sinn nach pazifischem Blödsinn euch steht

Dann schwingt euch an Deck und kommt ja nicht zu spät! Und jetzt alle!

SpongeBob Schwammkopf, SpongeBob Schwammkopf, SpongeBob Schwammkopf!

SpongeBooob Schwammkooopf!«

Frau Scheffel klatschte in die Hände, das sei ja fabelhaft, wie gut ich singen und wie schön ich den Text sprechen könne! Oh, hatte ich laut gesungen? Ich hatte tatsächlich laut gesungen, jetzt hörte ich sogar, wie die anderen Kinder mitsangen, so gut sie es eben konnten: »SpongeBob Schwammkopf, SpongeBob Schwammkopf, SpongeBob Schwammkopf!«, im vielstimmigen Chor, so laut, dass mein Tisch vibrierte, aber ich konnte immer noch mein Blut hören. Also noch einmal, denke an was Schönes:

»Alles klar, Kinder?

Geht das nicht lauter? Ooooooooooh

Wer wohnt in 'ner Ananas ganz tief im Meer? Saugstark und gelb und porös und zwar sehr?

Wenn der Sinn nach pazifischem Blödsinn euch steht

Dann schwingt euch an Deck und kommt ja nicht zu spät! Und jetzt alle!

SpongeBob Schwammkopf, SpongeBob Schwammkopf, SpongeBob Schwammkopf!

SpongeBooob Schwammkooopf!«

»Sehr gut, sehr gut, Alex. Ganz toll. Jetzt setz dich aber wieder hin.«

»Alles klar, Kinder?«

Einstimmig.

»Geht das nicht lauter?«

Keine Antwort.
   Allein.

»SpongeBob Schwammkopf, SpongeBob Schwammkopf,
SpongeBob Schwammkopf!
   SpongeBooob Schwammkooopf!«

»So, jetzt ist es aber –«

»Alles klar, Kinder?
   Geht das nicht lauter?
   Oooooooooooh –«

»Alexandra! Jetzt ist es genug!« Frau Scheffel kam an
meinen Tisch. Mein lautes Blut. Sie berührte mein Bein.
Die gesamte Frau Scheffel krachte so fest in mich hinein,
dass es mich schüttelte.
   Ich sang noch lauter:
   »Alles klar, Kinder? Geht das nicht lauter?«
   »Schluss jetzt! Hör auf damit! Komm vom Tisch runter!
Alexandra!«

* * *

Von der Schule führte die Schulstraße immer geradeaus und dann nach links in die Wiener Straße. In der Wiener Straße gelangte man nach zwei Kreuzungen zur Pizzeria Jovanotti und über drei Inseln zum Spar. Ich begrüßte die Leuchtschrift S P A R über dem Eingang, ging durch die Tür, an Obst und Gemüse vorbei, das Milchregal entlang, bis zum Brot. Ich hockte mich auf den Boden und drückte alle meine Fingerkuppen auf eine Packung Semmelwürfel. Es knisterte in meinem Kopf.

»Frau Koch«, hörte ich jemanden sagen. »Ich glaube, Ihr Kind ist schon wieder da.«

Nina rannte den Gang entlang auf mich zu und ging in die Hocke. Sie roch nach Karton, ihr Namensschild baumelte von der Brust und glänzte im grellen Supermarktlicht.

»Spinnst du? Was habe ich dir übers Weglaufen gesagt?«

»Ich will nicht in die Schule.«

»Was soll das heißen?«

»Ich wünschte, es wäre anders, Nina. Ich wünschte, es wäre nicht wahr. Aber so ist es.«

»Du bist ein Schulkind, du *musst* in die Schule!« Sie packte mich am Arm, die Semmelwürfel glitten mir aus den Händen, und zog mich durch die Gänge. Während sie mich zog, legte ich meinen Kopf in den Nacken und schaute an die Decke. Ich wollte sehen, ob ich irgendwo gefährliche Risse entdecken konnte.

Wir erreichten eine Wand, Nina drückte einen Knopf und die Wand öffnete sich, war in Wirklichkeit eine Tür. Wir gingen in einen dunklen Raum, die Tür schloss sich hinter uns.

Nina hielt mich mit zwei Händen an den Schultern fest.

»Schau mich an, Alex.«

Mir war heiß. Dass Dächer von Supermärkten einstürzen können, fiel mir immer erst dann ein, wenn ich schon drinnen war.

»Du sollst mich anschauen!«

Ich starrte nach oben an die Decke.

»Jetzt reicht's aber! Was du da im Fernsehen gesehen hast, ist in Italien passiert. Italiener können keine Supermärkte bauen. Österreicher schon. Kapischi?«

»Kapischi«, sagte ich, rückte meinen Kopf wieder gerade, und blickte, BAM!, in Ninas Gesicht.

»Du hörst mir jetzt gut zu.«

Ich hörte gut zu, doch Nina redete nicht weiter. Sie sagte kein Wort zu mir. Sie schaute mich nur an. Es vergingen Minuten. Dann holte sie eine große Bananenschachtel und stellte sie auf den Boden. Sie holte zwei Mineralwasserkisten und stellte sie daneben hin. Sie setzte sich auf die eine Kiste und deutete mir, mich auf die andere zu setzen.

Wir saßen am Verhandlungstisch.

»Was mache ich mit dir?«, fragte sie. »Verstehst du nicht, wie gefährlich das ist?«

»Ich kenne alle Straßen, Nina.«

»Das meine ich nicht.«

Ich fuhr mit meiner rechten Wange die Kanten des Bananenschachteltisches ab.

»Schau mich an«, sagte sie. »Das meine ich nicht.«

»Was meinst du dann?«

Sie atmete laut aus. »Also gut. Du hast gewonnen.«

»Was denn?« Sie holte eine Schachtel Tic Tac aus ihrer Hosentasche, legte mir zwei in die rechte Hand, nahm mir eines davon wieder weg und steckte es in ihren Mund.

War dieses oberschenkelheiße, klebrige Tic Tac mein Gewinn?

»Du darfst einen Tag in der Woche hier sein.«

Ich schluckte mein Tic Tac im Ganzen hinunter und schaute sie an.

»Aber ich will etwas dafür.«

»Alles auf der Welt, Nina.«

»Du strengst dich vier Tage die Woche in der Schule an. Und wenn du das tust, kriegst du einen Tag bei mir. Du machst keinen Mucks und versteckst dich, wenn jemand kommt. Du sprichst mit keinem darüber. Es ist ein Geheimnis. Ein Geheimnis, Alex. Wenn ich merke, dass du dich nicht anstrengst, kannst du das Ganze wieder vergessen. Haben wir uns verstanden?«

Ich verstand, dass es keinen Verhandlungsspielraum gab. Sie hob die rechte Hand, fünf ausgestreckte Nina-Finger, die mir eine bessere Zukunft versprachen. Meine rechte Hand ging ebenfalls in die Luft und wir schlugen darauf ein.

Ich stand auf, stellte mich auf die Mineralwasserkiste und breitete meine Arme aus.

»Nina?«

»Ja?«

»Wer wohnt in 'ner Ananas ganz tief im Meer?«

»SpongeBob, Schwammkopf!«, rief Nina und lächelte.

Geheimnisse

Schulpausen waren wie diese geheimnisvollen Seen, die Forscher am Meeresgrund entdecken: Aus Distanz betrachtet erweckten sie den Anschein von zauberhaft schimmernden Unterwasser-Pools, in denen man Abkühlung finden konnte. Aber wenn man nähertrat, entpuppten sie sich als tödliche Fallen. In den Pausen saß niemand auf seinem Platz. Jederzeit konnte mir die Nähe der anderen Kinder unerträglich werden. Sie weckten die Muräne in meinem Kopf und nahmen mir die Luft zum Atmen. Alle konnten mich jederzeit zerstören. Doch ich hatte eine Abmachung. Und musste mich anstrengen.

Nachdem ich mich lange genug erfolgreich mit Sarah, Matej, Julia und anderen Eierschalen abgegeben hatte, wurde ich sogar zu einem Kindergeburtstagsfest eingeladen. Das Haus war umgeben von einem großen Garten. Ein langer, geschwungener Kiesweg führte zur Eingangstür. Im Haus gab es viele verschiedene Fenster und viele verschiedene Zimmer, in denen ich mich wunderbar verstecken und auf Nina warten konnte. Das Geburtstagskind hatte zwei laute Geschwister, eine Mutter und einen Vater.

Während die anderen mit Absicht Luftballone zerplatzen ließen und von an Schnüren herabbaumelnden Krapfen aßen, saß ich in einem der vielen Zimmer auf Scuttle und schaute auf ein Poster an der Wand: ein Blauwal, der gerade halb aus dem Meer auftaucht. Irgendwann kam Sarahs Vater ins Zimmer und stellte fest, dass ich als einziges Kind noch nichts gegessen hatte. Er fragte, ob ich keinen Hunger hätte.

Etwas an seiner Stimme schien mir interessant, also trennte ich mich für einen Moment vom Poster und sah ihn an. Lange, dünne Beine, die in einer dunkelroten Hose steckten, Ringelsocken, ein beiges Hemd, rechts und links ungleich weit aufgekrempelt.

»Das ist also ein Vater«, sagte ich zu mir.

»Das ist ein Blauwal«, sagte er zu mir.

»Ich weiß.«

»Ich werde Sarah sagen, dass sie nach dir schauen soll.«

»Nicht nötig.«

Wenig später stand Sarah im Zimmer.

»Warum hast du diesen Plastikstuhl mitgenommen?«, fragte sie mich und berührte Scuttles Lehne.

»Das ist ein Sessel.«

»Warum hast du ihn mitgenommen? Wir haben genug Stühle.«

»Wie heißt dein Vater?«

»Mein Papa? Albert.« Sie zeigte auf eine Box neben dem Tisch. »Willst du mit Jerry spielen?«

Ich schwitzte. Und dachte an Nina. »Ist da ein Hamster drin?«

»Ja, mein zweiter. Ben ist leider gestorben. Wir haben ihn im Garten begraben.«

Sie zeigte aus einem der vielen Fenster. Ich folgte ihrem Finger mit meinen Augen und schaute nach draußen. Im Garten sah ich einen kleinen Wald, einen Schwimmteich, Schaukeln, eine Rutsche, Blumen- und Gemüsebeete, einen Tischtennistisch.

Sie nahm das Tier heraus und ließ es auf ihrem Schoß herumkrabbeln. Ich fragte Sarah, ob sie wisse, dass sich Hamster oft totstellen. Nein, sagte sie, das wisse sie nicht.

»Es ist wahrscheinlich«, sagte ich, »dass dein Hamster gar nicht wirklich tot war und du ihn lebendig begraben hast.«

* * *

»Wieso hat mich Sarahs Vater beim Verabschieden so komisch angeschaut?«, fragte Nina im Auto. Sie hantierte am Rückspiegel und sah hinein. Sie wischte an ihren Augen herum und fand mein Gesicht im Spiegel. »Ist was passiert?« Ich schüttelte den Kopf. Sie kramte zwei Nimm2 aus ihrer Tasche. Ich war so hungrig, mein Bauch machte laute Geräusche. Sie startete endlich das Auto und wir fuhren los. Ich legte die linke Hand auf die Fensterscheibe, mit meiner rechten Hand streichelte ich Scuttle. Mit jedem Meter, den wir uns von den anderen Kindern entfernten, wurde es kühler.

»Nina, wer ist mein Vater?«

»Das weißt du doch.« Das Nimm2 stieß beim Reden an ihre Zähne.

»Nicht der Patrick.«

»Nicht der Patrick. Der ist dein Onkel. Du weißt, wer dein Papa ist, wir haben darüber gesprochen.«

»Der Michael.«

»Genau.«

Ich kannte Michael von einem Foto. Es war das Foto, das mir Nina gezeigt hatte, als ich das erste Mal nach ihm gefragt hatte. Nina und Michael, Hand in Hand vor einem Ahornbaum stehend. Die Sonne scheint. Der Himmel ist blau. Die Wiese grün. Im Vordergrund spielt ein kleiner weißer Hund, der nicht zu ihnen gehört. Im Hintergrund Spaziergänger, einer von ihnen beißt gerade von einem Apfel ab. Die rechte obere Ecke des Bildes ist verschwommen, der Fotograf hatte nicht aufgepasst und ein Stück seiner Fingerkuppe über die Linse gelegt. Ein unbekannter Mann, der von seinem Auftrag nicht begeistert war und ihn deswegen auch nicht gut ausgeführt hatte. Meine Eltern blicken freundlich oder gelangweilt oder glücklich in die Kamera. Der Baum ist riesig, die Körper klein. Nina, die zu dieser Zeit noch bei Biene in der Frisierstube arbeitete, trägt ihr Haar hochgesteckt, ein buntes Sommerkleid und einen Rucksack. Michael trägt ein T-Shirt, kurze Hosen und auf seiner linken Schulter sitzt ein Papagei. Ein stattlicher Soldatenara, um genau zu sein, mit knallroter Stirn.

Wenn es möglich war, dass Conny und Gregor damals in einem anderen Meer geschwommen waren als Nina und ich, war es ebenso möglich, dass Michael in einem anderen Meer schwamm als wir. In Findet Nemo sucht Marlin nach seinem verlorengegangenen Sohn. Suchte Michael nach seiner Tochter? War er am richtigen Ort und ich nicht? War es umgekehrt? Wollte er mich überhaupt finden?

»Warum ist er nicht hier?«, fragte ich Nina.

»Das haben wir auch besprochen.«

»Weil er woanders wohnt.«

»Genau.«

»Wenn der Michael woanders wohnt, kann man ihn doch mit einem Postbus zu uns verschicken. Die Post verschickt nicht nur Briefe und Pakete, sondern auch Menschen.«

Ich lachte, weil Nina lachte. Ich wusste nicht, worüber wir lachten. Clownfische sind nicht automatisch komisch.

»Wo wohnt der Michael?«

Nina fuhr in den Kreisverkehr ein, setzte den Blinker, war konzentriert oder abwesend oder sie wollte nicht antworten.

»Weil wenn er in Wien wohnt, gibt es den Postbus. Und wenn er gar nicht mehr in Wien wohnt, sondern in einem anderen Land vielleicht, gibt es noch andere Postfahrzeuge. Es gibt Bahnpost mit dem Zug, Luftpost mit dem Flugzeug oder Schiffspost.«

Zufrieden darüber, Nina alles ausführlich erklärt zu haben, zerbiss ich das Nimm2 in meinem Mund. Die Füllung legte sich klebrig und süß auf Zunge und Gaumen und im Zahngebirge knisterten die gelben Zuckersplitter.

* * *

Ich schaute auf das Bild an der Wand und versuchte in die blauen und orangen Farbwellen einzutauchen. Es gelang mir nicht. Vielleicht hatte ich es verlernt. Ich war lange Zeit nicht hier gewesen, weil Nina meinte, es würde ja jetzt die Schulärztin geben, die sich um mich kümmern konnte, und die sei gratis.

»Weißt du denn, wo dein Papa wohnt?«, fragte Frau Granegger, als ich ihr von Sarahs Vater erzählte. Von seiner Stimme, seinen Hosen, seinen Socken, dem beigen Hemd.

»Wenn du seine Adresse hättest, könntest du ihm vielleicht einen Brief schreiben.«

»Und mit der Post verschicken?« Frau Granegger nickte.

»Wollen wir noch mal über dein Kopfweh reden? Über deine Auslöser?«

Hier drinnen wird das nicht gehen, hätte ich zu Frau Granegger sagen können, weil die Auslöser draußen in der Welt waren, also vor der verschlossenen Tür des Redezimmers, und sich die Welt nicht für mich ändern würde. Die Probleme in der Welt blieben vor dieser Tür stehen, wie kleine Kinder, denen man sagte, sie sollen brav hier warten. Sie warteten jedes Mal auf mich.

Dass Supermarktdächer einstürzen konnten, hatte ich überwunden. So etwas passierte nur in Italien. Das Supermarktdach und die begrabene Nina darunter waren aus meinem Kopf. Doch es blieben immer noch die Trilliarden Einsturzgefahren in der Schule. Die Fehler, die überall lauerten. Die Zeit, die man sich nehmen musste, um sie zu vermeiden, und die einem keiner gab. Und selbst wenn man die Fehler vermeiden konnte, gab es überall falsche Bilder, die mich überschwemmten.

Frau Granegger erhob sich von ihrem riesigen ledernen Sessel und holte Stifte und Papier. »Weißt du«, sagte sie, »ich finde das toll, wie du Dinge bemerkst, die andere versäumen. Aber du kannst lernen, über falsche Bilder drüber zu springen.«

Sie nahm einen Stift in die rechte Hand und begann zu zeichnen. Mit dem schwarzen Stift zeichnete sie eine Figur mit großen Zähnen, Zähnen, wie sie selbst welche hatte. Vor die Figur zeichnete sie einen kleinen, ovalen Ball. Sie nahm den gelben Stift und malte den Ball damit aus.

»Was soll das sein?«, fragte ich.

»Das ist ein Mann, der in eine Zitrone beißt.«

»Warum tut er das?«

»Ich weiß es nicht. Ich weiß nur, für mich ist das ein falsches Bild. Wer beißt schon in Zitronen, oder? Aber jetzt pass auf!« Ihre Augen glitzerten komisch. In ihrem dunklen Poncho sah Frau Granegger aus wie eine Magierin, die mir gleich einen unglaublichen Trick vorführen würde. Vielleicht würden jeden Moment Zitronen aus ihrem großen Mund schießen und sie würde sie im Redezimmer auffangen und damit jonglieren. Meine Fingerkuppen wurden rosa, ein kühler Wind strich um meine Nase. Aber es passierte überhaupt nichts Magisches. Sie nahm nur einen roten Stift und zeichnete einen Bogen um die Figur. »Siehst du?«

Ich beugte mich vor und schaute angestrengt auf die Zeichnung auf dem Tisch.

»Was?«

»Ich bin einfach drüber gesprungen und jetzt stört es mich nicht mehr, dass das Bild falsch ist. Wenn du ein falsches Bild siehst, ein anderes Kind zum Beispiel, das in der Klasse nicht auf dem richtigen Platz sitzt, Hopp!, springst du drüber.«

»Wie soll ich das machen?«

»Im Kopf. Mit deinen Gedanken.«

Ich war nicht sicher, was mir Frau Granegger damit sagen wollte, aber sie strahlte wie jemand, dem der Trick gelungen war.

»Okay?«, fragte sie.

»Okay«, sagte ich.

»Okay. Und jetzt erzähl mir mal, was so passiert.«

»Was passiert?«

»In deinem Leben, meine ich.« Also erzählte ich.

Ich redete und redete.

Von mir, von Nina. Vom Spar.

»Moment, Stopp«, unterbrach sie mich. »Wie meinst du das, wenn du dich anstrengst, darfst du den ganzen Tag zu Nina in den Lagerraum?«

Das Wiener AKH

Ich schlage so lange mit meinem Kopf gegen den Geschirrspüler, bis ich blute. Meine Stirn auf rutschigem Untergrund. Nina, die auf mich zuläuft und mir ein Geschirrtuch auf die Stirn drückt. Nina, die schreit und schreit
und schreit und später behauptet, ich hätte geschrien,
nicht sie. Nina, die mir das Geschirrtuch am Kopf fest-
bindet und mich in unser Krankenhaus bringt, wo man
die Wunde zunäht.

Als wir fertig waren, saß Nina reglos im Auto.

»Warum fahren wir nicht?«, fragte ich sie.

Wir fuhren. Und zwar nach Wien ins AKH. Das ist das
Allgemeine Krankenhaus.

»Haben Sie einen Termin?«, fragte die Frau bei der An-
meldung. Sie saß hinter einer schmutzigen Glasscheibe,
die ich mit den Fingern meiner rechten Hand berührte.
Meine linke Hand lag in Ninas rechter Hand, die kalt war
und hektisch zuckte, wie ein frisch aus dem Wasser ge-
zogener Fisch.

Nina schüttelte den Kopf. Auch der schöne, blaue Umschlag in ihrer linken Hand zitterte.

»Sind das Befunde?«, fragte die Glasscheiben-Frau.
Nina hielt ihr die Bilder von meinem Kopf hin. Unauffällig.
Kein Hinweis auf eine Fraktur, Blutung oder Ischämie.

»Da wurde ja schon alles gemacht und der Kopf ist bereits verbunden. Wo möchten Sie denn hin?«

Nina schaute der Frau für ein paar Sekunden wortlos in die Augen, dann zerfloss ihr ganzer Körper, von den Haaren bis zu den Zehen, wie ein Stück Butter in der Pfanne, und wir sackten zusammen. Die Frau stürmte aus ihrem Glasscheibenhaus, auf uns zu.

Nina kauerte auf dem Boden und drückte mich an sich.

»Ich gehe hier nicht mehr weg, bis uns jemand hilft«, sagte sie zu ihr, zu sich, zu mir.

Vaterfiguren

Im Wiener AKH arbeiten über Tausend Ärzte. Aber deswegen bekommt man nicht über Tausend Termine. Ganz ohne Termin hatte ein Arzt Untersuchungen mit mir gemacht und war zu dem Ergebnis gekommen, dass überhaupt kein Raubfisch in meinem Kopf lebte. Stattdessen fand man eine Migräne im Kopf, was kein Fisch, sondern ein Fremdwort ist. Stunden später war eine andere Ärztin aufgetaucht und hatte Nina erklärt, es gebe Medikamente für Kinder wie mich.

Was aber viel wichtiger war: Das Wiener AKH lag, wie sich herausstellte, nur eine Autostunde von unserem Haus entfernt! Ich verstand zum ersten Mal, dass Wien, und damit Michael, nicht aus der Welt war. Ich teilte Nina die Erkenntnis mit, ein Besuch wäre doch gar nicht so aufwendig wie gedacht. Wir könnten einfach hinfahren. Nina schlug vor, dass wir einen Brief schreiben.

Lieber Michael,

wie geht es dir? Mir geht es gut. Die großen Ferien sind schön. Den Sommer mag ich aber nicht. Nina sagt, du wohnst weit weg. Ich war mit ihr im AKH in Wien. Das ist das Allgemeine Krankenhaus. Wien ist

gar nicht so weit weg, wie wir gedacht haben. Willst
du dich mit mir treffen? Nina sagt, du hast viel zu
tun. Hast du viel zu tun? Hast du einen Soldatenara?
Magst du Vögel? Magst du Fische? Hast du eine Lieb-
lingsfarbe? Ich habe gestern meinen letzten Milchzahn
verloren. Die neuen Zähne kommen und die alten
fallen aus. So ist das Leben. Ich gehe jetzt schwimmen.
Wir haben ein Plantschbecken im Garten. Hast du
einen Garten? Oder ein Plantschbecken?

Mit freundlichen Grüßen Alexandra.

PS: Auf dem Briefumschlag steht zur Sicherheit unsere
Adresse. Nina sagt, du hast sie schon.

* * *

Väter haben wenig Text. Deswegen haben sie so eine
große Bedeutung. König Triton regt sich über seine Tochter Arielle auf, weil sie zu eigensinnig ist. Dafür braucht
er nicht viele Worte. Simbas Vater sagt ein paar wichtige
Sätze und stirbt. Beide, Arielle und Simba, haben nur einen Elternteil und kommen prima damit aus. Nemo hat
auch nur einen und bei Mowgli sind überhaupt alle weg.
Nur weil ein Kind mit zwei Augen, zwei Beinen und zwei
Armen auf die Welt kommt, braucht es nicht zwei Leute,
die sich darum kümmern. Trotzdem reißen Väter ein Loch,
wenn sie nicht da sind, und niemand weiß, womit dieses
Loch davor gefüllt war. Wer keinen Text hat, riskiert auch
nichts. Nemos Vater Marlin ist da eine Ausnahme, er hat

sogar mehr Text als Nemo. Aber nur, weil es interessanter ist, mit ihm durch den Pazifik zu schwimmen und Abenteuer zu erleben, als Nemo dabei zuzusehen, wie er im Aquarium festsitzt. Vielleicht saß Michael auch irgendwo fest. Vielleicht hatte er eine interessante Geschichte. Vielleicht hatte er Angst. So wie Nemos Vater.

Wenn das nicht schön ist,
weiß ich auch nicht

Das Beste an den Sommerferien war, dass ich zu Hause sein konnte, wenn die Post kam. Ich wartete auf die Briefe, Postkarten, Prospekte und Zeitungen, die durch den Schlitz in unserer Tür geworfen wurden. Ich wartete auf unserer Treppe sitzend. Ich wartete auf das Rollen des Taschenwagens, das Quietschen der Gartentür, die Schritte bis zu unserem Haus, die bunten Flecken hinter der Glasscheibe, das Scheppern am Briefschlitz, das Klatsch!, wenn die Ladung zu Boden fiel. Ich stand auf und riss die Tür auf, der Postler lächelte oder verzog den Mund auf andere Weise. Ich bewunderte seine Sicherheitsschuhe, seine Shorts, sein Hemd, sein Fahrzeug in Gelb. Er hieß Herbert.

»Wie geht es Ihnen heute, Herbert?«, fragte ich dann.

Ich sah die bunten Flecken hinter der Glasscheibe und öffnete die Tür. Da war aber kein Herbert. Da stand ein riesiger, dunkler Block in der Wiese, der von einem Sonnenkranz umgeben war. Ich legte meinen Kopf in den Nacken und schaute in die Wolkendecke, die einzige Erklärung für dieses gigantische Ding schien mir von oben zu kommen.

»Was ist das?«, fragte Nina, als sie aus der Tür trat.

Darauf gab es nun keine offensichtliche Antwort. Ich ging an das Ding heran, es war doppelt so groß und dreimal so breit wie ich und sein Schatten verschluckte mich. Ich legte meine Hand auf das Ding, eine geheimnisvolle Kälte ging von ihm aus.

»Booh!« Eine Gestalt mit hochgerissenen Armen sprang plötzlich hinter dem Block hervor. Nina fasste sich wie vom Schlag getroffen an die Brust, ging in die Hocke und ließ sich rückwärts in die Wiese fallen.

Ich lief der Gestalt in die Arme und umschlang ihren Hals. Der Geruch des Leders stieg mir in die Nase.

»Da sagt's ihr nix mehr, oder?«

Ich sagte nix, aber Nina sagte etwas. »Bist du wahnsinnig?«, fragte sie und putzte sich die Hose ab. »Der ist ja riesig!«

»600 Liter.«

»Und wo hast du das Geld her?«

»Geh bitte, Nina, das ist ein Kühlschrank, kein Ferrari. Willst du ewig aus Kühltaschen raus essen? Wir sind ja keine Asozialen.«

Da war es wieder, das *Wir*. Patrick war zurück. Mit neuer Tätowierung am Unterarm, einem acht Zentimeter langen Hirschkäfermännchen mit prächtigem Oberkiefer.

Er überreichte mir ein Plastiksackerl, darin lagen drei DVDs.

Wir feierten das *Wir* im Gastgarten der Pizzeria Jovanotti, deren Fensterscheiben mit den von Patrick designten Motiven beklebt waren. Am berühmtesten war das Logo, die saftige, bunte Pizza mit den blau-weiß gestreiften Buchstaben, die aussahen wie Meer und Strandkörbe und Möwenrufe. Er hatte aber auch einen Teller Spaghetti entworfen, obenauf ein Shrimp, der lacht, einen Bananensplit mit Beinen, solche Sachen.

Patrick aß seinen Eisbecher so, als hätte er tagelang nichts zu essen bekommen. Mit Schlagobers im Mund erklärte er Nina, dass er sich entschuldigen möchte. Er hätte sich nicht einmischen dürfen in meine Erziehung und das täte ihm leid. Als Nina die Entschuldigung annahm, sagte er, dass sie als Mutter halt Verantwortung übernehmen müsse. Er sei ihr großer Bruder und müsse ihr das sagen, es sei seine Pflicht. Nina rieb sich mit beiden Handrücken die Augen, als hätte sie das Gehörte dort herauswischen können.

»Verantwortung, ja?« Sie warf ihr Kinn Richtung Straße. Dort stand Patricks VW. Die Front war verbeult, der linke Scheinwerfer fehlte.

Patrick griff in seine Hosentasche und übergab Nina 200 Euro.

»Und wann bekomm ich den Rest?«

»Du Nina, ich habe das Gefühl, das wird jetzt was, mit dem Großauftrag von der Tankstelle.«

»Von einem Gefühl kann ich mir nix kaufen, Patrick.« Patrick steckte sich zwei Hohlhippen so in den Mund, dass es aussah, als hätte er Fangzähne. Dann fuhr er mit dem langen Eislöffel durch die Luft und stupste mir damit in den Bauch.

»Und was ist mit dir eigentlich? Warum redest du nix?«

* * *

Am Tag darauf machten Patrick und ich einen Ausflug in die Schottergrube. Schottergrube, das klang nach heißem Stein und Sonnenstrahlen, die mich verbrannten, aber Patrick meinte, er hätte eine Überraschung für mich, er hätte da etwas entdeckt, ich solle mich gut einschmieren und: Ab die Post!

Nina schmierte mir Gesicht, Nacken und Arme ein und stülpte mir den rosa Hut über den Kopf. Sie füllte meine Arielle-Thermotrinkflasche mit eiskaltem Wasser und übergab Patrick zwei Butterbrote und eine Bananenhand.

»Passt's halt auf, bitte. Schottergruben sind keine Kinderspielplätze.«

Das war schon mal gut.

Wir fuhren am Wald entlang, der von Äckern und Feldwegen umgeben war. Dort standen Hochsitze, die, wie ich von Nina wusste, die Jäger brauchten, um Rehe und Hirsche abzuschießen, so wie mein Opa das früher gemacht hatte.

Warum hat dein Vater Rehe und Hirsche umgebracht?, hatte ich Nina einmal gefragt und sie schüttelte den Kopf. *Weil er ein Psycho war.*

»Warum hat dein Vater Rehe und Hirsche umgebracht?«, fragte ich Patrick im Auto und er drehte sich für ein paar Sekunden zu mir um, schaute nicht auf die Straße, sondern mir ernst oder traurig oder gleichgültig in die Augen. »Weil es einer machen muss.«

»Willst du auch einmal Jäger werden?«

»Ich bin erwachsen. Ich hab schon längst einen Beruf.«

»Nina sagt, was du machst, ist kein richtiger Beruf, weil du es nicht in einer Schule gelernt hast.«

»Ah ja? Nina räumt Regale ein.«

»Ja.«

»Stimmt es, dass du einmal vom Gerüst gefallen bist?«

»Ja, aber da will ich nicht drüber sprechen.«

»Warum nicht?«

»So halt.«

»Nina sagt, du hast dir damals gar nicht wehgetan und hast dich trotzdem danach nicht mehr getraut zu arbeiten.«

»So ein Blödsinn. Ich wollte einfach kein Schlosser mehr sein.«

»Kannst du kein Jäger sein, weil deine Hand zittert?«

»Wer sagt, dass meine Hand zittert?«

»Nina.«

«Stimmt es, dass du mal mit Opas Jagdgewehr ein Geschäft überfallen hast?«

»Wer hat dir das gesagt?«

»Nina.«

»Warum erzählt sie dir sowas?«

»Aber stimmt es?«

»Rede nicht immer so viel, steig lieber mal aus.«

Er parkte das Auto neben einem Quittenstrauch, der einen spärlichen Schatten auf den VW warf. Ich schaute durchs Fenster hinaus und sah nichts als Hitze.

Wir gingen einen steilen Weg die Böschung hinauf, die Sonne kratzte durch meinen Hut, über meinen Lippen wuchs ein Schweißbart, der mir den Mund schwer machte. Ich stellte keine Fragen mehr.

»Gleich haben wir's«, behauptete Patrick.

Wir waren am höchsten Punkt der Böschung angekommen und sahen das steinige Reich vor uns liegen: eine Schottergrube, so groß wie zwei Fußballfelder. Pyramiden aus groben Steinen, Kieselsteinen und Sand, dazwischen ein paar bunte Gerätschaften, die sich in kleinen Wasserlacken spiegelten, und Sonne, überall.

»Jetzt schau nicht wie die Kuh, wenn's blitzt. Ich verspreche dir, unten wird's dir taugen. Komm, ich helfe dir runter.«

Patrick nahm mich an der rechten Hand und wir stiegen hinab, besser, wir rutschten los, der Boden unter unseren Füßen rieselte voran und trug uns mit sich.

Unten angekommen putzte er mir den Staub von den Leggings, ein, zwei Klopfer auf Oberschenkel und Hintern, ich schüttelte den Kies aus meinen Sandalen und blickte mich um. Von hier unten verstand man erst die Verhältnisse. Vor uns tat sich die größte der Pyramiden auf, eine Pyramide aus Sand, sicher fünfzehn Meter hoch. Ansonsten sah ich dieselbe weite, fade Einöde wie von oben.

»Komm schon!«, Patrick lief los und ich rannte hinterher, so gut ich konnte. Wir liefen um die Pyramide herum. Dort hielt sich eine der Wasserlacken versteckt. Im Schatten der Pyramide war sie zu einem Tümpel herangereift, der nach herrlichem Schlamm roch und an dessen Rand zarte Gräser wuchsen. Um den Tümpel herum bewegten sich unzählige schwarze Punkte auf und ab, auf und ab, auf und ab.

Ich ließ mich vom Schatten schlucken und quetschte die Sonne aus meinen Augen, indem ich meine Lider fest zusammenkniff und wieder öffnete.

»Schau, dass du auf keine draufsteigst!«

Ich hockte mich hin, öffnete meine Hand und die erste sprang hinein, sie war kaum größer als meine Fingerkuppe. Eine zweite sprang auf meinen nackten großen Zeh. Zwei echte Babykröten. Zwei von Tausenden.

Vorsichtig ging ich um den Tümpel herum und grüßte jedes Baby, das mir begegnete. Ich ließ sie von meinen Handflächen springen, ich streichelte sie, ich sprach mit ihnen und jedes Mal, wenn eine Kröte in die Luft sprang, sprang in mir drinnen etwas vor Freude mit. Und sie sprangen zahlreich! Ununterbrochen! Ich ging auf Patrick zu und umklammerte in unendlicher Dankbarkeit seine Hüften. Er lachte, kniete sich in den Sand und umarmte mich.

Es ist seltsam, wenn ein Untergrund anders ist, als man denkt. Man merkt sich das Gefühl, wenn man das erste Mal in eine Hüpfburg steigt. Im Kopf ist gespeichert, dass Boden nicht nachgibt. Und dann tut er es doch. Mein Kopf hatte keine Zeit, den anderen Untergrund zu bemerken, geschweige denn sich auf irgendetwas einzustellen, es ging einfach zu schnell. Von der Energie Tausender, die Welt entdeckender Babykröten aufgepumpt, lief ich ein Stück weit auf die Sandpyramide hinauf, um das Schauspiel von weiter oben sehen zu können. Ihre kleinen Körper zeichneten ein Muster in die Landschaft, ein flirrendes, bewegliches, lustiges Muster, das ich mir merken wollte. Der Sand unter meinen Füßen gab nach wenigen Sekunden nach, ich rutschte ab und lief wieder hinauf. Ich rutschte ab, lief wieder hinauf, rutschte ab, lief hinauf, rutschte ab, lief hinauf, machte einen großen, weiten Sprung hinunter und landete nicht im Sand, sondern im Feuer. Meine Beine steckten in einem brennenden, eisernen Schlund.

Ich hörte Patrick schreien. Ich sah rot, dann schwarz.

Niemand konnte mehr sagen, welcher Arbeiter das alte, rostige Rüttelsieb unter der Pyramide begraben hatte. Und wenn man gewusst hätte, wer es gewesen war, hätte das auch nicht weitergeholfen, man hätte dem Mann keinen Vorwurf machen können. Eine Schottergrube ist nun mal kein Kinderspielplatz. Der Arbeiter hatte keinen Fehler gemacht. Aber auch ich hatte keinen Fehler gemacht. Ich hätte die Maschine beim besten Willen nicht sehen können. Ich konnte nichts dafür, es war ganz und gar nicht mein Fehler. Die Frage stand im Raum, ob es Patricks Fehler war, schließlich war er erwachsen und so weiter.

Nina stellte die Frage nicht, als sie im Krankenhaus neben meinem Bett saß, meine linke Hand streichelte und mir einen feuchten Waschlappen an die Stirn hielt.

Ich wollte gerne die Wunde anschauen, um zu verstehen und um etwas Interessantes zu erleben. Aber weil ich zu lange weggetreten war, bekam ich nur die harmlose, vernähte Variante zu sehen.

»Alles wird gut«, sagte Nina leise.

Für mich war schon alles gut, durch Ninas Küsse nämlich, die wie Regentropfen auf mein Gesicht fielen. Sie fragte, ob ich Schmerzen hätte. Sie war kein bisschen panisch, sondern völlig im Einklang mit der neuen, unerwarteten Situation. Ich schaute in ihre kühlen Augen und erzählte ihr, was sie alles verpasst hatte. Ich berichtete von den Babykröten, von den Sprüngen, die sie machten, von dem Gefühl, sie in Händen zu halten, von diesem großen Glück, dass Patrick sie gefunden hatte. Ich erklärte ihr, dass dieser Tag der schönste in meinem Leben war und dass ich ihr das alles unbedingt bald zeigen wollte.

Patrick weinte. Seine Augen waren dabei so groß und so sorgenvoll, dass sogar ich es sehen konnte. Das Gesicht der Ärztin konnte ich nicht erkennen, aber sie sagte nichts, das Patrick den Schrecken aus den Augen genommen hätte.

* * *

Manchmal weiß man nicht, was die guten und was die schlechten Nachrichten im Leben sind. Wie die Ärzte schnell feststellten, war die Wunde an meinem Unterschenkel nicht das Problem. Meine Beine waren gebrochen. Alle beide. Eines sauber, das andere kompliziert. Für lange Zeit konnte ich nicht in die Schule gehen. Es war herrlich.

Conny

Manchen Menschen brechen die Beine, anderen die Herzen. Obwohl ein Herz natürlich nicht brechen kann, außer vielleicht es ist tiefgefroren. Herzen verkalken also vielmehr, schrumpfen, fallen zusammen wie Hüpfburgen ohne Luft, stehen still, zerquetschen, explodieren meinetwegen. Etwas davon war Tante Conny jedenfalls passiert und sie hatte daraufhin beschlossen, ihr Haus nicht mehr zu verlassen. Jahrelang besuchte sie niemanden, fuhr nicht mit Stefan in Urlaub, ging nicht ins Kino oder ins Shoppingcenter. Wieder sprachen alle möglichen fremden Leute Nina auf der Straße an und fragten sie, was sie darüber dachte. Sie sagten, sie fänden das schon etwas übertrieben. Trauer hin oder her. Man solle doch wieder anfangen zu leben, arbeiten gehen, eine Aufgabe im Leben haben. Aber Conny zog es vor, zu Hause zu bleiben und sich totzustellen. Bis sie von meinem Unfall erfuhr und Nina anrief.

Wir saßen gerade zu dritt rund um den Küchentisch, Nina stocherte selbstvergessen oder gelangweilt oder konzentriert in einem Kuchen, dessen MHD schon zwei Tage drüber war, und Patrick zeichnete an seinem Großauftrag, wobei er neuerdings einen elektronischen Stift und ein Tablet, das sehr teuer aussah, verwendete. Ich merkte, dass er nicht bei der Sache war, dass er nur so tat, als würde er weiterzeichnen, während er in Wahrheit das Telefonat mitanhörte. Ich beobachtete ihn bei seiner schlechten Maskerade und fuhr währenddessen mit den Fingerkuppen die Reifen meines Rollstuhls entlang.

Auch Nina spielte Theater und sprach davon, dass es uns gut ginge. Es war offenbar schwierig, vor einer Mutter, die ihr kleines Kind an den Tod verloren hatte, zuzugeben, dass man traurig war, besorgt und überfordert von der Lächerlichkeit zweier gebrochener Schulkind-Beine. Kinder brachen sich doch ständig irgendwelche Knochen, mein Zustand war nichts Besonderes. Andererseits war, wie ich einmal im Bezirksblatt gelesen hatte, Ertrinken die häufigste tödliche Unfallursache bei Kindern bis fünf Jahren. Also war auch Gregors Tod nichts Besonderes, sondern Statistik. Alles kann Statistik allerdings nicht erfassen. Die vielen toten Kinder teilten ein Geheimnis, und zwar die ungeklärte Ursache, warum sie ihren Kopf nicht einfach aus dem Wasser heben, wenn sie es doch könnten.

Wie sie das alles managte, fragte Conny, wenn ich nicht in die Schule gehen konnte. Nina hielt sich anfangs noch zurück, meinte, es würde schon irgendwie gehen, doch je länger das Gespräch dauerte, desto weniger ließen sich die Tatsachen zurückdrängen. Sie erzählte von der einen oder anderen Eskalation, erwähnte Patricks Großauftrag für zwei Tankstellen und seine damit verbundene fehlende Zeit, um auf mich aufzupassen. Sie berichtete vom Versuch, mich von einer so genannten Tagesmutter betreuen zu lassen, der in einer »Katastrophe« geendet hätte. Als sie das Wort verwendete, schämte sie sich, schwächte die Dramatik ihrer Erzählung gleich wieder ab, schwieg kurz, fügte hinzu: »Alles nicht so schlimm«, während ihr die Tränen leise über die Wangen rollten. Conny hatte die Tränen unmöglich sehen oder hören können, aber sie begriff. Sie erklärte Nina, sie wolle sie unterstützen und tageweise auf mich aufpassen. Da sie das Haus nicht verlassen könne, ginge das aber nur, wenn mich jemand zu ihr brächte.

* * *

Im Auto roch es nach Scheibenwaschmittel und Aftershave. Patrick trommelte mit den Fingern aufs Lenkrad. Wir hörten Rihanna, und das ganz laut.

You can stand under my umbrella, ella, ella, eh, eh, eh
Under my umbrella, ella, ella, eh, eh, eh
Under my umbrella, ella, ella, eh, eh, eh
Under my umbrella, ella, ella, eh, eh, eh, eh, eh

Patrick hielt meine Hand, als wäre ich ein Baby. Durch die Gittertür konnten wir Conny auf uns zukommen sehen. Sie öffnete uns, Patrick ließ meine Hand wieder los und schob mich hinein. Die beiden sahen einander an und Conny fiel wie ein Brett nach vorne in Patricks Arme. Sie umklammerte seinen Rücken und weinte.

»Es tut mir so leid«, sagte Patrick und hielt sie fest.

»Es geht einfach nicht weg. Nach all den Jahren.«

»Es tut mir so leid«, sagte er noch einmal, als hätte er es nicht schon gesagt.

Wir gingen durch den Garten und Conny weinte mit jedem Schritt weniger.

»So«, sagte sie und wischte sich die Tränen ab, indem sie ihr T-Shirt hochzog und damit über ihr Gesicht fuhr. Ich sah, wie Patrick in diesem Moment auf ihren nackten Bauch schaute.

»Und jetzt lass dich anschauen. Alexandra! Was bist du für ein hübsches, großes Mädchen!«

Was ist ein Wort aus der Gruppe der Fragewörter. Auf Fragen muss man antworten.

»Das Mädchen von Nina.«

»Ich weiß! Ich weiß! Du süße Maus.«

»Was hast du nur angestellt?«, fragte sie und zeigte auf meine Beine.

»Ich bin in ein Rüttelsieb gesprungen.«

»Ich weiß, ich weiß!«

Na, wenn sie schon alles wusste, warum fragte sie mich?

Patrick positionierte mich auf der Terrasse und setzte sich auf eine weiß gepolsterte Gartengarnitur. Während Conny Kaffeesud aus dem Portionierer ihrer Espressomaschine klopfte, schauten wir stumm in den Garten. Die Himbeersträucher, die Wiese, die Pflanzen, die Vögel. Dort, wo früher der Pool war, wuchs jetzt ein Kirschbaum.

Conny kam nach draußen, servierte den Kaffee und reichte mir einen Pudding.

Patrick trank den Espresso in einem Zug aus und hustete. Sein Bauch machte ein lautes Geräusch, das bis zu mir herüberklang. Er stellte die Tasse ab, legte die Hände in den Schoß und trommelte mit den Fingern auf seine Oberschenkel wie ein Kakadu, der mit einem Samen gegen einen Baumstamm klopft, um zu imponieren. Es funktionierte. Conny schaute auf den Schriftzug an seinen Fingerknöcheln und dann auf den Hirschkäfer an seinem Unterarm.

»Den kenn ich aber noch nicht, oder?«

»Ist neu. Ein Hirschkäfer.«

»Ich seh's.«

»Die werden nicht alt. Soll mich dran erinnern, dass man jeden Tag leben soll, als wär's –« Er hörte auf zu sprechen und rieb seine linke Hand am Kinn, wie es Männer manchmal machen, um ihren Bart zu spüren. Patrick hatte aber gar keinen Bart.

»Der Stefan gar nicht da?«

»Arbeiten.«

Patrick nickte. Er schaute wieder in den Garten hinaus, als wartete er darauf, dass sich dort irgendetwas veränderte, damit er etwas dazu sagen konnte. Er zog mit seinen Augen einen Kreis in die Luft und schaute vom Garten zu Conny, auf seine Kaffeetasse und schließlich zu mir. »Jedenfalls, hinten im Rollstuhl stecken die Krücken.«

»Hab ich gesehen.«

»Mit dem linken Fuß kann sie eh schon aufsteigen.«

Während Conny und Patrick redeten, bewegte ich die Zehen meines linken Fußes und schob den Pudding im Mund hin und her. Das, was Patrick sagte, stimmte und es war ein Problem. Meine Beine heilten Tag für Tag und ohne Pause. Ich hatte keine Schmerzen und bald würde es keinen Grund mehr geben, nicht in die Schule zu gehen. Jeden Tag blickte ich an mir herab und stellte mich auf den Abschied von meinem Leben ohne die anderen ein. Was mir bleiben würde, war eine Erkenntnis. Von nun an wusste ich, wie es war, gebrochene Beine zu haben, und ich würde für immer und ewig wissen, wie es ist, denn so etwas vergisst man ja nicht.

Die Leute um mich herum taten oft, als wüssten sie ebenfalls, wie es ist. Ich sollte den Leuten glauben, dass sie wussten, wie es war, tagein tagaus im Rollstuhl zu sitzen und nicht in die Schule gehen zu müssen, etwa weil sie schon einmal ein Röntgenbild gesehen oder von anderen Leuten Ähnliches gehört hatten. Alle verstanden alles. Knochenbrüche, andere Kinder, tote Babys. Und das, obwohl ich wusste, dass sie es nicht wissen konnten, weil ich sie danach gefragt hatte. Ich hatte Nina, Patrick, Frau Granegger, Frau Scheffel, Postbote Herbert, einfach alle, die mich bemitleideten und mir sagten, sie würden mich verstehen, gefragt, ob sie denn selbst einmal zumindest ein, besser aber zwei gebrochene Beine gehabt hatten. Patrick erklärte, dass er bereits Hunderte Verletzungen hinter sich hatte, die er in seiner Zeit als Schlosser »wie Briefmarken« gesammelt hatte. Er war nämlich nicht nur vom Gerüst gefallen, sondern holte sich auch einmal eine tiefe Schnittwunde von einer Trennscheibe, die ihm beim Arbeiten entgegenflog. Er zeigte mir die lange Narbe an seinem Oberschenkel und meinte, das hätte blöd ausgehen können. Er sprach auch von blutunterlaufenen

Fingernägeln und von einem beinahe erfrorenen Zeh. Aber keine seiner Verletzungen war ein Beinbruch gewesen. Frau Granegger erwähnte ihre Schilddrüsenunterfunktion, Frau Scheffel sprach von einem Radunfall, bei dem sie sich den Unterkiefer zertrümmert hatte, und Postbote Herbert war einmal ein schweres Paket ausgerutscht, das ihm die Hand zerquetschte. Nina hatte bis auf meine Geburt und eine Platzwunde auf der Stirn in ihrem Leben überhaupt nie irgendeine Verletzung gehabt. Von der Platzwunde war ihr aber zumindest eine Narbe geblieben, von der Goran einmal gesagt hatte, dass sie Ninas Gesicht interessant mache. Sie war als Neunjährige in der Wiese in unserem Garten gesessen, Patrick war auf die Birke geklettert, wie er es öfter getan hatte. He, Nina!, rief er. Nina schaute in die Baumkrone hinauf zu ihrem Bruder und der ließ einen Dachziegel auf sie herunterfallen. Er traf Nina über der Augenbraue und schon im Moment des Aufpralls floss das Blut über ihr Gesicht. Patrick blieb bei der Aussage, der Dachziegel wäre ihm aus der Hand gerutscht.

Der Einzige, der wirklich mit mir über meine Beine sprechen hätte können, war tot. Nina hatte mir erzählt, dass ihr Vater, mein Opa, als junger Mann einen Skiunfall hatte und sich den rechten Knöchel und das linke Wadenbein gebrochen hatte. Bingo! Ich schaute in den Himmel und betrachtete die Wolken. Sie sahen aus wie halb durchsichtige Muskeln. Ich stellte mir vor, wie mein Opa zwischen diesen Muskeln aus dem Himmel herunterkam, sich neben mich stellte und mir zunickte.

Ich drehte vorsichtig meine Fußgelenke einmal nach rechts, einmal nach links. Manchmal spürte ich in meinem Körper die Welt der anderen. Waren Connys Tränen wegen Gregor oder wegen Patrick oder weil sie irgendein anderes Problem hatte? Das Traurige schwappte aus Conny heraus, mir durch die Fingerkuppen in die Hände und schwemmte meinen Körper einmal durch, wie man einen Topf unter Wasser abspült und verkehrt herum zum Trocknen hinstellt. Danach fühlte ich mich nicht mehr gleich an, innen drinnen.

Patrick stellte die Tasse laut auf den Tisch.

Er fuhr sich mit der rechten Hand durchs Haar, langsam, wie in einer Shampoo-Werbung, und schaute Conny ein bisschen zu lange an, um es normal nennen zu können. Sie lächelte komisch, erhob sich und kam auf mich zu. Sie fragte mich, ob ich noch einen Pudding haben wolle, und ich bejahte. Patrick meinte, er müsse jetzt, erwähnte seine Großbeklebung bei mehreren Tankstellenshops, eine »Riesensache« sei das, und verabschiedete sich bei mir mit einem Schulterklopfer, bei Conny mit einer Umarmung. Ich war mit Conny allein.

»Hast du schon mal gebrochene Beine gehabt?«, fragte ich sie.

»Zum Glück nicht. Ich hab mir einmal die Hand –«

»Wieso wohnst du in einem so großen Haus?«

»Der Stefan, mein Mann, ist Architekt. Er hat dieses Haus –«

»Kennst du meine Mama schon lange?«

»Seit dem Kindergarten.«

»Ich hab deinen Briefkasten gesehen. Bringt der Postler die Post nicht bis zum Haus?«

»Nein, ich hole sie jeden Tag vom Gartentor.«

»Wir haben einen Briefschlitz. Wieso hast du einen Sticker aufgeklebt, auf dem eine Zeitung durchgestrichen ist?«

»Das ist ein Schild, das dem Postler zeigen soll, dass ich keine Werbung haben will.«

»Das weiß ich. Aber wieso nicht?«

»Ich mag keine Werbung.«

»Wie weißt du dann, wo es gerade was billig gibt?«

»Da hast du recht, das weiß ich nicht. Aber ich kaufe lieber Sachen, von denen ich weiß, dass ich sie brauche. In den Werbeprospekten steht immer ganz viel, was ich nicht brauche.«

»Brauchst du diesen Gartenschlauch?« Ich zeigte in die Wiese.

»Ja.«

»Diese Gießkanne?«

»Ja.«

»Diesen Grill?«

»Manchmal.«

»Diese Engel-Statue?«

»Naja.«

»Diese Ozeana Relax-Liege?«

»Heißt die so?«

»Steht da seitlich drauf.«

»Ist mir noch nie aufgefallen.«

»Kennst du den Patrick schon lang?«

»Auch sehr lang.«

»Kennst du den Michael?«

»Deinen Papa? Ich hab ihn nur zwei Mal gesehen.«

»Hat der Michael einen Papagei?«

»Schon möglich, von einem Papagei weiß ich nichts.«

»Einen Soldatenara?«

»Wow, ich weiß nicht einmal, wie ein Soldatenara aussieht. Willst du reingehen, was spielen?«

»Weißt du, wo er wohnt?«

»In Wien, glaub ich, aber das weiß deine Mama sicher besser.«

»Der Sonnenschirm dort im Eck ist derselbe wie damals.«

»Das«, Conny machte eine Pause, »das ist richtig, Alexandra. Wie kannst du dich daran erinnern?«

»Wieso habt ihr so einen hohen Gartenzaun?«

»Weil wir keinen Wachhund haben.«

»Wieso hast du den Pool zugeschüttet?« Conny sagte nichts.

»Damit niemand ertrinken kann?«

»Stefan war es lieber, den Pool wegzugeben. Dort drüben in der Wiese habt ihr miteinander gespielt, der Gregor und du, als ihr noch ganz klein wart.«

»Unter diesem Schirm«, fügte ich hinzu.

»Ja.«

»Warum hat er das gemacht?«

»Warum hat er den Pool zugeschüttet?«

»Warum hat er sich totgestellt?«

»Also, ich weiß nicht, ob man. Ich.« Conny fasste sich an die Kehle. »Ich zeig dir Bonnie und Clyde, komm mit rein.« Sie schob mich ins Haus.

Connys Haus roch nach Chlor und Meerschweinchenfutter. Meerschweinchen sind langweilige Tiere, aber es bestand die Möglichkeit, dass das aktuelle Ausmaß von Connys Traurigkeit auch davon abhängig war, ob ich die beiden süß fand oder nicht. Ich fragte Conny, warum sie Meerschweinchen hatte, und sie antwortete, weil sie niedlich seien. Ich saß auf dem Boden und legte eine linke Fingerkuppe an den Käfig. Das schwarze saugte weiter an der Trinkflasche. Das braun-weiße mit dem Wirbel über dem rechten Ohr kam auf meinen Finger zu und schnupperte mit geöffnetem Mund daran.

»Der hat Zähne wie die Frau Granegger.«

»Wer ist die Frau Granegger?«

»Kennst du nicht.«

»Das ist Clyde.«

»Aha. Ich darf keine Haustiere.«

»Warum nicht?«

»Nina sagt, wir haben Patrick, da brauchen wir kein Haustier.«

Conny lachte. »Wollen wir sie herausnehmen und mit ihnen spielen?«

Ich zog meinen Finger zurück. »Später vielleicht.« Ich schaute zu meinem Rollstuhl und überlegte, was wir die vielen Stunden nun gemeinsam anstellen sollten.

»Schauen wir einen Film? Hinten in meinem Rollstuhl stecken DVDs.«

Conny schaute sich die DVDs an: 2 Fast 2 Furious, Batman – The Dark Knight und Spiel mir das Lied vom Tod. Sie stellte fest, dass es sich nicht um Kinderfilme handelte.

»Ein bisschen später vielleicht, Alexandra. Lass uns vorher noch etwas spielen.«

»Spielen wir Mumie?«, fragte ich.

»Wie geht das?«

»Du musst mich ganz mit Klopapier einwickeln und mich dann mit dem Rollstuhl herumführen. Patrick macht das immer mit mir.«

»Der Patrick spielt viel mit dir, oder?« Ihre Stimme klang irgendwie anders, als sie Patrick sagte, und ich war überrascht, dass ich die Veränderung hören konnte. Ich schaute ihr ins Gesicht und sah ihre Augen aufgeregt herumhüpfen wie Babykröten.

»Er ist ein lieber Onkel, stimmt's?«

»Wenn er Lust dazu hat.«

»Sag mal, hat er eigentlich eine Freundin, weißt du das?«

»Du meinst eine mit Schmusen?«

* * *

Die Nachmittage bei Tante Conny liefen so lange gut, bis ich eines Tages den Heizkessel entdeckte. Zuerst hörte ich ihn nur. Ich hörte ein Säuseln, ein Zischen, ein Knacken.

Ich hörte außerdem mein eigenes Blut im Körper und die Migräne schlug mit ihrer Schwanzspitze gegen meinen Unterkiefer. Ich versuchte, an etwas Schönes zu denken, doch da hatte Conny die Idee, mir zu zeigen, wo das Geräusch herkam. Sie meinte, ich bräuchte keine Angst haben. Sie stützte mich und ging mit mir zu einer metallenen Tür. Sie öffnete sie und eine Feuergestalt mit blinkenden Laseraugen blickte mich an. Da war sie wieder, die Welt da draußen, die man niemals unterschätzen durfte, die voller Gefahren war, offensichtlicher und versteckter Gefahren. Die Hitze schnürte mir den Hals zu und ich schnappte nach Luft.

»Ganz ruhig, Alexandra, keine Angst! Ich mache wieder die Tür zu und wir vergessen einfach, dass da ein Heizkessel ist.«

Marlins Freundin Dorie dreht sich einmal im Kreis und weiß schon nicht mehr, was ihr Schlimmes passiert ist. Ich bin aber kein vergesslicher Fisch wie Dorie.

Angst und Neid

Das ist es, was die Leute in Wahrheit machen, wenn sie sagen, dass sie keine Angst haben: Sie vergessen. Sie vergessen, was alles direkt vor ihnen ist. Sie sehen nicht hin. Sie riechen nicht. Sie hören nicht zu. Sie vergessen auch, was sie im Fernsehen gesehen haben. Sie vergessen die Supervulkane, die Bakterien, die Heizkessel, die einstürzenden Dächer, die Sonne, das Ozonloch, die Fehler.

Manchmal, das gebe ich zu, beneidete ich die Leute um ihre Vergesslichkeit. Neid ist ein Gefühl, bei dem man dem anderen einen Besitz nicht gönnt *oder* das Gleiche besitzen möchte. Ich wollte gar nicht angstlos sein wie die Leute, weil ich nicht vergesslich sein wollte wie sie. Meine Beine heilten und ich wusste genau, was mich in der Schule erwartete. Ich hatte nichts davon vergessen. Und ich spürte, wie die Migräne in meinem Kopf wieder zu Kräften kam. Aber ich beneidete Gregor. Er war aus der Welt. Das heißt nicht, dass ich ihm den Tod nicht gönnte. Ich wollte ihn nur auch haben.

Insomnia

Nachts schlich ich mich mit meinen gesunden Beinen in den Garten, legte mich nackt auf die kalte Erde. Und wartete.

Der Tod im weißen Mantel

Nina hatte sich vorerst keine Sorgen gemacht. Meine Stirn fühlte sich heiß an, aber das tat sie ja immer. Sie holte Wasser und den Malermantel aus dem Kühlschrank. Mehrmals wiederholte sie, ich solle ordentlich trinken und aufhören, das Wasser wieder auszuspucken, wir wären hier nicht im Wilden Westen, sondern im Wohnzimmer. Dabei spuckte ich das Wasser gar nicht aus, es flutschte mir nur jedes Mal, wenn ich versuchte zu trinken, über die Lippen wieder hinaus. Sie stemmte ihre Arme in die Hüften und sah mich wütend oder sehr wütend an, dann kippten meine Pupillen nach hinten in die Augenhöhlen und ich sank in unsere blaue Couch. Das war so nicht abgemacht. Nina hatte am nächsten Tag Mitarbeitergespräch mit der Strobl und ein krankes Kind war jetzt das Allerletzte, was sie brauchte. Sie brauchte vielmehr einen klaren Kopf. Bei der Strobl musste man auf alles gefasst sein. Man konnte nie wissen, was sie wusste.

Doktor Birnbacher kam so schnell er konnte. Das heißt, er kam drei Stunden, nachdem Nina ihn angerufen hatte. Drei Stunden, in denen sie meinen geschwächten Körper an sich drückte, ihre Angst vor dem Gespräch mit der Strobl von ihren Fingern knabberte und mir gut zuredete.

Aber ihre Liebe war ein Kastanienigel, gespickt mit Vorwürfen wie Zahnstochern. Nur weil sie mich lautlos fragte, wie ich mich absichtlich krank machen konnte, bedeutete das nicht, dass ich sie nicht hörte. Drei Stunden sind eine lange Zeit. Wie konnte der Birnbacher so lange brauchen? Als draußen endlich eine Autotür zuknallte, erhob sich Nina von der blauen Couch und ich lag weiß und reglos da, eine Wolke im windstillen Wetter.

Doktor Birnbacher, der erste Besuch seit langem. Vom Wohnzimmer aus konnte ich erkennen, wie sein Kopf in unseren Vorraum kippte, während der Rest seines Körpers vor unserem Haus stehen geblieben war. Mit seiner rechten Hand hielt er sich am Türrahmen fest. Nina ging in die Küche, um ihm ein Glas Wasser zu holen, da torkelte er endlich über die Schwelle, suchte nach einem neuen Gegenstand, an dem er sich festhalten konnte, erreichte die Stehlampe, deren Fuß ja viel zu leicht war für so ein Vorhaben, die ihm also entgegenfiel und einen Schlag ins Gesicht verpasste. Ich lachte, während seine Knie zu Teig wurden, die Beine einknickten und er sich samt Arzttasche auf unseren Stufen niederließ. Jetzt hatte Nina zwei Patienten im Haus.

Sie half ihm vom Boden auf und begleitete ihn zur blauen Couch. Man hätte dem armen Mann gut zureden müssen, aber dieser Gedanke war zu aufwendig für mich. Der Birnbacher presste Sauerstoff aus seinen kiemenartigen Lippen. Ich erkannte zum ersten Mal, dass er ein alter Stör war. Die Luft entwich ohne Ziel, für Worte blieb nichts übrig. Das war eine interessante Duellsituation, wir beide in unseren weißen Mänteln. Ärzte sind die Menschenflicker des Allmächtigen, wahrscheinlich trug auch der liebe Gott einen solchen Mantel und wir bildeten in Wahrheit ein Dreieck, der liebe Gott oben, der Birnbacher und ich unten. Nichts an seinem Verhalten zeigte mir, dass er wusste, wer ich war. Mein Zustand hatte mich vielleicht unkenntlich gemacht.

»Geht gleich wieder«, sagte der Birnbacher und nahm Nina endlich das Wasserglas ab. Es ging also tatsächlich erst einmal um *sein* Wohlbefinden, nicht um meines.

»Entschuldigen Sie, ich habe gerade zwei Stunden lang reanimiert.«

Mit Erfolg?, hätte Nina sofort fragen sollen, denn das war ja die eigentlich interessante Frage. Aber sie fragte nur, ob er schon etwas zu Abend gegessen hatte. Sie deutete in die Küche und sagte, sie könne ihm ratzfatz ein Gulasch wärmen. Ratzfatz? Der Birnbacher schaute ihrer Geste nach und starrte ein bisschen zu lange auf unseren Kühlschrank, der an einem Verlängerungskabel hing und vor dem Eingang zur Küche im Wohnzimmer stand, weil er nicht durch die Tür passte. Er lehnte ab.

Nina fing an zu erzählen. Sie erzählte, wann ich was gegessen, getrunken und wieder ausgekotzt hatte, wann ich weggetreten war, welche Temperatur mein Körper hatte. Dass sie mich nackt und kalt auf dem Boden liegend im Garten gefunden hatte, erzählte sie nicht.

»Ich habe morgen früh einen wichtigen Termin.« Nina schaute wie ein Pferd, das vor einem Hindernis stehen bleibt. Der Birnbacher ging nicht darauf ein, sondern öffnete endlich seinen Arztkoffer.

Ich wusste nicht genau, was reanimieren bedeutete, aber das war auch gar nicht notwendig. Jedes Baby hätte beim Blick auf den Birnbacher kapiert, dass es dabei um den Tod ging. Er schob mir ein Thermometer in den Mund und das Stethoskop unter die Knopfleiste meines Mantels, das Metall fühlte sich gut an auf der heißen Haut. Während er horchte, kratzte er sich mit dem linken Zeigefinger an der Nase. Da fiel ihm ein, dass er mich ansehen könnte. Er fand mein Gesicht. Ich fand seines. Wir sahen uns in die Augen und waren uns einig: Ich würde sterben.

»Wir sind beide vernünftige Leute. Wir können auch unter vier Augen sprechen«, sagte ich zum Birnbacher, weil ich das Gefühl hatte, Nina könnte das mit meinem Sterben zu viel werden.

Der Birnbacher lachte. »Das wird nicht nötig sein, junge Dame.« Er legte für einen kurzen Moment seine Hand auf meinen Unterarm. Sie war angenehm kühl. Von da an wusste ich, der Tod musste etwas Kaltes sein. Das überraschte mich nicht. Viele angenehme Dinge waren kalt. Ich stellte mir vor, wie Gregor mit dem Gesicht ins kalte Wasser gefallen war. Wie unter Wasser alles schöner aussah, wie ihm die Bilder, die er schon kannte, in der Klarheit eines Polarmorgens erschienen. Wie er die Gesetze, Gesichter und Worte vergessen durfte, bevor er sie kannte. Wie die Kälte an seinen Fingerkuppen knabberte, von dort ausgehend seinen kleinen Körper einfing, und er glücklich und zufrieden in ihr verschwinden konnte.

Ich war bereit.

»Du bist ein gutes Kind«, sagte der Birnbacher und holte zwei Säckchen aus seiner Tasche. Was wollte er damit? Sollte es damit schneller gehen? Er überreichte sie Nina und sagte, das erste Säckchen solle sie mir gleich verabreichen, das zweite in ein paar Stunden. Hier hätte sie ein Rezept für die folgenden Tage. Folgende Tage? Und bitte, das Kind solle viel trinken. »Damit wird es bald wieder gut.«

Was meinte er damit, bald wieder gut?

Nina hatte eine Haarsträhne über ihren rechten Zeigefinger gedreht und zurrte sie immer fester, bis sie den Finger nur mehr schwer herausbekam. »Morgen bist du wieder fit für die Schule«, sagte sie.

Der Birnbacher lachte oder hustete. »Morgen? Ganz sicher nicht. Eine Woche Bettruhe, Frau Koch.«

Schlafen ist nur ein sehr kleines Sterben. Ich schlief einige Tage viel und war wieder gesund. Ich war enttäuscht darüber, dass ich nicht gestorben bin. Der Tod ist kalt, aber ein Lügner.

Insomnia

Geh endlich ins Bett!, rief Nina, wenn sie noch Licht in meinem Zimmer sah. Ich gehorchte, schleppte meinen Koffer quer durchs Zimmer und ging damit ins Bett, um meine Arbeit dort fortzusetzen. In meinem Koffer hatte ich alles nach Größen sortiert. Jedes Kuvert und jeden Umschlag, ob gepolstert oder nicht. Ob rau oder glatt. Ob mit Etiketten oder Kugelschreiberbuchstaben. Ob mit Sichtfenster oder ohne. Ob mit Klebestreifen oder Spuckeklebung. Ob mit oder ohne Aufreißfaden. Ob schön oder hässlich aufgerissen. Ob mit Innenfutter oder ohne. Ob blickdicht oder transparent. Ob mit Knick oder ohne. Ob weiß, beige, gelb, graublau oder braun: Ich war die Hüterin der Hüllen. Die Hüterin der Hüllen sämtlicher Briefe, die jeden Tag durch den Schlitz in unserer Tür geworfen wurden. Ich konnte zwar nicht dabei sein, wenn Postbote Herbert sie einwarf, weil ich nun wieder in der Schule festsaß. Aber die Post kam jeden Tag. Auf die Post konnte man sich verlassen. Und manchmal kam sogar ein Brief, der an mich adressiert war.

Michael

Meine Erstkommunion bedeutete mir viel, schließlich lernte ich in den Vorbereitungsstunden, dass ich nun das Vernunftalter erreicht hatte und durch das heilige Sakrament ein Teil der göttlichen Natur werden würde. Und das nur durch das Schlucken einer Oblate, was keinen großen Aufwand für mich darstellte.

Es passte gut, dass Michael an genau diesem Tag zum ersten Mal aufgetaucht war, aus einem Meer an möglichen Orten, an denen er sich die Jahre über aufgehalten haben konnte. Es passte gut, weil ich wie gesagt das Vernunftalter erreicht hatte, ein Alter, in dem ich mir Bücher aus dem Pfarrzentrum ausborgte und mich über Gottes Geschöpfe auf Erden informierte. Oder sagen wir, über die Geschöpfe in der Luft und im Wasser. Ich erfuhr zum Beispiel, dass ein Barrakuda, anders als in Findet Nemo dargestellt, gar keine Clownfisch-Eier frisst. In Wirklichkeit kommt es vor, dass Clownfische ihre eigene Brut fressen. Es ist, zugegeben, eine düstere Deutung, aber wenn man davon ausgeht, dass es eigentlich Nemos Mutter selbst war, die all ihre Babys gefressen hat, muss man auch davon ausgehen, dass Nemos Vater Marlin ein sehr verstörter Clownfisch ist. Er kann sich keinen Vorwurf machen, denn in der Clownfisch-Gesellschaft sind die Weibchen größer, stärker und dominanter als die Männchen, er hatte also keine Chance, sie aufzuhalten. Um diese schlimme Wahrheit der kinderfressenden Frau zu verdrängen, erfindet er lieber eine andere und gibt die Schuld einem Barrakuda, den es in Wirklichkeit gar nicht gibt. Aber wenn es den Barrakuda nicht gibt, wer hat dann Marlins Frau umgebracht? Marlin hätte sich gemäß geltender Clownfisch-Gesetze jedenfalls in ein Weibchen verwandeln müssen, um sie zu ersetzen. Vielleicht passiert diese Verwandlung nach dem Ende des Films, wenn Marlin Nemo gefunden hat, nicht mehr so gestresst ist und sich endlich entspannen kann. Stress hält die Männchen nämlich von der Verwandlung ab. Das echte, wilde Leben draußen im Ozean ist kompliziert.

Nachdem wir uns über eine längere Zeit hinweg ein paar Briefe geschrieben hatten, stand Michael also plötzlich im weiß-orange gestreiften Anzug vor der Kirche, reichte mir die Hand und dann ein Geschenk.

»Ich hoffe, es gefällt dir«, waren die ersten nicht geschriebenen Worte meines Vaters.

Ich schaute in sein Gesicht. Ich konnte nichts erkennen. Ich schaute auf seine rechte, gepolsterte Anzugjacken-schulter. Dort war ein Fleck, der aussah wie ein Vogel-schiss.

»Du hast da was«, waren meine ersten, nicht geschriebenen Worte an meinen Vater.

Er holte ein Taschentuch aus dem Ärmel und wischte über den Fleck. Dann ging er in die Hocke und sah mich an. Er sah mich lange an, so als müsste er sich selbst in meinem Gesicht suchen. Er war erstaunt darüber, wie man dermaßen dieselben Augen haben konnte, und schaute geschwind von Ninas Augen zu meinen, zu Ninas, zu meinen, zu Ninas, zu meinen, als wäre da ein hin und her flitzender Schwarm Haibarben im rasch fließenden Gewässer zwischen uns, von dessen Bewegungen er nichts verpassen wollte.

Er hätte schon damals, als wir gemeinsam in Kroatien auf Urlaub gewesen waren, gewusst, dass ich einmal ein schönes, starkes und kluges Mädchen werden würde. Und er hätte offenbar recht behalten. Das waren angenehm kühle Worte, aber sie konnten nicht stimmen, weil wir nicht mit Michael, sondern mit Goran in Kroatien am Meer auf Urlaub gewesen waren. Ich sah den Bungalow vor mir, den Garten, das Meer, die Strandpromenade. Ich sah die Dusche, meinen Buggy und Vinko, den Raben. Goran, der Goran war. Und Gorans Vater, der Gorans Vater war. Keinen Michael.

Nina, die während dieses ersten Gesprächs mit meinem Vater in der linken Hand meine Taufkerze und in der rechten Hand meine Schuhe gehalten hatte, weswegen ich nicht sagen konnte, ob ihre Hände aufgeregt schwitzten, erklärte, wir wären zwar mit Goran in Zadar gewesen, mit Michael aber auf der Insel Krk, was beides in Kroatien liege und woran ich mich nicht erinnern könne, weil ich da noch zu klein gewesen sei. Ein Baby. Ich suchte nach Bildern im Kopf. Dass ich mich daran nicht erinnern konnte, schien mir unwahrscheinlich, und als Michael

Nina daraufhin fragte, wer dieser Goran war, standen endgültig alle Bilder Kopf, weil wenn irgendjemand fragen sollte, wer irgendwer war, dann sollte doch Goran fragen, wer Michael war, nicht umgekehrt, schließlich war Goran damals da und Michael nicht da gewesen. Ich fragte Michael, ob er mich die ganze Zeit über gesucht hatte. Ob er vielleicht in einem anderen Meer geschwommen war. Er antwortete, er wüsste jetzt nicht genau, was ich damit meine. Und ich wusste nicht genau, wie ich ihm das erklären sollte. Ich schaute stattdessen zu Nina. Sie sah sehr schön aus, wie sie so neben ihm stand. Sie war das große, kluge, dominante Weibchen und hatte nichts zu befürchten.

Lea

Nach ein paar Vorfällen, die Frau Scheffel als *erhebliche Störungen des Unterrichts* bezeichnet hatte, traf Nina zusammen mit Frau Granegger eine Vereinbarung auf höchster Ebene. Sie sprachen mit dem Schuldirektor und der fand ihren Vorschlag gut oder es war ihm egal, jedenfalls beschloss er die Sache und informierte den *Lehrkörper*. Ab jetzt durfte ich mit Lea im Musikzimmer sitzen. Lea, das Mädchen mit dem Blutkrebs, von dem alle Abstand halten mussten, weil ihr Immunsystem schwach war. Abstand war einfach für mich.

Das Musikzimmer lag gegenüber vom Klassenzimmer, nur wenige Meter von den anderen Kindern entfernt, und war ein kleiner Raum mit zwei Tischen, vier Sesseln und hohen Vitrinen, in denen Notenhefte und verschiedene Instrumente aufbewahrt wurden. In der rechten hinteren Ecke hing neben dem Bild einer Harfe ein Waschbecken. Ich blickte vom Waschbecken zum einzig Lebendigen im Raum: Lea saß mit dem Rücken zu mir am Tisch. Durchs Fenster fiel die mit Schneeregen gesprenkelte Sonne und beleuchtete ihren Nacken. Sie drehte sich kurz um und schaute mich an, dann beugte sie sich wieder über ihr Heft. Mein Tisch wackelte nicht und die Tischplatte war sauber. Ich setzte mich, die Lehrerin erklärte mir die

Aufgabe. Sie sagte, jemand würde vorbeikommen und sehen, wie es uns ginge.

»Okay«, sagte ich, packte meine Stifte aus und kontrollierte ihre Spitzen.

»Schaust du mich einen Moment an, damit ich weiß, dass du mich verstanden hast?«

Ich kratzte mich im Gesicht, in der Nacht hatten mich Gelsen gestochen, die Stiche juckten wie verrückt, hob meinen Kopf und schaute der Lehrerin in die Frisur. »Okay.«

Sie ging aus der Tür, die, wie sie uns mitteilte, immer offenbleiben musste, und wir waren allein.

Während ich aus meinen Hausschuhen schlüpfte, schaute ich eine Zeitlang abwechselnd aus dem Fenster und auf Leas Nacken. Ich konnte nicht durch ihren Rücken hindurchschauen und deswegen nicht sehen, was sie da machte, aber ich konnte hören, wie der Stift in ihrer Hand auf dem Papier hin und her fuhr. Ich stand auf und ging langsam zu ihr. Mit jedem Schritt, den ich machte, malte sie schneller, lauter und als ich mit ausreichend Abstand vor ihrem Tisch stehengeblieben war, schaute sie auf, mir mitten ins Gesicht. BAM! Große Augen und ein grün-gelber Turban auf dem Kopf.

»Bist du auch krank oder warum sitzt du jetzt mit mir im Zimmer?«, fragte sie mich.

Ich hob meine Schultern, zählte bis zwei und ließ sie wieder fallen. »Ich habe schon mal zwei gebrochene Beine gehabt.«

»Die anderen sagen, du sollst eigentlich hinauf.« Lea zeigte mit ihrem rechten Zeigefinger zur Decke.

»In den Himmel?«, fragte ich.

»In den dritten Stock.«

»Was ist im dritten Stock?«

Lea nahm denselben Zeigefinger, mit dem sie gerade noch nach oben gezeigt hatte und tippte damit an ihre Stirn, dass es krachte. »Die Gestörten.«

Ich kratzte mich mit der rechten Hand, mit der linken zog ich mein Pausenbrot hinter dem Rücken hervor. Lea nahm es entgegen und schnüffelte daran. »Käse?«

Ich spitzte meine Lippen wie die Krabbe Sebastian und hüpfte dabei von vorn nach hinten, von links nach rechts, immer wieder meine Scherenhände durch die Luft zwickend.

»Ist es nicht toll hier, ganz wundervoll hier, voller Esprit?« Lea spuckte Tausende Speicheltropfen durchs Sonnenlicht ins Zimmer. Sie musste wohl heftig lachen und hielt sich jetzt – viel zu spät – die Hand vor den Mund. Ich wich angeekelt einen Schritt zurück. »Warum redest du so komisch?«, fragte sie.

»Jede Languste kommt aus der Puste, sie ist unter Wasser, heißer und nasser. Ja, uns geht's toll hier, ganz wundervoll hier. Unter dem Meer!«

»Das ist von Arielle«, sagte Lea richtig. »Wieso kannst du das alles sagen?«

»Nina erlaubt mir Filme.«

»Wer ist Nina?«

»Meine Mama.«

Lea hatte die Alufolie an einer Stelle aufgerissen und knabberte an der Rinde. Das zu sehen, tat mir auf den Zähnen weh. »Wieso sagst du dann nicht *meine Mama*?«

Ich hob meine Schultern, zählte bis zwei und ließ sie wieder fallen.

»Wie hast du das alles auswendig gelernt?«

Kannte Lea keine Stopp- und Repeat-Tasten? Man muss sie nur drücken und kann sich eine Szene noch mal anhören.

Und noch mal und noch mal. Und noch mal.

»Patrick hat einen DVD-Player.«

»Wieso sagst du nicht *mein Papa?*«

»Weil er mein Onkel ist.«

Lea hob ihre Schultern, zählte bis zwei und ließ sie wieder fallen.

Ich erklärte Lea, dass ich viele DVDs für Erwachsene und einige DVDs für Kinder zu Hause hatte. Dass ich auch Findet Nemo aufsagen konnte.

»Den ganzen?« Ich nickte.

»Mach!«, rief sie.

Mit meinen Händen formte ich Schwimmflossen, die ich seitlich an meinen Körper legte, und schwamm durchs Zimmer. »Nennt mir die Zonen, die Zonen, die Zonen! Nennt mir die Zonen der offenen See!«

Ich erzählte Lea den ganzen Film und sie hörte zu.

Nicht ganz den ganzen Film. Gerade als ich zu der Stelle kommen wollte, als Nemo ins Aquarium geworfen wird, stand plötzlich jemand im Zimmer. »Alexandra, zurück auf deinen Platz! Wo sind denn deine Patschen?«

Lea machte einen Fischmund zu mir herüber und ich machte einen zurück.

»Du sollst doch die Ansage noch einmal abschreiben, wie wir gesagt haben. Da steht noch kein Wort.«

Jemand wartete, bis ich – eben noch lebendiger Fisch, jetzt eher an Land gespülte Qualle – wieder an meinem Tisch war und setzte sich neben mich. »Los, ich schau dir dabei zu. Und Lea, du machst bitte weiter, mit dem, was du gerade machst.«

Die Mutter küsst ihre Tochter, sollte ich ins Heft schreiben.

Küsst mit Doppel-s.

»*Die* ist schon mal richtig. Jetzt kommt ein Abstand, neues Hauptwort: Mutter. Nicht trödeln, gleich ist Turnstunde«, sagte Jemand. Ich spürte die Hitze in mir aufsteigen, Turnstunde, Turnstunde, Turnstunde. In meinem Kopf schlug die Migräne aus, meine Fingerkuppen brannten, ich ließ den Stift fallen und schüttelte meine Hände in der Luft.

Springen!

Wohin?

Berühre deine Zehen! Womit?

Alex, geh in die andere Gruppe. Nein, nicht zu uns! Die Augen auf den Ball, die Augen auf den Ball!

Ich presse den Ball gegen meine Augen. Dunkelheit. Dunkle Turnstunden, Turntage, Turnwochen, Turnmonate, Turnewigkeit. Bälle hüpfen wie Augen schlagen wie Kinder kreischen, Seile hängen wie Haare kleben mit Haut und Kuppen und Schuppen.

Ich sprang auf und lief zum Waschbecken. Ich wusch meine Hände. Und wusch sie noch einmal.

»Das genügt«, sagte Jemand. »Das genügt. Das genügt!« Jemand wollte mich aus dem Wasserstrahl holen, schreckte dann aber vor meinen blauroten Mandrillhänden zurück, drehte den Hahn zu und schob mich vom Waschbecken weg. Ich schaute mit tropfenden Fingern in den Raum, auf Leas Sonnenstirn.

* * *

Frau Granegger verzog ihren Mund. Dann blickte sie auf meine Handrücken, ihr Gesicht veränderte sich, sie sagte aber nichts.

Die Haut auf meinen Händen war bis zu den Knöcheln durchgewaschen, deswegen schimmerte sie blau und rot wie ein Mandrillhintern. Ich hatte kein Fell, um sie zu verdecken. Brauchte ich auch nicht. Warum hätte ich sie verdecken sollen? Aber so wie Menschen nicht in einen Affenhintern schauen wollen, wollten sie nicht in meine offenen Hände schauen. Nina wollte es auch nicht. Vor allem Nina nicht. Sie verband sie, packte sie unter die Decke, zog mir die Ärmel meines Mantels darüber. Wenn das alles nichts half, sie meine Hände nicht vor ihren Augen verstecken konnte, versteckte sie sich vor ihnen. Sie ging dann ins Badezimmer und kam ewig nicht zurück. Nina hatte Angst vor meinen Mandrillhänden. Dabei waren sie eine der wenigen Sachen, vor denen ich keine Angst hatte.

Wir waren uns nie einig, wovor man Angst haben musste, Nina und ich.

Insomnia

Bis spät nachts saßen Nina und ich am Küchentisch und erledigten die Aufgabe. Jeden Abend sagte sie mir, dass es diesmal schneller gehen musste. Was aber war *schneller* für eine Kategorie? Geparden mussten schnell sein, Antilopen auch. Krokodile mussten schnell das Maul öffnen und schließen können, Mäuse schnell im Loch verschwinden. Wenn man zu schnell schwimmt, wird man müde und geht unter. Patrick fuhr schnell mit dem Auto und baute Unfälle.

Schnell und ohne Fehler. Das war ein Widerspruch in sich und ich wusste nicht, was schlimmer war: dass Nina diesen Umstand ignorierte oder dass sie nicht wusste, dass es ein Widerspruch war. Nina machte mit diesem Zugang zur Welt bestimmt Tausende Fehler am Tag.

Ich presste Daumen und Zeigefinger mit aller Kraft zusammen und biss mir mit dem linken, oberen Schneidezahn in die Unterlippe. Ich starrte auf die leere Zeile und überlegte, wohin ich den ersten Buchstaben setzen musste. Überschriften standen in der Mitte. Bei einem Kreis ist jeder Punkt am Rand gleich weit von der Mitte weg. Dort ist dann der Mittelpunkt. *Alex steht immer im Mittelpunkt.*

Schulhefte könnten kreisrund sein, dann wüsste man, wo zu beginnen ist. Nina ließ ihren Zeigefinger auf eine x-beliebige Stelle in der Zeile fallen. »A«, sagte sie unbeholfen wie ein Tier, das sprechen lernt.

Das Licht der Lampe oder das Mondlicht fielen auf mein Heft und langweilte sich über das Ergebnis wie ich selbst: Die Mutter küsst ihre Tochter. Daniel misst mit seinem Lineal. Katrin presst frischen Orangensaft. Alex isst eine Wurstsemmel. Die Köchin lässt nichts anbrennen. Sandra fasst ihre kleine Schwester bei der Hand. Petras Hund frisst am liebsten Wurstknödel. Der Hund passt auf das Haus auf.

Fassen, küssen, lassen, passen, pressen.

Die Termine

Die Strobl war niemand, mit dem man das Gespräch suchte. Man versteckte sich lieber vor ihr und hoffte, in ihrem Revier nicht aufzufallen. Die Strobl war ein Rotfisch, ein Hecht, ein Hechtbarsch. Ein Raubfisch jedenfalls. Nachdem Nina das Gespräch einmal wegen mir abgesagt hatte, hatte es die Strobl noch drei weitere Male abgesagt. *Glück*, nannte das Nina. *Psychologische Kriegsführung*, nannte das Patrick. Aber jetzt gab es kein Entkommen mehr. Das Mitarbeitergespräch würde stattfinden. Und zwar am selben Tag wie mein Referat.

Wie üblich hatte ich die ganze Nacht kaum geschlafen. Als es draußen endlich hell wurde, sprang ich aus dem Bett und lief ins Badezimmer. Während ich die Zahnbürste über meinen Kopf schwang, wieder und wieder den Text in mein mit Zahnpasta-Spritzern besprenkeltes Spiegelbild rezitierte und aufgeregt durchs Haus hüpfte wie eine Babykröte, saß Nina reglos, aber mit zitternden Knien auf der Couch. Sie trank ihren Kaffee und wiederholte, dass ihr schlecht war, im Bauch. Ich lief in mein Zimmer und tat etwas, das ich bestimmt nicht für jeden tat: Ich durchsuchte meinen Stapel mit den Prospekten und Katalogen und schnitt ein kleines Foto aus dem aktuellen TUI-Reiseprospekt aus.

Nina nahm das Bild entgegen und kniff die Augen zusammen.

»Ist das ein Sternenhimmel?«

»Ein Sternenhimmel aus Marokko!«

Sie lächelte und steckte das Bild in die rechte Tasche ihrer Jeans.

Patrick lud meinen Koffer ins Auto und meinte, ich würde mich mit meinem Referat vor der Klasse zum Affen machen.

»Lass sie doch!«, zischte Nina ihn an. In ihrem Zischen war der Streit vom Vorabend zu hören. Sie hatten so laut gestritten, dass ich den Fernseher lauter stellen musste. Patrick sagte nichts mehr und brachte mich und meinen Koffer in die Schule.

Während Nina bei der Strobl im Büro saß, konnte ich es nicht erwarten, endlich loszulegen. Ich stand vor der Tafel, zog meine Hausschuhe aus und spürte alle zehn fröhlichen Zehen am Boden. Frau Scheffel befahl mir, die Hausschuhe wieder anzuziehen. Ich schwitzte, ergab mich, und zog sie wieder an. Ich schaute auf die Uhr und Frau Scheffel meinte, ich könne anfangen. Ich machte sie darauf aufmerksam, dass Lea noch nicht im Zimmer war. Frau Scheffel gab zu, dass sie das beinahe vergessen hätte, verließ für einen Moment die Klasse und kam mit Lea zurück. Für Lea hatte ich einen Platz in meiner Nähe reserviert, in sicherer Entfernung von den anderen, gleich neben dem Waschbecken. Als sie sich setzte, begann ich zu sprechen.

»Für jeden ist es das Schönste auf der Welt, einen Brief zu bekommen. Dabei ist es gar nicht so wichtig, was drinnen steht, sondern was außen rum ist. Der Briefumschlag. Um einen Brief zu versenden, braucht man einen Briefumschlag. Ohne Briefumschlag kommt ein Brief nirgendwo an. Bei einer Postkarte ist das etwas anderes, das ist aber auch ein ganz anderes Thema. Das hier ist ein handelsüblicher Briefumschlag.«

»Nicht so schnell, Alexandra, ein bisschen langsamer, bitte«, unterbrach Frau Scheffel.

»Ich zeige euch hier die Rückseite. Und hier: die Vorderseite. Wenn ich einen Brief bekomme, rieche ich zuerst an den Kanten entlang. So. Manchmal halte ich ihn gegen das Licht, gegen eine Glühbirne, die Sonne oder den Fernseher. Dann spüre ich das Papier. Ich höre, ob es knistert oder knattert oder ob es leise ist.«

Ein Kind hustete und ich musste mich wieder konzentrieren.

»Die Vorderseite. Das ist die Vorderseite. Und das hier, die Rückseite. Jeder Briefumschlag riecht anders. Das hier ist ein handelsüblicher Briefumschlag mit Sichtfenster. Das Sichtfenster ist kein echtes Fenster. Es ist nur aus Plastik! Das knattert ordentlich. Manche Menschen schmeißen Kuverts einfach weg. Und wenn sie Sichtfenster-Kuverts wegschmeißen, vergessen sie darauf, das Sichtfenster vorher vom Papier zu trennen. Ein Briefumschlag muss, abgesehen von diesem Fenster, undurchsichtig sein, damit man ihn beschriften kann und damit das Innere nicht für jeden zu lesen ist. Meistens ist er weiß, er kann aber auch alle anderen Farben haben. Es gibt auch Umschläge aus Plastik. Plastik ist ein großes Problem für unsere Umwelt. Es gibt auch Briefumschläge mit einer Schnur zum Aufreißen. Leider sind die eher selten. Fast alle Briefumschläge verschließt man mit der eigenen Spucke. Nina spuckt auf ihren Finger und fährt dann mit dem Finger die Klebestreifen entlang. Ich lege meine Zunge drauf – so – und fahre damit entlang. So – und zukleben.«

Ich fuhr meine Zunge wieder ein und lauschte. Das Ohr des Fisches nennt man Labyrinth. Was war das für ein Geräusch? Ein paar Kinder husteten.

»Der Rest vom Kuvert wird von selbst mit einem Klebstoff zusammengehalten, den muss man nicht abschlecken. Manchmal muss man gar nichts abschlecken, sondern eine Folie abziehen und dann klebt man den Brief zusammen. Bei einem Fensterkuvert schreibt man Name und Adresse nicht auf den Umschlag, sondern man muss den Brief so in den Umschlag legen, dass der Postbote die Anschrift darauf durch das Fenster hindurchsieht. Unser Postbote heißt Herbert.«

Ich legte das Fensterkuvert zurück auf den Tisch und wartete, weil das Husten der Kinder so laut war. Ich blickte wahllos in eines der Gesichter in der ersten Reihe und erkannte einen offenen Mund, aber auch Zähne und eine Hand an der Stirn. Das war kein Husten, das war ein Lachen. Sollte ich auch lachen? Ich schaute zu Frau Scheffel. Sie lachte nicht. Ich setzte fort.

»Bei C4-Briefumschlägen muss das Fenster größer sein. Ich erkläre gleich, was C4 heißt. Bei einem C4-Briefumschlag ist das Fenster 55 Millimeter mal 90 Millimeter groß und 20 Millimeter vom linken Rand entfernt. Hier habe ich eine Tabelle mit allen Briefformen der Österreichischen Post. Es gibt den Standardbrief, den Kompaktbrief, den Großbrief...«

Frau Scheffel zischte in die Klasse: »Ssscht! Wenn Alex spricht, sind alle anderen mucksmäuschenstill.« Dann hob sie die Hand, als wäre sie eine Schülerin.

»Den Großbrief, den Maxibrief und –«

»Alexandra«, Frau Scheffel ließ ihre Hand fallen, obwohl ich sie gar nicht drangenommen hatte. »Das machst du sehr brav, aber sag mal –«

»Ssscht! Sie müssen mucksmäuschenstill sein, wenn ich spreche«, erinnerte ich Frau Scheffel an die Regel.

Jetzt lachten nicht nur die Kinder, sondern auch die Sessel, die Tische, der Boden, die Fenster und die Tür.

»Ssscht!«, zischte Frau Scheffel, als hätte sie die Macht, Dinge zum Schweigen zu bringen. Sie erklärte mir, sie selbst müsse nicht immer still sein, sie sei ja die Lehrerin und könne beim Referat jederzeit unterbrechen und Fragen stellen. Aber Frau Scheffel hatte es mehr als einmal gesagt: *Alle anderen* sind still, wenn Alex spricht, also auch sie. Ich konnte mein eigenes Blut hören und meine Fingerkuppen wurden heiß. Das war alles nicht richtig, überhaupt nicht. Ich schüttelte meine Hände in der Luft.

»Einfach schwimmen, einfach schwimmen, einfach schwimmen, schwimmen, schwimmen«, flüsterte ich.

»Wie bitte?« Frau Scheffel konnte hören wie ein Hering.

»Also das ist aber jetzt ein Unsinn, Alex. Schwimmen tun wir jetzt wirklich nicht. Ssscht! Sag uns, warum hast du denn diesen großen Koffer mitgebracht?«

Ich drehte mich zum Koffer um. Zuerst wollte ihn Patrick nicht mitnehmen. Was ich mit dem Ding in der Schule anstellen wolle, ob es nicht reiche, eine kleine Auswahl mitzunehmen.

»Da ist meine Sammlung drin«, sagte ich.

»Na dann zeig doch mal deine Sammlung!«

Ich kniete mich hin und öffnete den Koffer. Er war so prall gefüllt, dass ein Teil meiner Umschläge herausrutschte und auf den Boden glitt.

* * *

Als Patrick meinen Koffer wieder ins Haus schleppte und Nina wortlos am Küchentisch sitzend auf uns wartete, lief ich zu ihr und hielt ihr ein Prospekt hin. »Ich will im Fasching in diesem SpongeBob-Briefkasten-Kostüm gehen!«

»Zum tausendsten Mal, der ist ein Schwamm, kein Briefkasten. Sponge heißt Schwamm auf Englisch.«

»Das ist doch jetzt wurscht, Patrick«, zischte Nina.

Das heißt, ich konnte nicht heraushören, ob sie Patrick anzischte oder nicht. Vielleicht sagte sie es auch ganz entspannt, denn obwohl sie gestritten hatten, lächelte sie. Sie lächelte nervös. Oder zufrieden? Sie drehte sich zu mir um und schnappte mein Kinn mit zwei Fingern ihrer Linken.

»Wie war dein Referat?«

»Okay.«

»Nur okay? Du weißt alles über Briefe und es war nur *okay*? Was hat denn Frau –«

»Außerdem.« Patrick strich sich mit dem rechten Zeigefinger waagrecht über die Kehle, als würde er sie damit aufschneiden, was Nina zum Schweigen brachte. »Außerdem, Kostüme kauft man nicht, habe ich gedacht. Kostüme stellt man sich zusammen.« Er blickte nach oben zur Decke. Dort oben, über Ninas Schlafzimmer, war die Luke zum Dachboden, wo wir den Sack mit den Kostümen aufbewahrten. Der Sack war in Ordnung, ich mochte die alten Kleider gern, aber ich kannte jedes Stück in- und auswendig. Das Invisible-Man-Kostüm, dessen Ärmel schon zu kurz waren und bei dem man unten meine Knöchel hervorblitzen sah. Opas Herrenhemden, die ich schon Tausende Male als Kleider anhatte. Omas Kochschürzen, Ninas Ballett-Tutu, Patricks alte Arbeitslatzhose, die aussortierten Küchengardinen und Ninas Haarschneideumhang.

»Geh bitte«, sagte Nina. »Ich werde doch der Alex ein Kostüm kaufen können.« Sie öffnete ihre Tasche, holte zwei Packungen Mini Fritts und drei Dosen Almdudler heraus und stellte sie auf den Küchentisch. »Und jetzt setzt's euch her, ich muss euch was sagen.«

Sie erzählte uns, dass der Termin bei der Strobl ewig gedauert hatte. Gar nicht mehr aufgehört zu reden hätte die Strobl. Sie redete darüber, dass der Erfolg einer Filiale auf strengen Regeln beruhe. Alles stehe und falle mit diesen Regeln. Sie sprach den Vorfall im letzten Monat an, als sie, die sich, wie sie sagte, nie einen Urlaub gönne, ein einziges Mal ein paar Tage mit ihrem Mann in die Therme gefahren und ausgerechnet da der Geschäftsführer überraschend in die Filiale gekommen war. Aus der Haut hätte sie fahren können, als sie seinen Bericht gelesen hatte. Die

Einkaufswägen, die nicht ordnungsgemäß zusammenge-
schoben waren, die halb ausgeräumten Kartons vor der
Dauerbackware, die ausgefallene Beleuchtung bei der
Tiefkühlung und, als hätte es noch etwas gebraucht, das
aufgeplatzte Joghurt! Am Boden vor dem Kühlregal! Um
das sich keiner scherte.

»Ich habe ihr erklärt, dass ich an dem Tag, an dem der
Geschäftsführer da war, gar keinen Dienst gehabt hab.«

»Und?«, fragte Patrick.

»Und?«, fragte ich.

»Sie hat nicht drauf reagiert, sondern sich darüber aufgeregt, dass sie es mit einem Haufen fauler Mitarbeiter zu
tun hat, die gar nicht wissen, was für ein Glück sie haben,
dass sie bei ihr arbeiten dürfen.«

»Ha!«, rief Patrick aus und Tausende Mini-Fritts-Spucke-
brösel fielen auf den Tisch.

Um jeden Handgriff müsse sie feilschen, hatte die
Strobl gesagt. Dieses würde Herr Gebhart erledigen wollen, jenes aber nicht. Dieses sage Frau Jukic´ zu, jenes
entspräche aber nicht ihren Aufgaben. Dabei müsse man
unter ihrer Führung nicht 100, sondern 150 Prozent geben. Und das habe sie in den zahlreichen Teambespre-
chungen ja wohl auch mehr als einmal klargemacht. Ob
Nina vielleicht einmal daran gedacht hatte, sich produktiv
in diese Besprechungen einzubringen. Immer stand sie
teilnahmslos da und äußerte sich zu nichts.

»Und was hast du gesagt?«

»Nichts. Ach so, doch, dass der Gustl, also der Herr

Gebhart, eine Bandscheiben-OP gehabt hat. Dann schaute sie richtig traurig und meinte ernsthaft, sie sei gekränkt. Gekränkt! Die Strobl!«

Patrick schüttelte die Mini-Fritts-Packung in der Luft, weil seine große rechte Hand darin stecken geblieben war.

»Warum gekränkt?«

»Dann hat sie mich irgendwie anders angeschaut. Und gesagt: Frau Koch, ich bin nicht blöd. Ich weiß, was Sie machen.«

»Scheiße«, sagte Patrick.

»Scheiße«, sagte ich.

»Alex!«, sagte Nina. »Und weißt du, was sie gesagt hat?«

»Was?«

»Sie sagte, sie ist nicht blöd, sie weiß, dass ich mich voll ins Zeug lege.«

Nina wäre die Einzige im Team, meinte die Strobl, die die betriebliche Vorgabe der absoluten Kundenzufriedenheit verstehe. So wie neulich, als sich dieser ältere Herr so heftig darüber beschwert hatte, dass seine Kaffeepackung aufgerissen war, und Nina am Tag darauf extra zu ihm ins Pflegeheim gefahren ist, um ihm eine neue Packung Kaffee und zwei Krapfen zu bringen. Das hätte sie sehr beeindruckt. So müsse man das machen. Sie arbeite außerdem schnell und meistens gründlich. Sie hätte ein Gefühl für Menschen, so wie sie, die Strobl, selbst. Die anderen Mitarbeiter würden auf Nina hören, ohne es zu merken. Sie hätte einen positiven Einfluss auf das Arbeitsklima. Der Regionalverkaufsleiter würde das übrigens alles genauso sehen.

»Was hast du gesagt?«

»Ich habe mich bedankt.«

»Und dann?«, fragte Patrick.

»Und dann?«, fragte ich und verstand nicht.

»Sie meinte noch, dass sie weiß, also dass sie überzeugt ist, passt auf, dass sie überzeugt ist, dass wenn ich an diesem Tag, wo der Geschäftsführer da war, also wenn ich da dagewesen wäre, das alles nicht passiert wäre.«

»Scherz, oder?«, fragte Patrick.

»Scherz, oder«, sagte ich und verstand nicht.

»Und dann?«

»Und dann hat sie noch gesagt«, Nina machte eine Pause und trank von ihrem Almdudler. »Dann hat sie gesagt, dass sie mich zu ihrer Stellvertreterin machen will.«

Patrick hustete, schaute groß und starr wie ein Hai und zerdrückte die Dose in seiner Hand.

»Ich soll bis nächste Woche Dienstag Bescheid geben.«

»Da ist Faschingsdienstag«, sagten Patrick und ich gleichzeitig.

»Das habe ich der Strobl auch gesagt.«

Faschingsdienstag

Am Faschingsdienstag nahm Nina ihre Beförderung zur stellvertretenden Filialleiterin an. Zuvor hatte sie harte Verhandlungen geführt. Nicht mit der Strobl, sondern mit Patrick. Eine Beförderung, und das hatte ich anfangs nicht begriffen, bedeutete mehr Stunden Arbeit. Nina brauchte jemanden, der für mich da war.

An diesem Tag war ich SpongeBob, kein anderer. Patrick, der zwar den Namen von SpongeBobs bestem Freund trägt, dessen Eltern, meine Großeltern, als sie ihm diesen Namen gegeben hatten, SpongeBob aber überhaupt nicht kannten, weil es den damals noch nicht gab, bestellte mein Kostüm im Internet. Es kostete 30 Euro exklusive Express-Lieferkosten und Nina zuckte mit keiner Wimper.

Beim Krapfenessen saß ich in angenehmer Entfernung zu den anderen Kindern in der Ecke und war zufrieden. Niemand forderte mich auf, beim Sesselkreisspiel mitzumachen, und Frau Scheffel hatte das Zerplatzen von Luftballonen verboten. Zwei der drei anwesenden Harry Potters kamen auf mich zu und fragten, ob ich denn gar nichts von dem geheimen Postkasten-Kostümwettbewerb wusste. Ich fixierte die Brille von Harry Nummer eins, sie war viel zu eckig, um richtig zu sein. Moment, Postkasten-Kostümwettbewerb? Ich konnte nicht fassen, dass Nina mir nicht davon erzählt hatte. Eine der zwei Hermines kam in die Runde dazu, schwang ihren Zauberstab und erklärte, ich müsse mich zur aufgelassenen Bushaltestelle hinter dem Baumarkt stellen, ich wisse schon, die gleich beim Alten Schlachthof, und dort auf einen speziellen Postbus mit aufgemalten Augen warten, der mich mitnehmen und zum Wettbewerb bringen würde. Ich müsse mich beeilen, sonst hätte ich keine Chance zu gewinnen.

Es blieb keine Zeit, weitere Fragen zu stellen, also nutzte ich das Chaos, das ein Faschingsfest mit sich bringt, schlich mich unbemerkt an Frau Scheffel vorbei und verschwand noch vor dem Läuten. Ich rannte so schnell ich in meinem Kostüm rennen konnte. Immerhin steckte ich in einem Viereck aus Schaumstoff und trug außerdem meine Erstkommunionsschuhe mit den viel zu rutschigen Sohlen, die wegen ihres glänzenden Lacks perfekt zu meinem Kostüm passten, die ich aber, wären sie nicht unbedingt notwendig gewesen, niemals angezogen hätte. Als ich endlich die aufgelassene Bushaltestelle erreichte, war ich erleichtert zu sehen, dass noch keine anderen Wettbewerbsteilnehmer da waren. Keuchend und schwitzend erholte ich mich von meinem Sprint und weil Sitzen in meinem Kostüm schwierig war, lehnte ich mich an eine Mauer und wartete. Ein eisiger Wind trocknete meine nasse Haut im Gesicht.

Ich wartete.

Und wartete.

Und wartete.

Das durchgestrichene Busschild, das am oberen Ende einer Eisenstange montiert war und bei jeder Böe quietschte wie das Windrad in Spiel mir das Lied vom Tod, wartete mit mir.

Irgendwann war so viel Zeit vergangen, dass mir klar wurde, dass sogar Patrick, der immer zu spät kam, schon vor dem Schultor auf mich warten musste. Wahrscheinlich war er wütend oder machte sich Sorgen, aber ich konnte es nicht ändern.

Ich wartete.

Ich fragte einen Passanten, der einen Einkaufswagen vor sich herschob, wie spät es war. Er antwortete und mir fiel auf, dass Hermine Nummer zwei gar nicht gesagt hatte, um wie viel Uhr der Bus kommen würde.

Der Wind hörte auf zu wehen und das durchgestrichene Busschild war auf einmal still. Ich blickte nach oben. Auf dem Schild saß eine Kohlmeise.

Nina, die Henkerin

Ich stieß die Decke von mir, drehte sie mit gestreckten Beinen wie eine Palatschinke in der Luft um, die körperwarme Seite nach außen, ließ sie wieder fallen und für ein paar Minuten lag sie kühl auf mir. Lange hielt die Frische nicht an, die Sonne schien ins Zimmer, die Luft war warm. Ich stand auf, ging zum offenen Fenster, stellte mich auf den Stapel IKEA-Kataloge und blickte hinunter, senkrecht. Die Birke trug grüne Blätter, die Schneeglöckchen standen verdorrt in der Gegend, in der Wiese blühten schon die Veilchen.

Ich schlüpfte in meinen Malermantel und ging die Stufen hinunter. Nina schüttete laute Milch in meine Schüssel. Die Cornflakes waren neuerdings original von Kellogg's. Ich wartete, bis sich die Milch durch die Cornflakes gelblich verfärbte, währenddessen beobachtete ich Ninas starke Arme. Wie sich jeder Muskel darin bewegte, wenn sie die Teller in den Geschirrspüler einräumte. Sie hatte die kräftigen Schwimmflipper eines Felsenpinguins, der immerhin einmal um die Antarktis schwimmen kann. Ich fand ihre starken Arme sehr beruhigend. Nicht, dass ich mich durch sie extra beschützt gefühlt hätte. Nina beschützte mich sowieso. Das hätte sie auch mit dünnen Armen oder ganz ohne Arme machen können. Ihre Arme ragten vielmehr wie eine fleischgewordene Lebensversicherung aus ihrem Körper in meine Zukunft, denn würde ich später ebenfalls diese Arme bekommen, was doch zumindest wahrscheinlich war, war mein Beruf als Paketzustellerin bei der Österreichischen Post gesichert.

Ninas starke Arme, wie sie im Geschirrspüler versanken und wieder auftauchten, versanken und wieder auftauchten. Nach all den Jahren Muskelverspannungen musste Nina keine Kisten mehr schleppen, keine Plastikfolien von Paletten reißen, keine Gitterwagen ziehen und schieben. Sie war jetzt eine, die Dienstpläne schrieb und Mitarbeiter zuteilte. Sie musste den Umsatz in Relation zur Mitarbeiteranzahl rechtfertigen. Dafür gab es Zahlen, die kontrolliert wurden. Drohte eine Kühlung kaputt zu gehen, wurde sie als Stellvertretung angerufen, wenn die Strobl aus irgendeinem Grund nicht erreichbar war. Bei einem Einbruchsalarm galt dasselbe. Ob sich nun ein Vogel in die Filiale verirrt hatte oder tatsächlich jemand eingebrochen war, was beides nie vorkam, Nina hätte zur Filiale fahren, auf die Polizei warten und mit der Polizei die Filiale betreten müssen. Täglich marschierte sie die Gänge entlang und musste bei jedem Produkt, vom Kopfsalat im Eingangsbereich bis zum Tic Tac an der Kassa, einschätzen, wie viel davon zu bestellen war. Bestellte sie zu wenig, war das ein Problem. Bestellte sie zu viel, war das ein Problem. Ging die Strobl einmal auf Urlaub, musste sie sogar selbstständig das Geschäft aufsperren, die Lieferscheine anschauen und die Kassa für die Mitarbeiter herrichten. Sie musste noch mehr Zeit mit dem

Regionalverkaufsleiter verbringen, dem Mann mit der Schwammerlfrisur und dem komischen Gang, der mich damals um ein Haar entdeckt hätte, als er Nina für eine Besprechung in den Lagerraum holte. Ich hatte mich hinter der Kehrmaschine versteckt und musste einmal leise husten. Der Regionalverkaufsleiter hatte aufgeblickt, irgendwie geschaut und dann, als Nina ihn schnell gefragt hatte, ob er das, was er gerade gesagt hatte, wiederholen konnte, einfach weitergeredet. Die Produkte hätte sie, Nina, Frau Koch, zu logisch platziert. Je verworrener der Laufweg des Kunden sei, desto mehr kaufe er ein. Er wolle, dass der Kunde eine extra Runde für das Lametta drehen muss, damit er noch die Schokoschirmchen mitnimmt, obwohl er die gar nicht wollte. Ob Nina, Frau Koch, ob sie das verstehe.

Warum hätte sie das nicht verstehen sollen.

Ninas Aufstieg machte sich bei uns zu Hause bemerkbar. Es gab jetzt ausgefallene Dinge zum Abendessen wie Käse von der Käsetheke statt aus dem Kühlregal. Einen Camembert oder einen Hartkäse statt Scheibletten. Es gab gelbe und rosa Bärchen zum Naschen, Orangensaft und Fruchtjoghurt. Vor der Beförderung hatte Nina Naturjoghurt gekauft und es mit einem Löffel von Omas Marmelade gesüßt. Ihre Mutter, meine Oma, hatte vor einem Jahrzehnt Marmelade für eine ganze Armee eingekocht und sie in großen Einmachgläsern in dem Raum unter der Treppe gelagert. Die Armeepaste hatte eine bräunliche Farbe und roch nach Quitte, aber Nina behauptete stur, es handle sich um Marillenmarmelade. Fruchtjoghurt also. Es gab auch plötzlich andere, für Nina lange Zeit als verschwenderisch geltende Dinge im Haushalt, wie einen Aufwaschbesen ohne Borsten, an dem man einen fixfertig feuchten Lappen klebte, den man nach dem Wischen einfach wegwarf, anstatt ihn auszuwaschen. Sie kaufte extra Müllsäcke nur für den Müll, dabei ließen sich auch alte Plastiksackerl dafür verwenden. Es gab Duschgel, obwohl man sich mit dem Shampoo, das beim Haarewaschen herunterlief, genauso gut den Körper einseifen konnte, und neue Handtücher, weil Nina die alten als »Reibeisen« bezeichnete, und obwohl ich mich immer an der Luft trocknen ließ. Früher hatte Nina nach dem zweiten Weihnachtstag meinen Adventskalender von der Wand genommen und jedes Türchen wieder sorgfältig zugedrückt. Dabei hatte es mir gefallen, dass ich die Bilder bereits vom Vorjahr kannte, und es störte mich nicht, dass die Türchen beim bloßen Anschauen aufgesprungen waren. Auch das war Geschichte. Nina holte sich einen Handyvertrag statt einer Wertkarte und wenn wir unterwegs waren, fuhr sie manchmal beim Anker rechts ran und kaufte mir ein Kipferl und sich selbst ein Weckerl. Einfach so. Ein von jemand anderem mit Schinken, Käse und Ei gefülltes Weckerl. Obwohl es zu Hause Brot gab und Schinken und Käse und Ei. Sie aß das Weckerl gleich im Auto und machte zufriedene Geräusche beim Essen.

Es kamen nicht nur neue Dinge in unser Haus, es mussten auch alte Dinge gehen. Am Anfang einer Reihe von Hinrichtungen stand Ninas gefährlicher Blick. Sie richtete ihn auf bestimmte Gegenstände. Man konnte nie wissen, was sie als Nächstes auf diese Art ansehen würde. Wie sie die Badezimmerarmatur anschaute oder den Klodeckel. Den Vorhang im Schlafzimmer oder den Teppich im Vorraum. Sie kniff dabei die Augen zusammen und stand nur still da. Wenn sie dann langsam den Kopf zur Seite neigte, war die Entscheidung gefallen.

Einmal saßen wir zu dritt auf unserer blauen Couch und schauten SpongeBob, wie möglichst jeden Abend. SpongeBob machte gerade seine Führerscheinprüfung und weil er keine Ahnung vom Auto- oder Bootfahren hat, verliert er die Kontrolle über sein Gefährt, knallt gegen einen Leuchtturm, fährt durch eine Ziegelwand und wirbelt über eine Straße, die sich in der Luft oder im Wasser zusammenknotet. Wir haben uns deppert gelacht. Patrick wischte sich sogar mit beiden Händen Tränen von seinem Gesicht. Auf einmal hörte Nina aber zu lachen auf und fuhr mit den Fingern ihrer rechten Hand über die Armlehne unserer blauen Couch. Ich traute mich gar nicht hinzusehen, tat es schließlich doch und da war er! Der Blick! Ich stürzte mich mit dem ganzen Körper auf die Armlehne, hielt sie mit aller Kraft fest, schrie so laut ich konnte und Patrick fragte: »Was spinnt sie jetzt wieder?«

Gelsen

Als ich meinen linken Fuß, der in meinem linken Turn-schuh steckte, auf die Türschwelle setzte, war das Erste, das ich wahrnahm, nicht das Kreppband, die Plastikfolie, die Kübel, die Walzen und Pinsel oder die zwei Männer in Latzhosen. Es war der Geruch von Farbe. Der Geruch ver-riet mir, dass etwas nicht stimmte, dass etwas ganz und gar nicht stimmte.

Ich zog schnell den Pullover aus, warf ihn auf den Bo-den und drückte mich fest an den Türstock, um heraus-zufinden, wo ich war. »Nicht anlehnen!«, schrie einer der Männer. Ich strengte mich an, gegen das Licht zu schauen, doch die Luft wackelte vor Hitze, ich konnte kein Gesicht erkennen. Der Mann, der mich angeschrien hatte, ver-schwand aus der Tür und kam mit Frau Scheffel zurück.

Sie beugte sich zu mir herunter und sagte: »Luft holen, Alexandra!«

»Wo bin ich!?«, brüllte ich sie an.

Sie versicherte mir, dass ich in der Schule war.

»Wo bin ich!?«, wiederholte ich.

»Im Musikzimmer«, sagte sie, als wäre alles normal. Sie erklärte mir, dass das Zimmer frisch ausgemalt werde, dass ich mich nicht aufzuregen brauche. Dass es nach dem Ausmalen hier drinnen schön und rein aussehen werde.

Im reinen Wasser sterben die Fische.

Frau Scheffel krachte in mich hinein, indem sie mir den Rücken streichelte und sagte, ich müsse nur einige Zeit bei den anderen Kindern in der Klasse sitzen, danach könne ich wieder hierher zurückkommen. Die Migräne in meinem Kopf riss mir ein Loch in den Kiefer, ich hielt mein Gesicht mit beiden Händen fest, aus Angst, es könnte zerspringen.

Patrick tauchte ewig nicht auf, um mich abzuholen. Ich lag auf der Liege im Behandlungszimmer der kleinen Schulärztin, das Erbrochene auf meinem Shirt zeigte mir, dass ich noch lebte. Ich hatte offenbar Tränen in den Augen, denn ich sah alles nur verschwommen, doch der Anblick der Poststücke auf ihrem Schreibtisch beruhigte mich. Nachdem die kleine Schulärztin festgestellt hatte, dass ich wieder normal atmete, fragte sie mich, warum ich mich so viel kratzen musste.

»Gelsen, Gelsenstiche«, stammelte ich.

Sie lachte oder hustete laut. »Was du nicht sagst! Es gibt schon Gelsen? Im März? Darf ich mal sehen?« Sie kam auf mich zu und begutachtete meinen Arm, ohne mich zu berühren. Sie stellte fest, dass ich an Hals und Armen schon ganz rot vom Kratzen war und dass es sich wohl eher um Flöhe handelte. Sie schrieb eine Salbe auf. Den Zettel sollte ich später Nina geben.

* * *

Ich aß einen Bissen, legte den rechten Löffel hin und kratzte mich an der rechten Wange. Ich aß einen Bissen, legte den linken Löffel hin und kratzte mich an der linken Wange.

»Könntest du bitte nur mit einem Löffel essen wie ein normales Mädchen? Und hör auf, mit deinem Gesicht herumzuspielen!«

»Ich kann nichts dafür, Nina. Ich habe Gelsenstiche.«

»Wen wundert's«, sagte Patrick, der sich am Küchentisch sitzend die Fingernägel putzte, »die hat ja Tag und Nacht das Fenster offen.«

Er schlug vor, mir ein Fliegengitter ins Fenster einzubauen. Ich schüttelte den Kopf, ich wollte mich nicht hinter Gittern selbst einsperren.

»Iss auf. Und zwar schnell! Ich schmiere dich nachher ein.«

Ich schluckte meine Tablette, die mir Nina seit unserem letzten Termin im AKH jeden Morgen auf einen kleinen Teller neben die Cornflakesschüssel legte.

»Was nimmt sie da?«, fragte Patrick.

Nina knallte den Geschirrspüler zu, dass es in der Küche bebte. Mit schnellen Schritten ging sie ins Badezimmer, wobei sie nach jedem Schritt auf die Uhr schaute. Sie kam mit dem Frisierkoffer zurück und warf Patrick einen Umhang über. Sie sprühte Wasser in seine Haare und kämmte sie.

»Au! Nicht so fest.«

»Halt still.«

»Kannst du mir die Seiten kürzer machen als letztes Mal?«

»Macht dein Gesicht lang.«

»Aber machst du's bitte?«

Nina raste mit der Schere über Patricks Kopf und seine Haare fielen rechts und links und rundherum auf den Umhang.

Ich hasste Gelsenstiche. Aber ich durfte Gelsen nicht hassen. Fische ernähren sich von ihren Larven, Vögel und Fledermäuse fressen die Ausgewachsenen im Flug, Frösche fressen sowohl als auch. In Österreich gibt es über fünfzig Gelsenarten, manche von ihnen bestäuben sogar Blumen. Nina tötete Gelsen, ohne nachzudenken. Sie zerklatschte sie mitten im Leben stehend zwischen ihren Handflächen oder rollte Zeitungspapier zusammen und schlug damit auf die Wände ein. Wenn die zerquetschen Gelsen von Ninas, Patricks und meinem Blut wie von einem Klebstoff gehalten an unseren Wänden hingen, sah ich nicht einfach nur tote Insekten vor mir. Gelsen töten, das heißt Vögel, Fledermäuse, Frösche und Fische töten. In einer kleinen zerquetschten Gelse sah ich deswegen Gerippe, lebloses Fell, verweste Schwimmhäute und Gräten.

Ich aß einen Bissen, legte den rechten Löffel hin und kratzte mich an der rechten Wange. Ich aß einen Bissen, legte den linken Löffel hin und kratzte mich an der linken Wange. Ich aß einen Bissen, legte den rechten Löffel hin und kratzte mich an der rechten Wange. Ich aß einen Bissen, legte den linken Löffel hin und –

»Das schau ich mir nicht länger an.« Nina warf die Schere auf den Tisch. »Hopp, aufstehen, wir gehen ins Badezimmer!«

»He, sind wir schon fertig? Was ist mit den Seiten?«

Nina fuhr ihm durchs Haar und zerwuschelte es. »Nerv mich jetzt nicht, Patrick. Das passt schon so.«

Ich folgte ihr ins Badezimmer und setzte mich auf Scuttle. Ich ließ meinen Kopf hängen und schaute auf die zerbrochene Fliese.

»Kopf hoch!«

Der Riss verlief von links unten nach rechts oben, quer über das Quadrat.

»Alex, wir haben die Fliese vor Jahren ausgetauscht, erinnerst du dich? Und jetzt gib bitte den Kopf hoch!«

Warum redete Nina so laut?

Sie zog so fest an der Lade, dass sie sie auf der linken Seite aus den Angeln hob. Sie holte eine Tube heraus, knallte die Lade mit Gewalt wieder zu und drückte einen Batzen Gel aus der Tube auf ihren Zeigefinger. Sie strich meine Stirnfransen nach hinten und sah mir ins Gesicht. »Zeig her, wo?«

Ich zeigte Nina die Stellen in meinem Gesicht.

»Da ist aber nichts.«

»Da!« Ich tapste noch einmal auf meine Wangen und meine Stirn.

»Bitte, Alex. Wir haben keine Zeit für solche Spompanadeln.«

Sie schmierte mir wahllos Gel auf die Haut und ich schaute in den Spiegel: Mein Gesicht glänzte flüssig wie Eiszapfen in der Sonne, aber Nina hatte recht, Stiche waren da keine.

»Und wenn du dich ein einziges Mal anziehen könntest!« Sie riss mir den Mantel vom Leib und packte mich in alle möglichen Kleidungsstücke. Sie schob mich in den Vorraum und warf mir die Schuhe vor die Füße.

Ich setzte mich auf die unterste Stufe und zog die beiden an mich: rosa-weiße Turnschuhe mit Reißverschluss. Mein Magen tat weh. Frau Granegger hatte recht. Ich musste mich in gesellschaftliche Vorgaben wie diese fügen. Ich hatte mir die Niederlagen in der Öffentlichkeit gut gemerkt und verstanden, dass man mich nicht barfuß leben lassen würde, und zwar niemals, egal wie laut ich protestierte. Ich hatte den Kampf längst verloren. Ich musste Schuhe tragen, wie SpongeBob, obwohl Schuhe zu tragen unlogisch ist, man steckt ja auch seine Hände nicht ein Leben lang in eine Toastklappe. Ich tat, was man von mir verlangte, aber abfinden konnte ich mich nicht damit.

Patrick stand im Vorraum und zupfte an seinen Haaren herum. Unsere Blicke trafen sich im Spiegel. Ob ich jetzt gleich wieder zum Spinnen anfangen würde, nur wegen dem Schuhe-Anziehen, fragte er mich. Ich schaute auf den Boden. Patrick lachte und verließ das Haus.

»Den linken auch!«, rief Nina aus der Küche, während sie wie jeden Tag ein Pausenbrot einwickelte. Butter, Käse, Paprika. Ein Pausenbrot, das ich niemals als meines empfand. Schon beim Gedanken daran spürte ich die Alufolie zwischen den Zähnen. Ich kratzte mich im Gesicht. Das Wissen um die Zeit, die meine Füße jetzt nicht an der Luft sein würden, und die Tatsache, dass ich bei den anderen in der Klasse sitzen musste, raspelte mir ein tiefes Loch in den Bauch. Ich spürte, wie meine Haare im Nacken klebten und der verdampfte Schweiß unter meinem Pullover über die Haut zog wie Vulkangas. Es reckte mich, ich schluckte die aufsteigenden Brocken im Hals wieder hinunter und klammerte mich ans Treppengeländer.

»Ich habe gesagt, den linken auch!«

Ich zog den linken Schuh an mich heran und zwängte den linken Fuß in den linken Schuh. Etwas stach mich in die Fußsohle und ich zog den Fuß wieder heraus. Da war eine Vogelfeder im Schuh. Ich holte die Feder aus dem Gefängnis an die Luft und drehte sie zwischen Daumen und Zeigefinger. Sie schimmerte im Licht, das von unserem Garten durchs Fenster hinein in unser Haus fiel.

Nina rannte an mir vorbei und sagte immer wieder:

»Autoschlüssel, Autoschlüssel, Autoschlüssel.«

»Schau mal Nina, wo kommt die denn her?«

»Zieh den Schuh an.«

Ich steckte die Feder in die Hosentasche und den linken Fuß in den linken Schuh.

»Geht doch.« Sie steckte das Brot in meine Schultasche, die Hefte, die Bücher, die Stifte, alles würde für immer und bis zu meinem Ende nach Butter, Käse, Paprika, Alu riechen.

»Nina, was ist passiert?«

»Jacke anziehen!«

»Was ist passiert, Nina?«

»Das habe ich dir jetzt schon zehn Mal gesagt.«

»Aber sagst du es noch einmal?«

»Das Musikzimmer wird renoviert.«

»Aber warum?«

»Alex, bitte. Steh jetzt auf!« Sie schlüpfte in ihren Mantel und öffnete die Tür.

»Warum?!«, schrie ich.

»Alex, es reicht!« Sie bäumte sich vor mir auf, meine Jacke hielt sie im Würgegriff vor mich hin. »Du wirst es doch schaffen, ein paar Wochen bei den anderen Kindern zu sitzen wie ein normales Kind!«

Ein paar *Wochen*?

»Und wenn du dich nicht endlich zusammenreißt, sag ich Frau Scheffel, dass du nie wieder ins Musikzimmer darfst!« Sie riss mich am rechten Arm von den Stufen hoch, dass es in der Schulter knackte.

Ich blickte auf meine Füße. Könnten sie doch bloß wieder gebrochen sein. Keine Schuhe war der Traum. Schuhe waren die Realität. Nur ein Buchstabe trennte Schuhe von Schule, bloßes Unglück vom Horror. Die Verschiebung von H zu L vollzog sich im Auto. Ich kratzte und kratzte mich.

Insomnia

Ich lag die ganze Nacht wach. Ich wollte aufpassen, mit Doppel-s. Sobald die Gelse kommen würde, wollte ich ihr befehlen zu verschwinden. Die Gelse kam. Aber wie im Film sind auch in der Wirklichkeit die Dinge nicht immer so, wie sie scheinen. Im unendlichen Ozean sieht ein kleiner Fisch wie ein kleiner Fisch aus. Erst wenn man näher schwimmt, erkennt man, dass es ein Wal ist.

Die Morgensonne bildete eine leuchtende Luftsäule quer durch mein Zimmer, die meinen Kasten, meine Schultasche und das Ende meines Bettes streifte. Der Rest des Zimmers lag im Halbdunkel. Ich setzte mich auf und versuchte in vernünftigem Ton mit der Gelse zu sprechen: »Bitte, lass mich in Ruhe. Such dir jemand anderen«, flüsterte ich.

Ich wischte mir mit beiden Händen übers Gesicht, sie flog weg und strich eine Sekunde später über meine rechte Hand. Ich wischte mit der linken über die rechte Hand, sie berührte meine linke Wange. Ich wischte über die linke Wange, sie flog in meine Haare. Sie schwirrte über meinem Kopf. Sie flatterte, sie flatterte, sie flatterte. Sie flatterte! Sie flatterte? Ich fasste mit der rechten Hand an meinen Kopf, ich war bereit, sie zu fangen, ich schnappte nach ihr, sanft, aber bestimmt, indem ich meine Hand schnell zu einer lockeren Faust ballte. Ich holte die Hand zurück, schob sie vor mein Gesicht, öffnete sie halb und blickte hinein. Da saß eine Nachtigall.

Das war schon gewaltig. So klein und zart sie auch war. Aber eine echte Nachtigall in meinem Zuhause, in meinem Bett, in meiner rechten Hand! Ich rieb mir mit der freien linken Hand die Augen. Die Nachtigall neigte ihr Köpfchen, für eine Sekunde plusterten sich die Federn am Hals auf und sackten wieder zusammen, die Beinchen standen in meinen Lebenslinien wie auf Schienen. Sie blickte mich aus schwarzen Augen an. Tief wie ein Brunnenloch. Mein Zimmer war mittlerweile hell erleuchtet, kein Halbschatten konnte mir etwas vorspielen, das Bild war echt.

So unwahrscheinlich dieser Moment sein mochte, es machte alles Sinn, denn es war Ende April. Im Fernsehen habe ich einmal gesehen, wie ebenfalls Ende April, allerdings im 19. Jahrhundert, in einem kleinen Dorf in Deutschland ein Storch auf einem Bauernhof aufgetaucht war. Der Bauer dort bemerkte, dass der Storch etwas um den Hals trug und fing ihn ein. Er nahm ihn mit ins Haus und stellte bei näherer Betrachtung fest, dass nichts um seinen Hals hing, sondern vielmehr etwas *in* seinem Hals steckte, ein Pfeil nämlich. Der Mann zeigte seine Entdeckung einem Forscher und der konnte herausfinden, dass der Pfeil aus Afrika stammte. Das war der Beginn der Zugvogelforschung. Davor hatte man sich allerlei Dinge zusammengereimt, um sich das Verschwinden der Vögel im Winter zu erklären: Es gab die Vorstellungen, Vögel würden im Herbst auf den Grund von Seen tauchen, sich in andere Arten verwandeln oder sogar auf den Mond fliegen.

N wie Nachtigall. Die Nachtigall konnte ich wie alle Vögel in meinem 800 Seiten dicken *Atlas Deutscher Brutvogelarten* nachschlagen. Ich verglich die Abbildung mit meinem Exemplar. Ja, das hier war eindeutig eine Nachtigall. Diese Nachtigall in meiner rechten Hand hatte den Winter also im zentralafrikanischen Regenwald verbracht und einen weiten Weg hinter sich. Sie war gute 5.000 Kilometer geflogen. Nur um mich zu sehen? Die Nachtigall haben Tausende Künstler seit Tausenden Jahren gemalt, beschrieben und besungen, fast so, als wäre sie der einzige Vogel auf der Welt. Das klang zwar langweilig, aber dafür konnte sie ja nichts. Vor allem konnte dieses konkrete Exemplar in meiner rechten Hand nichts dafür. Die Nachtigall, las ich weiter, lernt ihren Gesang von Artgenossen. Sie braucht nur wenige Strophen eines benachbarten Vogels zu hören, um sie sich zu merken.

Ich stupste mit meiner Zeigefingerkuppe an ihre Brust. Da war sehr viel Leben dahinter. Sie öffnete ihren Schnabel, etwas in mir rechnete jetzt damit, dass sie zu mir sprechen würde. Es kam ein »Piep!«, dann schloss sie ihren Schnabel wieder.

»Piep«, antwortete ich.

Sie hüpfte die Ränder meiner Handfläche entlang, nicht hektisch, sondern bedacht, so als wollte sie sie vermessen, während ihr Schwanz sich langsam hob und senkte. Obwohl mich das nirgendwo hinführte, zählte ich die Vögel auf, die man seit meiner Geburt in Deutschland und Österreich zu den Vögeln des Jahres ernannt hatte: Haubentaucher (2001), Haussperling (2002), Mauersegler (2003), Zaunkönig (2004), Uhu (2005), Kleiber (2006), Turmfalke (2007), Kuckuck (2008), Eisvogel (2009) und Kormoran (2010). Keine Nachtigall.

Nachdem sie meine Handfläche fertig ausgekundschaftet hatte, knickten ihre Beinchen ein und sie saß einfach nur da. Wir blickten einander eine Weile lang in die Augen. Die Nachtigall bevorzugt Habitate wie lichte Laubwälder, Laubmischwälder und Auwälder, Parks, Friedhöfe und Heckenlandschaften. Sie benötigt Unterholz, eine dichte Krautvegetation und eine Falllaubschicht. All das konnte ich ihr nicht bieten, weder in meinem Zimmer noch unten im Garten, wo Nina zwar das Laub der Birke im Gras liegen ließ, bis es von selbst zerfiel, wo es aber sonst keine nachtigallischen Annehmlichkeiten gab.

Obwohl es mir leidtat, beschloss ich, ihr den Weg aus meinem Zimmer zu zeigen. Sie sollte in einen besseren Garten fliegen oder auf dem Friedhof leben, wo sie sich unter all den Bäumen und Sträuchern das beste Zuhause aussuchen konnte. Ich stieg aus dem Bett und ging mit ihr zum Fenster. Ich hielt meinen Arm hinaus und überstreckte meine Hand, so dass meine Finger zur Rutsche wurden, zur Abflugbahn, die sie für den Start nutzen sollte. Die Nachtigall rührte sich nicht.

»Husch!«, rief ich und bewegte meine Finger.

»Piep!«, machte die Nachtigall.

»Husch!«, rief ich noch einmal und schüttelte jetzt meinen Arm. Sie rutschte von der Abflugbahn, stürzte einen Meter steil hinab, gewann in Sekundenschnelle wieder an Höhe und saß erneut auf meiner Hand.

* * *

Mir war gar nicht eingefallen, ein Geheimnis daraus zu machen. Warum sollte ich auch? Es war eine aufregende Sache, die mir da passierte, und ich wollte sie mit anderen teilen. Ich lief schnell die Stufen hinunter.

»Nina!«

Nina nahm gerade die Wäsche ab, die über unserer Duschtasse hing.

»Nina, schau mal!«

»Wir haben's heute eilig, Alex. Bitte iss schnell.« Sie stellte den Wäschekorb auf die Waschmaschine, drehte das Licht ab und ging in die Küche.

Ich lief ihr nach, den Vogel auf meiner rechten Hand vor mir hertragend, wie der Kellner in der Pizzeria Jovanotti sein Tablett trug. Es war eine unglaubliche Neuigkeit. Ich hatte mir die Gelsen nur eingebildet. Und die eingebildeten Stiche waren ein Hinweis auf etwas Echtes. »Nina!«, rief ich. »Ich habe gar keine Gelsenstiche, sondern einen Vogel! Der Vogel hat mich die ganze Zeit gekitzelt, Nina! Der da, schau her! Nina!«

In dem Moment, als sie den Geschirrspüler anschaltete und sich zu mir umdrehte, fing der Vogel zu flattern an, erhob sich aus meiner Hand und setzte sich auf meinen Kopf. Ich zeigte auf meinen Kopf.

Sie schaute mich mit schnellen Augen an. »Was ist!?«

»Der Vogel! Ich habe einen Vogel!« Ich zitterte vor meinen eigenen Worten.

Nina ging in die Hocke und packte mich fest an den Schultern. »Du hörst mir jetzt gut zu«, sagte sie. »Du hast keinen Vogel.«

»Doch! Da!«

»Wer hat das gesagt? Der Matej? Die Julia? Du hast keinen Vogel, wenn dann haben die anderen einen Vogel, haben wir uns verstanden?«

Gar nicht. Wir haben uns gar nicht verstanden.

»Aber da! Nina!« Ich deutete wieder und wieder auf meinen Kopf.

»Kein Wort mehr, ich will so etwas nicht hören. Hopp, Schuhe anziehen!«

Wer möchte Nina einen Vorwurf machen? Jeder, der sich gedanklich in sie hineinversetzen kann, versteht doch, dass sie im Stress war. Man sagt, man ist *im Stress*. Der Stress ist also etwas, in dem man drin ist. Bei mir war das anders. Ich war nicht im Stress, der Stress war in mir. Ninas Stress war in mir. Es war wie mit Tante Connys Traurigkeit, nur mit einer anderen Gefühlslage. Ninas Stress schwappte durch meine Fingerkuppen in mich hinein und wusch mich einmal von innen aus, zahlreiche Tröpfchen davon blieben in mir haften, wodurch ich wirklich und echt verstehen konnte, was ihr Stress bedeutete. Weil ich ihn fühlte. Seitdem Nina befördert wurde, musste alles immer sehr viel schneller gehen. Auch unsere Gespräche. Ich gab fürs Erste auf, zog die Schuhe an und folgte ihr ins Auto.

Während der Fahrt beobachtete ich den Vogel auf meinem Kopf in der Spiegelung der Fensterscheibe und überlegte angestrengt, was als Nächstes passieren würde. Wie würden die anderen Kinder auf ihn reagieren? War es ein Pluspunkt für mich oder sogar gefährlich, ihn mitzunehmen? Lag diese Entscheidung überhaupt bei mir?

* * *

Ich atmete dreimal ordentlich aus, dann betrat ich das Klassenzimmer. Niemand beachtete mich. Ich ging auf Frau Scheffels Tisch zu und stellte mich vor sie hin. Sie war die Erwachsene. Sie sollte in dieser Angelegenheit das erste Wort haben.

»Was gibt's, Alex?« Sie wischte mit einem Taschentuch über ihren Tisch. Ich schwieg und wartete, bis sie mich ansah.

»Willst du mir etwas sagen?« Ich deutete auf meinen Kopf.

Sie griff sich an ihren eigenen Kopf. »Habe ich was in den Haaren?«

»Du nicht, aber ich«, sagte ich.

»Ach so?« Sie schaute mich an und ich bemerkte, dass ihre Augen rein gar nichts fixierten, dass ihr Blick über mich hinwegschwebte wie der einer Matrosin, die an Deck ihres Schiffes stehend im unendlichen Ozean nach einem Stück Land suchte.

»Also ich sehe nichts«, gab sie zu.

Vielleicht machte ich mich gerade wieder zum Affen und der Vogel war längst auf und davon geflogen. Ich legte meine rechte Hand auf den Kopf, doch da war er nach wie vor: Er knabberte sanft an meinem Zeigefinger.

Mit diesem Vorgang, dem Auflegen meiner Hand auf meinen Kopf, ging in Frau Scheffels Augen das Licht an. Sie hätte vor Begeisterung oder Staunen die Augenbrauen in die Höhe ziehen, die Stirn runzeln oder den Kopf schütteln können und bei jeder dieser Gesten wäre es mir schwer gefallen, zu erkennen, was genau in ihr vorging. Aber sie tat etwas anderes. Sie ließ die Unterlippe nach unten fallen, als gehörte sie gar nicht zu ihrem Mund, und dort, wo ihr Gesicht war, entstand ein Oval, eine große Lücke war da plötzlich vor meinen Augen, ein Maul wie ein Heilbutt, so riesig, dass selbst ich es sehen konnte. Frau Scheffel war entsetzt. Aus Angst, sie könnte im Affekt etwas Unüberlegtes tun, wich ich einen Schritt zurück.

Als ich nach der Schule zu Hause ankam und in mein Zimmer ging, bat ich den Vogel, von mir runterzukommen, denn auch wenn er klein und leicht war und auch wenn seine zarten Beine weich waren wie Babyfüße und sich über den gesamten Schultag hinweg nicht eine Kralle verheddert oder mir nur ein Haar vom Kopf gerissen hatte, auch wenn er also ein sanftes Wesen war, schien er mir doch schwerer zu sein als noch am Morgen. Der Vogel setzte sich auf Scuttles Rückenlehne und wir schauten einander an, ungläubig und doch vertraut, wie zwei frisch Verliebte.

Ich musste nachdenken. Wie sich herausgestellt hatte, war Frau Scheffels Entsetzen nicht meinem Vogel geschuldet, sondern meinen Mandrillhänden. Offenbar war in dem Moment, als ich meine rechte Hand auf den Kopf legte, Blut aus meiner durchgewaschenen Haut geflossen, und Blut sehen die meisten Menschen nicht gerne. Gleichzeitig sehen sie nichts anderes mehr, wenn es im Spiel ist. Sie hatte mich zur kleinen Schulärztin geschickt und auch die sagte kein Wort zu meinem Vogel, sondern verband nur meine Hände. Entweder Frau Scheffel und die kleine Schulärztin hatten sich mehr für meine Hände als für meinen Vogel interessiert und deswegen nichts dazu gesagt oder aber sie hatten meinen Vogel ebenso wenig gesehen wie Nina zuvor.

Ich beschloss, das Thema beiseitezulegen und mich um Wichtigeres zu kümmern. Ich brauchte einen Namen. Ich schlug mein Vogelbuch auf. Darin listete ein Vogelforscher namens Erich Horstkotte, Horstkotte, Horstkotte – ein Name, der schon wie ein Vogelnest klingt – die Rufe der Jungvögel nach Lebenssituationen auf. Vor der Fütterung: »Zieg-arrr, rääke, rääke, rääke, rääk, räkeck, rääk, ke, rääk, e, räk, reäk, reäk; rieke, reike, riek, ruieke, ruieke, ruike, ke, riieke, iike, riikeke, riike«. Nach dem Ruf (»Huit«) eines Altvogels schweigen die Jungen nur wenige Sekunden, um gleich wieder Locktöne auszustoßen: »Räk, rääk, räk, rääk, rieke-re, rääk, ke, rieke, rieke, rieke, ki-ki-ki, rieke, rikuit, rieke, riekuit, ruike, rä-rä-riiike, ii, ke, ruiii«. Während der Fütterung: »Zieg-ärrrrr, räk, zieg-ärrrrr, riekeke, zizirizirick-ricke, zieg-räk gürrr, ziek-ziek-ziek-zieg« und »riri, kekeriri-kekeke«. Nach der Fütterung: »Räk, käk, käk, käk, käk, rie, kekeke, rie-ke-ke, rikekeke, rii-icke, rii-icke-ii-ke-re«.

Ich wollte meinem Vogel einen Namen aus der Kategorie »Während der Fütterung« geben, weil ich fand, das war die beste der drei Situationen. Aus dieser Kategorie musste ich nur noch das richtige Wort wählen. Zieg-ärrrrr klingt wie Ziege. Räk wie Fleck. Zizirizirick-ricke wie eine zickige Zecke, zieg-räk gürrr, ziek-ziek-ziek-zieg wie eine Ziege, die erstickt, kekeriri-kekeke wie jemand, der mich auslacht, und riri, riri klingt gleichmäßig-gleichgewichtig-rechts-links schön. Ich nannte meinen Vogel Riri.

* * *

Am dunkelsten ist die Nacht vor der Dämmerung, heißt es bei Batman. Wir schliefen nicht, Riri und ich. Wir schlichen im Dunklen durchs Haus und ich versuchte herauszufinden, worum es ging, was Riri hier bei mir suchte. Ich befragte sie, flüsternd, vor dem Hintergrund der bunten Bilder des Fernsehers. Je mehr Fragen ich stellte, desto unruhiger wurde sie. Man soll nicht versuchen, ein Schwein zum Singen zu bringen. Man verschwendet nur seine Zeit und das Schwein wird zornig. Also schwieg ich. Schweigend saßen wir Nacht für Nacht auf dem Boden vor dem Fernseher und aßen Butterkekse.

Flying Amigo II

Eines Morgens betrat ich das Musikzimmer und war allein. Lea ging an der offenstehenden Tür vorbei und schaute nicht einmal zu mir herein. Ihre Augen hatten keine Zeit dafür. Sie schauten auf den neuen Nintendo DS in ihren Händen. Sie hatte ihn von ihren Eltern geschenkt bekommen, denn sie feierte ihren zweiten Schulanfang. Sie war noch vor den Sommerferien ins richtige Klassenzimmer zurückgekehrt. Anders als ich hatte Lea nur darauf gewartet, wieder bei den anderen zu sein.

Allein und mit Riri auf dem Kopf ging ich quer durch den Raum zum Waschbecken, wusch meine Hände und setzte mich an den Tisch. Ich blickte wieder und wieder auf Leas leeren Platz und sog die Innenseiten meiner Wangen zwischen die Zähne. Nacheinander holte ich die Sachen aus der Schultasche und fand Trost in den Dingen. Das Klicken der Schultasche, das Zippen des Federpennals, das Klacken der Füllfeder, das Rascheln des Papiers, jeder Handgriff machte ein Geräusch, das nur mir gehörte.

Riri saß drüben auf dem Waschbecken und trank die stehengebliebenen Wassertropfen. Als sie damit fertig war, flog sie zu mir und setzte sich auf mein Heft. Ihre feuchten Füße verwischten mir die Buchstaben, ich zischte sie leise an, doch sie tapste immer weiter darauf herum, so als wollte sie meine Aufmerksamkeit. Als sie sie hatte, flog sie damit zur Tür, wo sie sich auf den Türrahmen setzte und mich mit ihren schwarzen, brunnenlochtiefen Augen auffordernd ansah, wie ein Hund, dem man das Stöckchen werfen sollte.

Es dauerte vier Tage, bis ich begriff, was Riri mir damit sagen wollte. Und mit diesem Begreifen begriff ich, dass sie mir noch viel mehr sagen würde.

Ich teilte Frau Scheffel mit, dass ich zurück zu den anderen kommen wollte. Sie lächelte erfreut oder stolz oder nervös und meinte, Lea wäre wohl ein gutes Vorbild für mich. Ich bekam einen Platz direkt am Fenster. Riri saß auf dem Fensterbrett. Krachten die anderen Kinder in mich hinein oder hatte Frau Scheffel wieder einmal eine irre Idee, etwa, dass alle in der Klasse *zum Spaß* ihre Plätze tauschen sollten, spritzte in meinem Kopf das Bild eines Aals, der vom Süßwasser ins Meer springt. *Ich bin kein Wanderfisch!*, wollte ich hinausschreien, doch Riri erinnerte mich durch aufgeregtes Flattern daran, dass ich deswegen nicht speiben musste. Ich schwieg und hielt stattdessen die Luft an. Riri flog dicht an mein Gesicht heran und ich atmete aus.

Sommerferien

Ich hörte, wie Nina die Stufen hinaufging, zählte jeden Schritt mit, eins bis zwölf, und bereitete mich in dieser Zeit auf ihre Fragen vor.

Was das heißen solle, ich sei beschäftigt. Ob es mir schlecht ginge, ob ich Fieber hatte, und wenn es mir nicht gut ginge, ob ich dann nicht erst recht wissen wolle, was heute in der Post war. Ich sah die Prospekte in ihren Händen, sie hielt sie wie Schautafeln in den Raum, und ich drehte meinen Kopf weg. Sie legte sie auf mein Bett, ein leises Knistern, und meinte, ich könne sie ja später in Ruhe durchsehen.

»Nein, nimm sie mit. Ich will sie nicht.« Nina schaute mich entsetzt an.

Riri saß auf der Schultasche und putzte ihre Flügel.

»Nimm sie mit!«

Nina zuckte, als hätte sie jemand unsanft geweckt, und nahm die Prospekte wieder an sich.

»Aber seit wann willst du die Post nicht mehr sortieren?«

»Erklärt ein Leopard seine Flecken?«

»Ein Leopard? Seine Flecken?«

»Ein Leopard. Seine Flecken.«

Ich atmete durch, das war wahrscheinlich noch nicht alles.

»Ich mach uns Kartoffelpüree mit Käse, gut?«

»Ich hätte lieber Lasagne. Du hast doch bestimmt Faschiertes im Tiefkühlfach.«

»Meinst du das ernst?«

Riri erhob sich und landete auf meinem Kopf. Nina schaute durch den Vorgang hindurch.

»Todernst.«

»Aber Lasagne ist rot.«

»Die Vergangenheit kann wehtun. Man kann von ihr davonrennen oder aus ihr lernen.« Ich zeigte auf das Buch, das vor mir auf dem Boden lag.

»Ich geh ja schon.« Sie stand aber immer noch da, wie eine Katze, die gerade beschlossen hat, aus dem Zimmer zu gehen, ihren Entschluss aber im nächsten Moment vergisst und im Türrahmen sitzen bleibt.

»Okay«, sagte sie endlich und verließ mein Zimmer.

»Okay«, sagte ich zu mir und widmete mich schnell wieder dem Buch. Ich hatte zwar einen ganzen Sommer lang Zeit, um es auswendig zu lernen, aber es war bei weitem nicht das einzige, das ich lernen musste.

Ich blätterte eine Seite um: *Die acht Fellfarben und was sie über den Charakter Ihrer Katze sagen.* Es gab bedeutsamere Themen, aber die anderen Kinder interessierten sich nun einmal sehr für Katzen. Und für Hunde. Und für Hamster. Warum, das war nicht schwer zu entschlüsseln. Sie interessierten sich für die Tiere, die sie selbst zu Hause hatten. Wenn ich sage, sie interessierten sich, dann meine ich nicht, dass sie irgendetwas über diese Tiere wussten. Sie interessierten sich nicht dafür, dass ein Hund bis zu

50.000 Hertz hören konnte, während das menschliche Gehör nur 20.000 Hertz schaffte. Sie wussten nichts über den Aufbau eines Katzenauges oder über das Gebiss eines Hamsters. Sie erzählten einander belanglose Geschichten, etwa die Geschichte, als Sarahs Hamster »gestorben« war oder als Matejs Hund die Cousine biss oder als Franziskas Katze davonlief und ihre andere Katze sechs Babys zur Welt brachte, die alle sehr süß waren.

Ich habe nichts gegen Hamster, Katzen oder Hunde. Es ist nur so, dass es interessantere Tiere gibt, allein schon, weil es interessantere Lebensräume gibt. Wir Menschen gehen auf demselben Boden wie ein Hund, atmen denselben Sauerstoff wie eine Katze oder ein Hamster. Das ist doch bei einer Auster, die in der Gezeitenzone der französischen Atlantikküste lebt, oder einem Vogel, der die gesamte Welt von oben sehen kann, etwas anderes.

Kaum hatte ich diesen Gedanken gedacht, sprang Riri einigermaßen wild auf meinem Kopf herum und fuhr mir unabsichtlich mit dem Ende einer Flügelfeder ins Auge.

»Autsch!«

»Piep!«

Es war ein Versehen.

Sie hüpfte hinunter auf das Haustierbuch und tappte über die Seiten. Sie war immer noch ein zarter Vogel, aber ihre Füße waren eindeutig gewachsen. Ich schaute zu meinem Kasten. Hinter der versperrten Tür lag Scuttle.

Ich interessiere mich nicht mehr für die Post.

Ich interessiere mich für niedliche Tiere mit Fell. Ich brauche Scuttle nicht mehr.

Die Muräne ist tot.

Ich esse Lasagne. Ich esse generell rote Sachen. Und bald: Ich gehe auf Kindergeburtstage.

Das Leben besteht aus
Nicht-Sagen und aus Dialogen

Wäre Riri früher in mein Leben gekommen, ich hätte mir
viel Ärger erspart. Am ersten Tag meines vierten Schul-
jahrs flog sie aus meinem Zimmerfenster, wahrscheinlich
um zu fressen und sich in einer Wasserlacke oder im Bach
zu erfrischen. Nachdem sie ihre Vogeldinge erledigt hatte,
setzte sie sich auf meinen Schreibtisch und klopfte mit ihren Krallen aufs Holz, so lange, bis ich Unterwäsche, eine
Strumpfhose, einen Rock, ein T-Shirt, einen Pullover angezogen hatte. Nach dem Frühstück landete sie auf dem
Türrahmen und hüpfte in schnellen Sprüngen auf und ab
wie ein Boxer vor dem Kampf. Zarte Unterfedern schossen dabei aus ihrem Gefieder, schwirrten durch die Luft
und glitten auf unseren Küchenboden. Nina blieb ver-
wundert stehen, bückte sich, hob eine Feder auf, blickte
durchs Fenster hinaus in den Garten und warf die Feder
in den Müll.

Ich ging in die Schule und Riri zeigte mir an, worauf
ich mich konzentrieren sollte. Auf die Art, wie Lea ihre
Schuhe band, auf die Art, wie Franziska Lea den Arm um
die Schultern legte. Auf die Art, wie Sarah lachte. Auf alles,
was sie machten, wenn sie sich in der Pause im Schneidersitz in die Wiese setzten, an ihren Strumpfhosen

zupften und leise miteinander redeten, die Sticker-Alben auf ihren Schößen ausgebreitet.

Die anderen mussten mich als eine von ihnen erkennen. Doch obwohl ich ebenfalls zwei Augen, eine Nase, einen Mund, zwei Arme und zwei Beine hatte, ebenfalls eine Stimme, Knochen, Muskeln, ein Herz und eine Lunge, von daher also ganz und gar wie die anderen Kinder aufgebaut war, brauchte es einen zusätzlichen Trick.

Findet Nemo war der erfolgreichste Trickfilm aller Zeiten. Und warum? Weil jeder Mensch auf der Welt Nemo sympathisch findet. Und warum? Weil er so niedlich aussieht, mit seinen großen Kulleraugen. In Wirklichkeit sind die Augen des Clownfisches aber orange. Die Leute bei Pixar haben Nemo einfach eine weiße Lederhaut um die Iris gezeichnet, damit er menschlicher und damit weniger unheimlich aussieht. Ich brauchte also eine Übermalung, die mich aussehen ließ, als wäre ich wie die anderen. Etwas, das ihnen Sicherheit gab, weil sie es bereits von sich selbst kannten. Ich musste es machen wie Pixar. Mit dem Unterschied, dass ich nicht einfach meine Augen anders anmalen konnte, um niemanden zu erschrecken.

Riri dachte überhaupt nur mit den Augen. Das heißt, sie dachte in Bildern wie jedes Tier. Meistens sah sie die Welt von oben. Ich wusste bereits von Frau Granegger, dass es möglich war, über falsche Bilder zu springen. Durch Riri verstand ich, dass meine Fähigkeit, die Welt von oben zu zeichnen, endlich für etwas gut war. Ich setzte mich hin und fertigte Bilder an. Ich zeichnete die Szenen, die ich mit den anderen Kindern erlebt hatte, und analysierte sie:

die Szene, als ich mein Sticker-Heft aufklappte und alle lachten, weil ich es mit Ninas Rabatt-Pickerl vollgeklebt hatte. Die Szene, als ich nicht aufgepasst hatte und sich ein fremdes Kind auf meinen Platz setzte. Die Szene, als ich, mit einem fremden Kind in der Zweierreihe stehend, die Hand geben musste. Die Szene, als Sarah zu weinen begann und mich ein Monster nannte. Und so weiter. Auf dem Papier, wo ich immer den Überblick behielt und jede Linie verschieben, unzählige verschiedene Situationen bilden und mir merken konnte, besserte ich die Fehler aus, die mir passiert waren, und machte es beim nächsten Mal richtig. So ging es jeden Tag. Wir verließen das Haus und die Arbeit begann. Ich sage Arbeit, weil die anderen Kinder komische Überzeugungen hatten, die sich nicht so einfach durchblicken ließen.

Während ich das Gelernte im echten Leben anwandte, zum Beispiel auf dem Schulhof, saß Riri über mir, ganz nah an meinem Innersten. Sie war manchmal so nah an meinem Innersten, dass ich das Gefühl hatte, ich selbst könnte auf und davon fliegen, würde ich nur meine Arme ausbreiten, und der richtige Wind vorbeikommen. Auch wenn sie im Geäst eines Baumes saß oder so weit in den Himmel flog, dass ich sie mit bloßem Auge nicht mehr ent-decken konnte, blieb sie innerhalb von mir und dort wie-derum ganz nah an meinem Innersten.

Von oben auf mich herunterschauend, sah sie eine Alex, die mit den anderen Mädchen im Schneidersitz in der Wiese saß, lachte und Sticker klebte. Eine Alex, die liebend gerne Strumpfhosen trug, sich an der Schulter berühren ließ und andere an der Schulter berührte. Sie sah eine Alex, die all diese Dinge machte, die in ihrem Kopf überhaupt keinen Sinn ergaben, während sie andere Dinge, die Sinn ergeben hätten, nicht machte.

* * *

»Wie war es in der Schule?«, fragte mich Nina wie jeden Tag.

»Prima«, antwortete ich wie jeden Tag.

»Weißt du, was Frau Scheffel heute am Telefon gesagt hat?«

»Keine Ahnung.«

»Dasselbe wie du, Alex. Dass es prima läuft!«

Sie umarmte mich und meinte, zur Belohnung dürfe ich mir etwas Schönes aussuchen. Ich bat Nina um ein neues Sticker-Album und verschiedene Sticker dazu. Sie fragte, welches Album und welche Sticker, und ich meinte, das wäre völlig egal.

Obwohl ich weniger Sticker in meinem Album hatte als die anderen Kinder, schien Franziska irgendetwas daran zu gefallen.

»Tauschen wir!«, rief sie, als ich ihr meine Sammlung zeigte. Sie zog mich am Ärmel hinunter in den Schneidersitz.

Tauschen wir was und wozu?

»Ich gebe dir das Fernrohr und du gibst mir die Glitzerrose und den Korb mit den Hundebabys.«

Sie sprach über die abgebildeten Dinge, als wären sie wirklich in der Welt.

Ich kratzte, wie zuvor beobachtet, die besagten Sticker aus meinem Heft, um sie in ihres zu kleben.

Riri flatterte über unseren Köpfen. Ich sollte etwas sagen. Ich dachte an das Tierbuch und strengte mich an. »Franziska, weißt du, warum Katzen einem oft den Hintern ins Gesicht strecken?« Sie wusste es nicht.

Ich erklärte ihr, die einfache Antwort sei, dass der hintere Teil der Katze eine sensible Gegend sei, in der zahlreiche Nervenenden verlaufen. Sie würden dort also besonders gerne gestreichelt werden. Es wäre außerdem der Teil der Katze, der von der Katzenmutter nach der Geburt geleckt werde, damit sie angeregt werde zu kacken. Katzen wären recht einfältige Raubtiere, erzählte ich, die sich, obwohl sie heute keine natürlichen Feinde mehr hätten, immer noch fürchteten, gefressen zu werden. »Eine Katze, die dir den Hintern ins Gesicht streckt, hält Ausschau nach Angreifern.«

Franziska sagte nichts. Ich fragte sie, ob sie ihre Katze in den Garten lasse. Sie versicherte mir, dass ihre Katze mehrmals am Tag an die frische Luft dürfe, wann immer sie möchte. Aber Katzen sind frei herumlaufende Superkiller und töten allein in den USA fast vier Milliarden Vögel im Jahr. Vier Milliarden! Ob ihr klar sei, fragte ich sie, wie sie durch die Haltung einer Katze mit Freigang zum Vogelsterben beitrage. Ihre Katze aber nicht, sagte Franziska und ihre Augen glitzerten komisch, ihre Katze sei brav.

* * *

Das Problem war, Riri konnte nicht sprechen. Sie konnte mir diesbezüglich überhaupt nichts beibringen. Gottseidank gab es Fernsehen. Und Patricks Sporttasche. In Patricks Sporttasche befanden sich neun Filme: Hangover, Batman – The Dark Knight, Terminator 4, 2 Fast 2 Furious, Spiel mir das Lied vom Tod, Avatar und die ersten drei Teile von Harry Potter. Nina erlaubte mir Avatar, 2 Fast 2 Furious und Harry Potter. Es war, als hätte sie absichtlich die Filme ausgesucht, die mich am wenigsten interessierten. Weil es keinen Grund für das Verbot der übrigen Filme gab, hielt ich mich nicht daran. Ich schaute die verbotenen Filme nachts, leise, auf dem Boden ganz nah vor dem Fernseher sitzend, allein, oder während Patrick hinter mir auf der blauen Couch schlief. Manchmal schaute ich auch mit Patrick gemeinsam, der nichts von diesen Regeln wusste oder sie ebenfalls für ein beliebig verhängtes Gesetz einer Mutter hielt, sein Bettzeug zur Seite schob und mir Platz machte.

Im Gegensatz zu Nina kannte der Joker keine Regeln. Einige Menschen wollen die Welt einfach nur brennen sehen. Patrick fragte mich, ob ich mich vor ihm fürchte. Ich verneinte, er sei schließlich kein Monster, nur seiner Zeit voraus. Patrick musste mir keine Hand vor die Augen halten, wenn der Joker anderen Leuten das Messer ans Gesicht hielt und vom Trauma mit seinem Vater berichtete. Ich fand das alles nachvollziehbar und okay. Es gab nur eine einzige Szene in der Mitte des Films, die wir übersprangen, nicht nur meinetwegen, sondern auch, weil Patrick sie nicht sehen wollte. Batman hält darin den

Mafiaboss Sal Maroni über ein Geländer und droht damit, ihn fallen zu lassen. Wenn er jemandem Angst machen wolle, sagt Maroni, solle Batman lernen, einen besseren Ort dafür auszuwählen. Ein Sturz aus dieser Höhe würde ihn nämlich nicht töten.

»Ich verlass mich drauf«, sagt Batman und lässt los.

Der Gangster bricht sich beim Aufkommen auf dem Asphalt *beide* Beine.

Patrick erklärte mir, dass Schauspieler, um etwas zu sagen, manchmal keine Worte verwenden, sondern ihre Gesichter.

»In den Gesichtern müssen sie zeigen, ob sie traurig sind oder wütend oder fröhlich.«

Schauspieler mussten also viel Mühe aufbringen, um Gefühle in ihren Gesichtern voneinander unterscheidbar zu machen. Nach dieser harten Arbeit der Schauspieler, konnten die Figuren in den Filmen problemlos ihre Gefühle zeigen. Und zwar nur über Lippen, Mundwinkel, Nasen, Augen und Augenbrauen. Außer man ist Batman. Batman trägt eine Maske, die das halbe Gesicht verdeckt, und die Leute in seinem Umfeld können nicht wissen, wie er sich fühlt. Er müsste es deswegen eigentlich in Worten sagen, wie er sich fühlt. *Falls du es nicht siehst, Joker, ich bin traurig.* Zum Beispiel.

»Wie wissen sie, was sie sagen sollen?«, fragte ich Patrick.

»Die Schauspieler? Die lernen den Text auswendig.«

Ich konnte schon viele Filmtexte auswendig. Aber man kann sich nicht das ganze Leben von Disney und Pixar erklären lassen. Ich musste auch die Texte von echten Schauspielern lernen und die richtigen Texte für die richtigen Szenen auswählen.

Ich verstand, dass man sämtliche Gesprächssituationen eines Tages vorbereiten kann. Zumindest wenn man ein einigermaßen konstantes Leben führt.

Vor dem Schlafengehen schleppte ich den großen Spiegel aus Ninas Schlafzimmer in mein Zimmer und lehnte ihn gegen die Wand.

»Gute Nacht, Mom«, sagte ich und schloss die Tür. Ich hatte wenig Zeit für Nina, ich musste üben.

»Gute Nacht, Alex«, sagte Nina und öffnete die Tür wieder. »Ich werde dir doch noch ein Bussi geben dürfen?«

Ich legte mich ins Bett und sie deckte mich zu. Wie es damals die Hebamme gemacht hatte, malte sie mir ein Kreuz auf die Stirn und küsste mich.

Nachdem sie das Zimmer verlassen hatte, stand ich auf, schaltete die Schreibtischlampe ein und drehte sie so herum, dass sie in den Raum leuchtete. Im Lichtkegel sah Riris Schatten an der Wand aus wie das Batman-Signal am Nachthimmel.

»Lass deine Maske fallen, Batman, oder es werden noch ein Haufen Leute drauf gehen, während du dir's überlegst«, sagte ich und warf mich in Pose. Ich überprüfte meinen Körperausdruck, mein Gesicht, meine Stimme.

* * *

Mein erstes Übungsgelände war ein echtes Übungsgelände. Wie ich herausfand, verbrachten die anderen Kinder nach der Schule unheimlich viel Zeit mit anderen Kindern. Sie gingen zusammen ins Ballett oder zum Jazz Dance. Sie trugen Halstücher um den Hals und nannten sich Pfadfinder. Sie spielten Tennis oder Handball. Und all das taten sie in schwitzenden, lärmenden, gefährlichen Gruppen. Nina fing vor mir zu weinen an, als ich sie fragte, ob ich in den Fahrradkurs gehen dürfe. Sie erledigte ein paar Telefonate und besorgte mir auf diese Weise ein Fahrrad aus dem Pfarrzentrum.

Ich schnitt das Foto einer lächelnden Frau im Bikini aus dem TUI-Reiseprospekt aus und ging zum Fahrradkurs. Riri setzte sich auf das Lenkrad und ich tat, was alle Kinder taten. Wenn man etwas lernen möchte, sollte man nicht sofort auf der höchsten Schwierigkeitsstufe beginnen. Ich fing mit Erwachsenen an. Als alle Kinder abgeholt wurden und ich wie üblich noch immer auf Patrick warten musste, ging ich zu der Frau aus dem Fahrradkurs und sagte: »Schauen Sie mal, das ist das letzte Bild meiner Mutter, bevor sie starb.« Sie lehnte ihr Fahrrad an die Wand und kam auf mich zu. Sie schaute auf das Bild, dann mir direkt in die Augen und ich schaute direkt zurück. Sie drückte meine Hand, die auf dem Fahrradlenker neben Riri lag, ganz fest.

»Und wo ist dein Papa?«, fragte sie mich.

»Mein Vater... war ein Trinker... und ein Unhold«, sagte ich und zog meine Lippen in die Waagrechte wie Joker.

Die Frau aus dem Fahrradkurs schaute irgendwie. »Wer holt dich denn ab?«

»Mein Onkel.«

»Willst du bei mir im Büro auf ihn warten?«

Ich folgte der Frau, legte meine Kappe ab, strich mir mit der flachen rechten Hand übers Gesicht wie der Bandit Chayenne es tut, um sich Staub und Schweiß abzuwischen.

»Ist mein Kaffee schon fertig?«, fragte ich die Frau vom Fahrradkurs.

»Du darfst Kaffee trinken?«

»Meine Mutter hat auch einen guten Kaffee gekocht. Das kann nicht jeder. Stark muss er sein – und heiß.«

Sie schaute betroffen oder verwirrt oder verängstigt und deutete mir, dass ich an ihrem Schreibtisch Platz nehmen durfte. Sie stellte mir eine Tasse hin, ging zwei Schritte in die Küche und setzte Kaffee auf, wobei sie nach jedem Löffel Kaffee, den sie in den Filter schaufelte, eine Pause einlegte, so als würde sie darüber nachdenken, was sie da gerade machte. »Du bist aber ein sehr erwachsenes Kind«, sagte sie lobend oder eingeschüchtert oder feststellend. »Hast du Geschwister?«

Durch das Fenster des Büros sah ich Patricks VW heranfahren. Ich war erleichtert, denn ich wusste nicht, was ich auf die Frage antworten sollte. Ich erklärte der Frau aus dem Fahrradkurs, dass wir das Gespräch auf nächstes Mal verschieben mussten. Ich stellte meine leere Tasse neben die Kaffeemaschine und verabschiedete mich. Die Frau schenkte mir einen Schlüsselanhänger mit dem Firmenlogo drauf und ich bedankte mich.

Ich verließ das Übungsgelände mit den falschen Straßen und Schildern und die falschen Bilder störten mich nicht. Ich passierte einen Mann in neongelber Weste. »Ich kannte Ihren Vater. Er war ein guter Cop«, sagte ich zu ihm. Er lachte laut und winkte mir zum Abschied.

Erwachsene waren einfach.

Riri sah sich meine Auftritte aus ihrer Vogelperspektive an. Saß sie nämlich einmal nicht auf meinem Kopf, saß sie auf dem Dach des Büros der Frau aus dem Fahrradkurs, auf der Schultafel, auf dem Kasten, auf dem Türrahmen, auf der Vorhangstange. Die ständige Übersicht, die sie von dort oben hatte! Sie konnte jederzeit in jede Szene einschreiten und das tat sie auch. Manchmal brauchte sie nur ihren Kopf zu drehen oder ihren Schnabel leicht zu öffnen und ich folgte ihr. Manchmal musste sie mich in den Unterarm piksen oder an meinen Haaren ziehen, bis ich verstand.

Riri wurde mit jedem Tag schwerer, mächtiger, besser. Ich war bereit.

Ich gehe auf Kindergeburtstage

»Nein, nein«, antwortete Nina auf die Frage, ob sie noch einen Sprung hereinkommen wollte. »Oder doch. Ich bin. Also. Es ist nur. Alex. Alex war schon seit Jahren auf keinem Kindergeburtstag mehr.«

Außerdem war ich auch nur ein einziges Mal.

»So?« Simons Mutter sah mich an. »Na, keine Sorge, da hat sich nicht viel geändert!«

Ich schwitzte und schlüpfte aus den Schuhen. Aus dem Nebenzimmer hörte ich bereits die Stimmen der anderen. Nina stand immer noch in der Tür. »Nina«, sagte ich. »Du hast doch bestimmt eine Menge Erledigungen zu erledigen.«

Simons Mutter lachte und sagte, wir würden das schon hinbekommen.

Nina überreichte ihre Telefonnummer, *für alle Fälle*, Simons Mutter schloss die Tür und ich folgte ihr ins Zimmer, wo es, neben vielen unangenehmen Gerüchen, glücklicherweise auch nach Vanillepudding roch.

Ich sah mich um und versuchte einzuordnen, welchen Dingen man trauen konnte und welchen nicht. Sarah, Simon, Lea, Franziska und drei Eierschalen saßen rund um einen großen Tisch auf Hockern. Im Faltengebirge des Tischtuchs kugelten Pappteller, Plastikbecher, Papierschlangen, Trinkhalme, Konfetti und kleine Figuren herum.

Ich schaute auf das Tablett auf dem Tisch. »Das ist aber kein Vanillepudding.«

Simons Mutter berührte mich an der Schulter, als wäre es ihre eigene.

»Glaub mir, Mäuschen, ich habe die Törtchen selbst gemacht.«

Mäuschen. Törtchen. Ich fuhr mit meiner Zunge über meine Schneidezähne. »Aber Vanillepudding ist gelb.«

»Da ist Lebensmittelfarbe drin. Regenbogenpudding. Ist doch lustig.«

War das eine Frage?

Sie nahm ein grünes Törtchen mit ihren bloßen Fingern und legte es mir auf den Teller. Ich schluckte die Brocken im Hals hinunter, ballte meine Hände zu Fäusten und stemmte meine Fingernägel in die Handballen.

Simon biss in ein knallrotes Törtchen und hielt es mir nah vor mein Gesicht. Am liebsten hätte ich es ihm aus der Hand geschlagen. »Ist ja wurscht, oder? Schmeckt genauso.«

Riri erinnerte mich daran, dass mir falsche Bilder nichts mehr ausmachten. Sie saß auf meinem Törtchen und tippte mit ihren Krallen auf die grüne Puddinghaut. Es war, als würde sie mich auffordern, in einen Flecken Moos zu beißen. Ich dachte an das Katzenbuch. Wenn ein Mensch genauso gut springen könnte wie eine Katze, könnte er aus dem Stand über eine Giraffe springen. Ich spannte meine Muskeln an, sprang, aus dem Stand, über das falsche Bild, und biss hinein.

»Lecker, oder?«, fragte Franziska und ich nickte. Als

Franziska die schwere Plastikflasche nahm und ihren Becher damit auffüllen wollte, schwappte ein Schwall Cola unkontrolliert heraus und sie lachte mir daraufhin laute, zerkaute Puddingkuchen-Brösel entgegen. Ich rutschte mit dem Hocker ein Stück zurück, jedes der vier Beine kratzte an der Innenseite meiner Stirn. Ich schwitzte unter dem Pullover und zog ihn aus.

»Cool«, sagte sie und berührte den glitzernden Aufdruck auf meinem Shirt mit ihrem Zeigefinger. Ich spürte die Schwanzspitze der Migräne an meinem Backenzahn. Dabei war das gar nicht möglich. Die war ja tot.

Ich bedankte mich.

»Spielen wir nachher draußen Volleyball?« Das war auf jeden Fall eine Frage.

Riri nickte.

»Sehr gern«, sagte ich. Offensichtlich wollte ich sehr gern nachher Volleyball spielen.

»Ich liebe Volleyball«, sagte Lea.

»Ich auch, ich liebe Volleyball«, sagte Franziska.

»Kann gar nicht genug davon kriegen«, sagte ich.

»Wirklich?«, fragte Lea.

»Hör mal, Volleyball ist mein zweiter Name. Je mehr Volleyball desto besser!«

Während wir für Simon Happy Birthday sangen – Tausende mikroskopisch kleine Kuchenbrösel in der Luft – sprang sein mittelalter Dalmatiner ununterbrochen aufgeregt in die Höhe, so als hätte ihm jemand gleich mehrere Frisbees geworfen. Vielleicht konnte er uns gar nicht hören, sah nur, wie sich unsere Lippen bewegten, und missverstand das Singen als Aufforderung zu spielen. Dalmatiner werden im Lauf ihres Lebens häufig taub.

»Wie alt ist dein Hund?«, fragte ich Simon nach dem letzten *to you.*

»Zehn Jahre«, sagte Simon. Ich sah blauen Pudding zwischen seinen Zähnen. »Wie ich ein Baby war, war er auch ein Baby«, fügte er hinzu, als hätte ich das nicht selbst ausrechnen können.

Ich setzte gerade an, Simon zu erklären, dass sein Hund dann wohl nicht mehr als, sagen wir, zwei Jahre zu leben hätte, als sich Riri vom Tisch erhob, auf mein Gesicht zuflog, zwei Zentimeter vor meiner Nase abrupt stehen blieb und auf meinen Schoß rutschte, so als wäre sie gegen eine Fensterscheibe geflogen. Ich stupste sie an, sie schüttelte sich und setzte sich auf mein Knie. Ich rollte meine Zunge der Breite nach ein und schwieg. Mein verschwiegenes Wissen drang als Schweißtropfen aus meinen Gesichtsporen und ich überlegte, wie sehr der Dalmatiner in seiner einsamen Existenz verstand, dass er sein Gehör verlor. Wie sehr er überhaupt verstand, dass er existierte.

»Wie heißt dein Hund?«, fragte Lea.

Das war eine gute Frage an einen Hundebesitzer.

»Napoleon«, antwortete Simon. Er hatte angefangen, seine Geschenke auszupacken, und alle Kinder schauten ihm konzentriert oder neugierig oder eifersüchtig dabei zu, während Napoleon unter dem Tisch Platz machte und sich mit einem Geschenkband beschäftigte. Simon packte Bücher, Stifte, ein Brettspiel und zwei Computerspiele aus und öffnete endlich das größte Paket von allen. Als er das

Papier herunterriss, kam, wie ich es vermutet hatte, ein Karton zum Vorschein. Simons Mutter beugte sich über ihren Sohn und schnitt mit dem Kuchenmesser die zugeklebten Kanten entlang. Sie würde nur ein bisschen helfen, den Rest könne er allein auspacken.

Als Simon den Karton öffnete, traute ich meinen Augen nicht. So etwas hatte ich noch nie gesehen. Bis obenhin türmte sich darin gelbes Füllmaterial in Form von Kartoffelchips. Ich kannte grünes Füllmaterial in Form von Erdnuss-Snips. Aber gelbe Chips! Meine Fingerkuppen wurden rosa, ich beugte mich über den Karton und nahm einen tiefen Atemzug durch die Nase. Ich solle mal weggehen da, meinte Simon, er könne ja sein Geschenk gar nicht herausholen, wenn ich meinen Kopf so tief in den Karton stecke. Er fasste mit beiden Händen in die Chips, um sein Geschenk zu ertasten.

Ich wollte es ebenfalls. Ich stellte es mir vor. Im Kopf grub ich meine Finger, dann meine Hände, zuerst bis zum Handgelenk, schließlich bis zum Ellbogen tief hinein. Die Chips umspülten meine Haut, während der Karton einen Geruch verströmte wie frisch aus dem Postverteilerzentrum.

»Weg da! Du sollst weg da! Das ist mein Geschenk!«
Hatte ich es wirklich getan?

Jemand, schleimig wie ein Wels, nahm plötzlich meinen rechten Arm und zog ihn heraus. Es war Simons Mutter, auf deren Händen allerlei Zeug vom Tag kleben musste. Grüner Pudding, Kuchenbrösel, Cola, Simons Bruder, Napoleon, Stimmen, stinkende Füße, kratzende Hocker. Ich riss mich aus ihrem Griff und schaufelte die Chips, die noch an meinen Händen klebten, so schnell und unauffällig wie möglich in meine Hosentaschen. Ich rannte damit aufs Klo, wobei ich auf dem Weg ein paar verlor, die Napoleon, hinter mir herlaufend, vom Boden aufschleckte, was Simons Mutter veranlasste, »Napoleon, aus! Aus! Pfui!«, zu rufen.

Im Klo war ich in Sicherheit und konnte mich in Ruhe mit den Chips beschäftigen. Riri wollte, dass ich da sofort wieder herauskam und zurück zu den anderen Kindern ging. Sofort! Sie klopfte mit dem Schnabel wild an die Klotür, durch den Spalt am Boden drängten die Spitzen ihrer Flügel. Ich stopfte die Chips zurück in die Hosentaschen und öffnete die Tür.

»Hast du was ins Klo geworfen?« Simons Mutter stand kilometerhoch vor mir und schaute mich böse oder nachsichtig oder besorgt an. Ich verstand nicht, worauf sie hinauswollte.

»Bitte sag, wenn du was ins Klo geworfen hast.«

Ich schüttelte den Kopf, auf dem Riri wieder Platz genommen hatte. Sie saß nicht ruhig wie sonst, sondern lief meinen Scheitel auf und ab, verhedderte sich mit ihren Krallen und zog an meinen Haaren. Ich biss die Zähne zusammen.

»Entschuldigung«, sagte ich zu Simons Mutter.

»Ist schon gut«, sagte sie. »Bist du immer so still, Alex?«, fragte sie dann, obwohl ich ja gerade etwas gesagt hatte. Es war besser, nichts zu sagen, wenn es keinen passenden Text gab. Wenn Franziska zum Beispiel sagte: Mir fällt gerade nicht ein, wo meine Mama die Sticker gekauft hat, war das okay. Aber wenn ich sagte: Mir fällt gerade nicht ein, wie alt ich bin, war das nicht okay. Und sehr gefährlich.

»Du bist aber ein braves Mädchen. Gehst du nächstes Jahr auch ins Gymnasium wie unser Simon?«

Ich nickte.

Stundenlang aß ich bunte Sachen. Ich beschwerte mich nicht über die Sitzgelegenheiten, die lauten Stimmen, die Schweißfüße und Schmatzlaute der anderen Kinder. Ich sagte nichts, obwohl sie ständig in mich hineinkrachten und mir alle Knochen im Körper wehtaten. Ich lachte an den richtigen Stellen. Ich ignorierte den Papierkorb im Wohnzimmer, aus dem ich mehrere Kuverts und eine Kartonversandtasche hervorlugen sah. Ich spielte mit den anderen Kindern Stille Post. Stille Post!

Als ich mich im Wintergarten auf den Boden hockte, um meine Schuhe anzuziehen, bemerkte ich Franziska, die sich halb hinter der Garderobe versteckte wie eine Barbe hinter einem Brückenpfeiler, still und abwartend. Ich war damit beschäftigt, meine kindergeburtstagsheißen Füße in die Schuhe zu zwängen. Riri schnappte die Schnürsenkel, flog Schleifen in der Luft und half mir beim Binden.

Ich schaute Franziska in die Augen.

»Wenn es so kalt ist wie heute, darf ich nicht ohne Jacke hinaus«, sagte sie.

Das war ein Problem, das ich gut kannte. Ich erklärte ihr, auch ich müsse meine Jacke anziehen, obwohl ich keine Lust dazu hatte und obwohl mir überhaupt nie kalt war.

Franziska meinte, das sei nicht das Problem, sie wolle die Jacke ja anziehen, aber sie dürfe nicht, es sei ihr verboten.

»Also *diese* nicht.« Sie tippte auf das Logo ihrer Jacke, ein Mensch auf einem Pferd, der einen Stab in der Luft schwingt. Die Jacke sei sehr teuer, die sei nicht zum Spielen im Garten. Eine Träne rann über Franziskas Gesicht.

Ich reichte ihr meine Jacke.

Sie fragte, ob ich sicher sei und ob mir dann nicht selbst kalt werde, so als hätte ich ihr nicht gerade erklärt, dass mir nie kalt war. Sie bedankte sich, indem sie mich umarmte. Es fühlte sich schön an.

Für ein paar Minuten war ich zufrieden im Garten, jackenlos, zwei Feuerwanzen dabei beobachtend, wie sie an einem Baumsamen saugten und damit die Mauer entlang kletterten, so leicht. Dann befahl Simons Mutter, dass ich Simons Jacke anziehe. Ich versuchte ihr zu erklären, dass mir nicht kalt war und ich keine fremde Jacke brauchte. Doch es war vergeblich, denn Riri war sich mit Simons Mutter einig und befahl das Jackenanziehen ebenso. Und dann befahl Riri immer weiter. Riri befahl Volleyball, befahl laufen, befahl verstecken, befahl Sesselkreis, befahl lachen an den richtigen Stellen. Riri befahl –

SpongeBob S01E3

SpongeBob besucht seine Freundin Sandy in ihrem Zuhause. Sandy ist ein Landeichhörnchen. Sie lebt unter einer mit Luft gefüllten Glaskuppel im Meer und trägt eine Art Astronautenanzug.

Sandy: »Das ist mein Luft-Helm.« SpongeBob: »Darf ich mal aufsetzen?«

Sandy: »Lieber nicht, damit muss ich atmen. Ich brauch meine Luft.«

SpongeBob: »Geht mir auch so. Luft ist toll. Ich liebe Luft!«

Sandy: »Echt ey?«

SpongeBob: »Hör mal, Luft ist mein zweiter Name. Je mehr Luft, desto besser. Ich kann gar nicht genug davon kriegen.«

Sandy: »Weißt du, du bist das erste Unterwasserlebewesen, was mich unter Wasser besuchen kommt.«

SpongeBob: »Ich kann mir gar nicht vorstellen, warum!«

Man könnte mal Patrick fragen

Patrick stand mit nacktem Oberkörper auf der Straße vor unserem Haus und wusch sein Auto. Ich setzte mich neben den VW auf die Gehsteigkante und Riri setzte sich auf die Motorhaube, was ein hörbares Knacken verursachte, weil sie zur Größe eines ausgewachsenen Buntspechts herangewachsen war.

Patricks weiße Schuhe lagen auf der Straße, die Bänder mehrmals gerissen und wieder zusammengeknotet, die Socken hineingestopft. Wasser und Schaum rannen vom Auto hinunter auf den Boden und zwischen seine Zehen. Die Jeans hatte er bis zu den Waden hochgekrempelt, im Halbbogen oberhalb der Fußknöchel hatte er neuerdings zwei Namen in geschwungenen Buchstaben tätowiert, auf jeder Seite einen: *Alex* links und *Nina* rechts. Er wischte die Fahrertür trocken, so konzentriert, dass ich dachte, er hätte mich nicht bemerkt, bis er fragte: »Und deine Tante war wirklich bei uns gestern?«

»Sie ist nicht meine Tante.«

»Warum habt ihr mir nix gesagt?«

»Hab nicht gewusst, dass sie kommt.«

»Sie muss ja einen guten Grund gehabt haben, rauszugehen? Hat sie nach mir gefragt?«

Ich zog die Schultern nach oben, zählte bis zwei und ließ sie wieder fallen. »Weiß nicht.«

»Du weißt nicht, ob sie nach mir gefragt hat? Komm, Alex.« Er holte einen großen, weißen Bogen Papier aus dem Kofferraum. »Nein, wirklich, komm her. Halt das bitte mal. Aber ganz still, man muss aufpassen wie ein Haftelmacher, sonst hab ich lauter Blasen drin.«

Ich stand auf und hielt das eine Ende des Papierbogens fest. Ich passte auf wie ein Haftelmacher.

»Atmen darfst du schon.«

»Ich will aber nicht.«

»Schau mal, ist das gerade?«

Ich überlegte, wie ich ihm am besten von Riri erzählen sollte, während er das Papier mit Malerkreppband auf dem Lack befestigte. Mit einer Spachtel strich er das Papier glatt. Dann zog er das Papier ab und die Beklebung kam zum Vorschein: ein grinsender Krake, der neun Arme in alle Richtungen ausbreitete, darunter der Schriftzug www.folienfisch.at.

»Meine neue Firma. Was sagst?«

»Der hat neun Arme.«

»Und?«

»Das ist einer zu viel.«

»Das ist doch bitte wurscht, Alex. Wie findest du's?«

»Tintenfische sind keine Fische.«

»Das ist doch scheißegal!«

Aber mir ist es nicht egal! Sie drückt mich in den Boden rein!, wollte ich brüllen, weil es mir wirklich schon reichte, dass niemand mit mir über Riris Gewicht nachdachte.

Er sah mich zum ersten Mal an. »Was ist mit deinem Gesicht?«

Ich betastete meine Wangen.

»Du schaust aus, wie an die Wand gespieben. Ist was?«

»Was weißt du über Vögel?«

»Ah, es geht um diesen Vogel.«

Ich schaute schnell zu Riri, aber Patrick schaute nicht mit, und Riri bewegte sich nicht.

»Schau nicht wie die Kuh, wenn's blitzt, Nina hat mir von deinem Vogel erzählt.«

»Nina?«, fragte ich.

»Bist du sicher, dass sie nicht nach mir gefragt hat? Sowas wie *Ist der Patrick auch da* oder *Wo ist der Patrick eigentlich* oder *Der Patrick, was macht der*?«

»Ich weiß schon, welche Fragen du meinst. Ich bin nicht blöd.«

»Und? Hat sie gefragt?«

»Kann sein.«

»Kann sein, kann sein. Sonst merkst du dir jeden Scheiß.«

»Was hat dir Nina erzählt?«

»Dass du irgendeinen Vogel gesehen hast und dass du mit ihm geredet hast oder was weiß ich. Deswegen brauchst jetzt nicht gleich durchdrehen, Alex, so arg ist das nicht.«

Ich setzte mich wieder auf die Gehsteigkante. Riri war von der Motorhaube auf den Gartenzaun geflogen und wippte dort mit ihrem Schwanz auf und ab.

Patrick machte Fotos von der Beklebung, dann drehte er sich zu mir um und kam auf mich zu. Er setzte sich neben mich, warf seine Schuhe von der Straße in unseren

Garten und wischte mir mit seiner rechten Hand, die nach Klebstoff und Waschmittel roch, abwechselnd über beide Wangen.

»Du darfst dich nicht immer so reinsteigern. Immer steigerst du dich in alles so rein.«

»Aber Riri wird immer schwerer.«

»Riri?«

Ich deutete auf den Gartenzaun. Patrick schaute fast in die richtige Richtung.

»So nennst du den Vogel, den du gesehen hast? Alex, ich würd solche Sachen nicht so viel rumerzählen. Oder du redest halt mit deiner Redetante drüber. Dafür wird die ja bezahlt.«

Ich überlegte. Das letzte Mal, als ich Frau Granegger ein Geheimnis anvertraut und ihr von unserem Lagerraum-Deal erzählt hatte, bekam Nina Schwierigkeiten. Ich schwieg und schaute offenbar irgendwie.

»Wenn's dir eh wurscht ist, was ich dir sag. Ich sag nur, wenn du mit irgendeinem Viech redest, okay, aber du kannst nicht überall herumrennen und davon erzählen. Die Leute glauben sonst, du bist gestört.« Er tippte mit seinem rechten Zeigefinger auf meine Stirn.

Aber ich hatte ja niemandem von Riri erzählt! Es blieb doch immer nur bei Versuchen!

»Ich bin nur ein Kind«, sagte ich, weil mir nichts anderes dazu einfiel.

»Auch als Kind muss man nicht immer Scheiß daherreden.«

Er stand auf, ging ein paar Schritte um den VW herum und betrachtete das fertige Werk. Er wischte Riris Kacke von der Motorhaube, während ich mir die Kieselsteine von den Fußsohlen wischte. Auf meinem Weg zum Haus drehte ich mich zu Patrick um und legte meine rechte Hand auf die Stirn, wie es Menschen machen, wenn ihnen etwas einfällt.

»Ah«, sagte ich. »Ja, Onkel. Jetzt weiß ich's wieder. Sie hat nach dir gefragt.«

Auf Wiedersehen, Alex

»Mit dem Geld können wir ab jetzt was anderes machen«, sagte Nina, als sie mich zur Tür brachte.

»Was denn?«, fragte ich.

»Das sehen wir dann schon. Hauptsache, was anderes.« Sie legte mir zum Abschied ihre Hände auf meine Schultern und sagte, sie würde in 50 Minuten wieder hier auf mich warten. Danach hätte ich mir eine Belohnung verdient.

»Gestern habe ich mit meiner Nichte wieder einmal Arielle geschaut«, sagte Frau Granegger im Redezimmer.

Ich saß ihr gegenüber und starrte auf das Bild an der Wand. Die Farben erreichten mich nicht.

Die kleine Meerjungfrau würde sie immer an mich erinnern. Die großen Augen, die langen Haare. Außerdem würden wir eine Leidenschaft teilen: die Leidenschaft, Dinge zu sammeln. Arielle hätte doch diese riesige Sammlung an Gegenständen aus der Menschenwelt, oder etwa nicht?

Ja, in Arielles Unterwasserwelt glitzert es vor Kandelabern, Krügen, Gemälden, Figuren und Essbesteck.

»Das ist wie mit deinen Briefumschlägen.«

»Die Post ist mir egal.«

»Entschuldige, habe ich vergessen.«

Ich schaute nach oben, in alle vier Ecken des Zimmers. Dann zum Fensterbrett, ins Bücherregal, aufs Bücherregal, zum Kleiderständer, zum Schuhregal. Ich konnte Riri nirgendwo sehen.

»Die Vergangenheit kann wehtun. Man kann von ihr davonrennen oder aus ihr lernen.«

»Ist das aus Arielle?«

»König der Löwen.«

»Den kenne ich noch gar nicht. Muss ich mir anschauen.« Manchmal hatte ich das Gefühl, Frau Granegger hatte, obwohl sie schon alt war, in ihrem Leben erst drei Filme gesehen. Etwas raschelte hinter mir, dort in der Ecke mit den Pflanzen, und ich drehte mich schnell um. Nichts zu sehen.

»Brauchst du nicht.« Ich fuhr mit meinen Fingerkuppen über die hölzerne Lehne des Sessels. »Löwen halt.«

Frau Granegger schob ihre Brille ins Haar und strich die Worte, die sie gerade notiert hatte, wieder aus ihrem Notizheft. Sie war eine ordentliche Person, die mir wirklich zuhörte. Eigentlich wollte ich gar nicht mehr dazu sagen, aber es sprudelte immer weiter aus mir heraus. »Hanuta Hananta, Hakunamatata. Wieso sagt der Onkel dem Simba, er soll weglaufen? Er könnte ihn doch gleich töten, weil das will er ja? Und wie macht Simba das mit dem Regen, wie bringt er den Regen zurück? Der Film hat so viele Fehler.«

»Hm, vielleicht sollte ich ihn doch anschauen, damit wir darüber sprechen können?«

»Ich schaue diese Babyfilme schon lange nicht mehr. Kennst du Spiel mir das Lied vom Tod? Kennst du die Szene mit der Fliege im Revolver?«

Frau Granegger schaute irgendwie.

»Oder nein, doch nicht«, log ich. »Habe ich verwechselt.

Den Film habe ich gar nicht gesehen. Nina sagt, der ist ab 16.«

»Okay.« Sie nahm einen Krug vom Tisch und schenkte zwei Gläser Wasser ein. »Du sitzt ja jetzt schon eine gute Weile mit den anderen in der Klasse.«

»Frau Granegger, hast du gewusst, dass der Affe in Der König der Löwen gar kein Mandrill ist, weil er einen Schwanz hat wie ein Pavian?«

»Ich muss gestehen, ich glaube, ich weiß ad hoc nicht einmal, wie ein Mandrill aussieht.«

»Walt Disney auch nicht! Keiner dort ist auf die Idee gekommen, den Mandrillschwanz so zu zeichnen, wie er in Wirklichkeit aussieht, diesen senkrecht abstehenden Stummelschwanz, der seinen rotblauen Hintern nicht verdeckt. Warum nicht?«

»Gute Frage. Ich nehme an –«

»Weil Leute nicht in einen Affenhintern hineinschauen wollen. Frau Granegger, hast du gewusst, dass Nemo in Findet Nemo falsche Augen hat?«

»Also reden wir jetzt doch über Babyfilme?«

»Hast du?«

»Nein. Inwiefern?«

»Clownfische haben in Wirklichkeit orange Augen. Die Leute von Pixar haben ihm Augen wie bei einem Menschen gemalt.«

»Und woher weißt du das alles?«

Ich zog meine Schultern nach oben, zählte bis zwei und ließ sie wieder fallen.

»Ich interessiere mich halt dafür. Jetzt muss ich mich aber für Katzen interessieren.«

»Du *musst*?«

Wir schauten uns zum ersten Mal an diesem Nachmittag in die Augen. Frau Graneggers Augen waren blau und grau und faltig.

Sie stand auf, nahm ihr Wasserglas, ging zum Fenster und goss eine der vielen Pflanzen im Redezimmer. Wenn Riri jetzt aus der Pflanzenecke herausgekommen und in die Luft geflogen wäre, vielleicht hätte Frau Granegger zumindest gesehen, wie sich die Blätter ihrer Pflanzen bewegten. Aber nichts bewegte sich.

Frau Granegger kam zu mir zurück und setzte sich wieder.

»Wie geht's dir mit den anderen Kindern in der Klasse?«

Anders als in den Filmen sieht man im echten Leben nicht, wer die Bösewichte sind. In der Klasse war ich ständig in Gefahr. Immer konnten mir die anderen Kinder etwas antun. Doch Riri beschützte mich vor den anderen Kindern.

Ich war das Nashorn und Riri der Madenhacker. Sie hackte und hackte und hackte.

»Gut.«

»Deine Mama sagt, es läuft sogar so gut, dass du fürs Erste nicht mehr zu mir kommen brauchst.«

»Mhm.«

»Und wie läuft es, wenn es gut läuft, kannst du mir das beschreiben?«

Ich schaute noch einmal zu den Pflanzen. Stille. Ich schaute noch einmal in jede Ecke des Redezimmers. Stille. Ein letztes Mal.

»Magst du mir eine Antwort geben?«

Wie es läuft, wenn es gut läuft

Ich kann alle Texte. Nina steht in unserer Küche im Sonnenlicht. *Was ist, redest du nix mehr?* Trilliarden Dinge teilen sich einen Moment. Mein Kopf ist ein Raum ist eine Kugel und Gedankenpistolenkugeln knallen gestern, heute, morgen gegen die Innenwände. Wer drückt ab? *Du könntest Sarah oder Franziska zu uns einladen.* Ninas heiße Worte, immer aus einer anderen Richtung auf mich zurasend. Wir sitzen auf meinem Bett, sie frisiert mir die Haare und Riri springt auf meinen Kopf und macht wieder alles kaputt. Sie macht alles kaputt. *Gibst du mir eine Antwort, Alex?* War das eine Frage? War das? Patrick trommelt mit seinen Fingern auf die Tischplatte und die Lederjacke rutscht von der Sessellehne auf den Boden. *Patrick, wann ist etwas tot?* Magst du mir eine Antwort geben? Weg da! Du sollst weg da! Niemand weiß, wo Franziska aufhört und Simon anfängt. Ihr seid ein einziger, riesengroßer, stacheliger Block für mich. Bitte sag, wenn du etwas ins Klo geworfen hast. Bitte sag's. Bitte sag's. Bitte sag's. Ich kann alles sagen, was ich will. Riri, von vorne bis hinten. Gleichmäßig links-rechts. Ein rechter und ein linker Flügel. Ein rechtes und ein linkes Auge. Schlaf doch einfach, Riri. Du musst total müde sein. Wenn es so heiß ist wie in diesem Raum, wie in diesem Kopf, ist sie noch schwerer. Ins Gymnasium, Gymnasium, Gymnasium, Gymnasium. Wir gehen ins Gymnasium. Mir fällt gerade nicht ein, wie alt ich bin. Rede keinen Unsinn. Niemand wird als Fisch geboren. Ich aber schon! Schwimmen muss man üben. Ich aber nicht! Glaub mir, Mäuschen, das muss man üben. Das muss man üben, Mäuschen. Auf zum Batmobil, Nina! Wenn Nina nicht antwortet, ist das nicht schlimm. Sie ist die Erwachsene. Es ist nicht schlimm, dass du einen Vogel gesehen hast. Aber Riri sitzt hier, Nina, groß und fett, direkt vor deiner Nase! So stolz. Nina geht mit mir einkaufen. Sie kauft mir ein rosa Schminkset für junge Damen. *Ich bin so stolz auf dich, Alex.* Ich verlasse mich drauf. Ich weiß alles über Hunde. Ich weiß alles über Katzen. Ich weiß alles über niedliche Tiere mit Fell. Unter dem Meer. Patrick kommt in mein Zimmer und kratzt sich laut am Kopf. *Übertreiben musst du's aber auch nicht.* Ich verdiene mir Belohnungen. Film schauen, hm, wie wär's? Film schauen, hm? Hm? Ich kann nicht mehr. DVD, DVD, DVD, DVD, DVD, Devaude. Was wir tun, zeigt wer wir sind. Ich muss auf Repeat drücken. Ich muss auf Repeat drücken. Ich muss auf Repeat drücken. Ich muss auf Stopp drücken. Schauen tun wir aber mit den Augen, gell. Alex hatte Spaß. Nina, ich muss mit dir reden. Wir setzen uns an unseren Tisch, Nina macht Abendessen und wir reden. Wir sprechen über Schwimmen, Radfahren, Röcke, Hosen, Urlaube unter der heißen Sonne.

Interessant, sage ich müde. *Interessant*, sage ich müde. *Interessant*, sage ich müde. *Interessant*, sage ich müde. *Interessant*, sage ich müde.

Patrick steht am Fenster und sieht hinaus in unseren Garten wie ein Batman, der nachdenkt. Nina wirft ihre Arme in die Luft. *Sag mal, würde es dich umbringen, wenn du ein einziges Mal die Schuhe wegstellst, Patrick?* Würde es? Würde es? Würde es, Patrick? Schon mal über eine Giraffe gesprungen, Frau Scheffel? Aus dem Stand, meine ich? In Giraffe steckt Affe, aber Riri hilft mir beim Muskelanspannen. Falls Sie das Gefühl kennen, meine ich. Sagst du bitte, wenn du speiben musst. Ich muss nicht mehr speiben. Etwas leuchtet in mir, wenn ich einen Brief in der Hand halte. Darum das Knochennagen. Riri, lass meine Haare los! Ich sitze auf einem Holzsessel und Patrick steht hinter mir. Er hat meinen Zopf schlecht gemacht. Superschlecht gemacht. *Verklag mich doch!* Schon okay, ein wahrer Held wird nicht durch die Größe seiner Kraft bestimmt, sondern durch die Größe seines Herzens. Was im Inneren ist. Was zählt mein Wissen? Hanuta, hanata, was kümmert mich dein Kater. Hör auf damit, Riri! Und: danke. Stille Post hat nichts mit der wirklichen Post zu tun. Überhaupt nichts mit der wirklichen Post zu tun. Stille Post, stille Vanille, stille Vanille, stille Vanille, stille Vanille, stille Vanille, stille Vanille, stille Vanille. Stille Post ist nicht still. Das heißt nur so. Aber ich muss deswegen nicht mehr schmelzen. *Früher hättest du ein Tamtam gemacht.* Ein Riesen-Tamtam. Geh von mir runter. Geh runter! Das Gewicht, Nina. Auf meinem Kopf. Ich kann meine Füße nicht mehr sehen. Der Boden hat sie verschluckt. Die Frau im Schwimmunterricht fragt mich nach meinem Namen. *Und du, Spatz? Ich bin das Koch-Kind.* Ja, ja, richtig. Das Koch-Kind. Wir alle meinen das Koch-Kind, wenn wir sagen: Das hast du sehr gut gemacht.

Wer springt täglich über Giraffen?

Ich.

Und wer ist der Bösewicht?

Liebe

Manchmal findet man eine Fährte, wo man sie nicht erwartet hätte. Ich blätterte in Patricks Tattoo-Design-Buch und da stand es schwarz auf weiß: Die Nachtigall ist das Symbol für die Liebe. Ich musste alles über die Liebe wissen.

Ich bemalte meine Lippen rot. Meine Augenlider blau. Meine Wangen rosa. Ich schlug beim Sitzen auf der blauen Couch ein Bein über das andere. Ich fuhr mir mit den Händen übers Knie und warf den Kopf zurück. Ich stand vor dem Fernseher, ging in die Hocke, verwandelte meine Wirbelsäule in eine wendige Schlange und tanzte sexy wie Rihanna. Riri saß schwer auf meinem Kopf und ich sagte:

»Bruce, du magst im Inneren noch immer der großartige Junge von früher sein. Aber was man im Inneren ist, zählt nicht. Das, was wir tun, zeigt, wer wir sind.« Und: »Es gibt nichts Mächtigeres als die Liebe.«

Patrick nannte mich Lolita und schüttelte seinen Kopf.

»Lass sie doch«, zischte Nina und nannte mich eine junge Dame. Wir standen vor dem Spiegel, Nina hatte meine Haare in die Hände genommen und war mir mit dem Kamm in die verfilzten, nassen Spitzen gefahren. Ich sollte sagen, wenn es wehtut. Meine Kopfhaut kribbelte angenehm. Sie schaute mich im Spiegel an. Die rote, schmierige Farbe war weit über die Ränder meiner Lippen getreten. Ein Welsmaul. »Das machst du mir aber nur zu Hause, nicht in der Schule, kapischi?«

Ich schaute in den Spiegel und gleichzeitig Nina in die Augen. »Kapischi.«

»Weißt du, man kann sich auch anders schön machen.« Sie holte ein Kettchen aus der Lade und ließ es vor meinem Gesicht baumeln. Am Kettchen hing ein kleiner Marienkäfer.

»Nein, danke.«

»Wie, nein, danke?«

»Ich brauche diesen toten Käfer nicht.«

»Das ist aber kein Käfer, Alex. Das ist doch nur etwas, das *aussieht* wie ein Käfer.«

»Das könnte man über jeden toten Käfer sagen.«

Ich schlug vor, dass wir ihn zwischen die Fenster legen. Nina schaute überrascht oder enttäuscht oder gleichgültig. Jedenfalls war sie mit meinem Vorschlag einverstanden. Sie zog ein Taschentuch aus der Box und wischte mir den Lippenstift ab.

»So.« Sie sah mich im Spiegel an. »Jetzt wird's ernst. Letzte Chance. Bist du dir sicher?« Ich nickte.

Sie holte die Schere aus der Lade und fing an, meine langen Haare abzuschneiden. Sie fielen schwer zu Boden.

»Nina, wie ist das mit der Liebe?«

»Was meinst du?«

»Gibt es wirklich nichts Mächtigeres?«

»Gibt es nichts Mächtigeres? Was ist das für eine Frage?«

»Aber gibt es nichts?«

»Liebe tut weh«, kam es plötzlich aus der Duschtasse.

Patrick saß dort unten und schnitt sich die Zehennägel. Wir starrten zu ihm hinunter und er schaute endlich auf. Sein Gesicht war rot wie die Liebe.

Das alles half mir nicht weiter. Denn eigentlich musste ich ja gar nicht alles über die Liebe wissen, sondern nur, was nach ihr kommt. Erlischt die Liebe schnell wie eine normale Geburtstagskerze oder langsam wie eine Wunderkerze, die in der Sekunde nach dem Ausblasen wieder aufflammt? Hatten wir uns anfangs wie Verliebte angesehen, Riri und ich, rutschte ich jetzt an den Rändern ihrer brunnenlochtiefen Augen ab und fiel immer weiter ins Dunkel. Wir fanden keinen einzigen Laut, kein Wort, um uns zu verständigen. Die Frage war nämlich, wie lange sie noch vorhatte zu bleiben.

»Wann fliegst du wieder nach Afrika?«, fragte ich sie immer wieder. Worte, klein wie Babyvögel. Gigantisch, wenn sie nicht verstanden, nicht beantwortet werden.

Wenn ich es schaffte, sie von mir herunterzubekommen, saß sie die meiste Zeit mit hängenden Flügeln und erhobenem Schwanz auf meinem Kasten und schaute auf mich herab. Nicht nur ich war müde. Auch Riri war erschöpft von der Arbeit, die sie mit mir hatte. An den Wochenenden, wenn sie weniger zu tun hatte, flog sie zwar manchmal aus dem Fenster und hopste, wie es für die Nachtigall üblich ist, in großen Sprüngen durch unseren Garten. Sie fraß, was sie im Winter finden konnte. Am liebsten Insekten, die sie, wenn nötig, auf den Boden schleuderte, bis sie sich nicht mehr rührten. Immer kam sie nach ihren kurzen Ausflügen wieder zu mir zurück.

Wann beginnt für die Nachtigall der Winter? Bei Erich Horstkotte las ich nach, die Nachtigall würde im Spätsommer heimlich ins Unterholz verschwinden, so dass man ihren Wegzug Anfang September kaum bemerken würde. Nicht Riri. Riri saß weiterhin auf mir. Ich spürte, wie sie meinen Kopf in den Hals hineindrückte, auch wenn sie einmal gar nicht auf mir saß.

Auf diese Weise schrumpfte ich Tag für Tag. Ich bat Nina, mich abzumessen. Sie staunte, meinte, das gebe es ja nicht, und schüttelte das Zentimetermaß in der Luft, als hätte das das Ergebnis beeinflussen können. Vielleicht waren auch die Menschen um mich herum ursprünglich größer. Vielleicht folgten alle anderen ebenfalls ihren unsichtbaren Vögeln auf den Köpfen. Die Erwachsenen im Supermarkt, die Fernsehmoderatoren, die Super Nannys, die Mütter, die Väter, die Onkel und Tanten, die Lehrer, die Gärtner, die Ärzte und auch die Postboten.

Rote Sachen

Ich öffnete den Kasten und streichelte meinen Mantel, wie man ein geliebtes Tier streichelt. Riri flog im Sturzflug auf meine rechte Schulter, zog an meinem rechten Ohrläppchen, ein Tropfen Blut floss heraus und ich schloss den Kasten wieder. Ich zog ein Unterhemd und einen Pullover an, schlüpfte in eine Strumpfhose, dann in einen Rock und ging hinunter ins Wohnzimmer.

Ich öffnete den Kühlschrank, entdeckte die vorbereitete Lasagne, nahm ein Päckchen Apfelsaft heraus und schloss die Tür wieder, so als wäre nichts. Ich zog die Schuhe an und setzte mich ins Auto.

»Das hast du sehr gut gemacht. Gar nicht so schwer, oder?« Nina lächelte mich an. Vielmehr lächelte sie den Pullover, die Strumpfhose, den Rock und die Schuhe an. Kleidungsstücke waren Stellvertreter meiner Selbst.

»Wir fahren zum Spar und danach bleibe ich noch beim Anker stehen und hole uns einen Mohnkuchen, wie wäre das?«

Sie schaute in den Rückspiegel und fing meine Augen ein.

»Was ist, redest du nicht mehr? Was hast du da am Auge?«

»Nix.«

»Wie ist das passiert?«

»Ist nur ein Krallenkratzer, Nina.«

»Ein was für ein Kratzer?«

Sie drehte sich zu mir um, schnappte meinen rechten Unterschenkel und schüttelte mein Bein, als wollte sie mich wecken. »Weißt du, wie stolz ich auf dich bin?«

Ich wusste es nicht. Und ich wusste auch nicht, ob ich darauf antworten musste. Ich dachte an Batman und seine Freundin. *Bruce, mach mich nicht zu deiner einzigen Hoffnung auf ein normales Leben.*

Ich sagte nichts. Nina lächelte.

Riri gurrte befremdlich wie ein Täubchen.

Wir fuhren zum Spar und ich ging, so wie ich es schon lange Zeit machte, ohne Vorkommnisse durch die Schiebetür ins Innere. Riris Gewicht hatte mich so fest in den Boden hineingeschraubt, dass mich falsche Bilder nicht mehr ins Wanken bringen konnten. Ich bewegte mich sicher durch die heißen Gänge, scheinbar gleichgültig und unauffällig wie alle anderen. Ich legte Waren in den Einkaufskorb, sagte Guten Tag zu Fremden und reichte sogar meine rechte Hand, wo es angebracht war. Ich ließ Ninas Kollegin meine Schulter berühren. Sie schenkte mir einen Gegenstand und ich bedankte mich.

Nina ging unserem neuen gemeinsamen Hobby nach und zeigte auf ein anderes Kind, das weinend vor dem Regal mit dem Gummizeug stand. Weinende Kinder konnte man immer und überall entdecken: im Spar, am Sparparkplatz, in der Fußgängerzone. Nina machte es Freude, auf jedes einzelne von ihnen zu zeigen. »Schau mal, Alex, die kleine, raunzende Sardelle da!« Sie lachte. Ich lachte mit. Früher hatte Nina viel Schlimmes mit mir durchgemacht. *Es war schlimmer, als du es dir vorstellen kannst*, sagte sie einmal.

Der Stand mit den Faschingssachen war so mickrig, wie ich ihn mir vorgestellt hatte. Vier schmale Regale, darunter ein kleiner Wühlkorb. Daneben ein etwas größerer Wühlkorb, gefüllt mit Kostümen für Babys. Riri setzte sich hoch oben über unseren Köpfen auf eine Neonröhre und Nina warf Papierschlangen, Konfetti und eine kleine Dose Glitzer in den Einkaufswagen. Sie nahm die Packung mit den Schminkstiften, las die Beschreibung und legte sie wieder zurück. Sie wühlte in dem etwas größeren Korb, zog verschiedene Kleidungsstücke heraus und warf sie wieder zurück. Dann wühlte sie im kleinen Korb und holte einen Plastikstern mit der Aufschrift *Sheriff* heraus. Was wollte sie damit? Sie sah ihn einige Zeit lang an, nachdenklich oder liebevoll oder zufrieden. Dann führte sie den falschen Stern zum Mund, so als würde sie ihn gleich essen. Sie öffnete ihre Lippen. Kurz bevor der Stern jedoch in ihrem Mund verschwand, machte sie Halt und hauchte. Sie hauchte auf den Stern, als wäre er aus Metall! Sie zog den rechten Ärmel ihres Pullovers lang und polierte den Stern wie eine Übergeschnappte.

Ich schwitzte.

»Schau nicht so verzwickt, der ist nicht schlecht.«

»Ich brauche einen Revolver, Nina.«

»Aber brauchst du den wirklich? Reicht es nicht, wenn ich dir die Springschnur wie ein Lasso zusammenbinde? Cowboys haben doch –«

»Ich bin aber kein Cowboy!«, rief ich. »Ich bin ein Bandit!«

»Okay, okay.« Sie stellte sich auf die Zehenspitzen, griff nach dem einzigen Revolver, den es im Spar gab, und warf ihn in den Einkaufswagen.

Ich schaute irgendwie.

»Dieser oder keiner Alex, wir haben keinen Goldesel.«

Goldesel, Goldesel, Goldesel. War ein Goldesel ein Esel voller Gold oder ein Esel aus Gold?

»Wrahhh!« Ninas Gesicht klebte plötzlich ganz nah an meinem. Riri saß ebenso plötzlich schwer auf meinem Kopf und spiegelte sich in Ninas schreckgeweiteten Augen. In Ninas Mund steckten Vampirzähne. Sie lachte, nahm die Zähne wieder heraus, Speichel tropfte über ihr Kinn, und sie warf die Zähne in den Wühlkorb zurück.

Sie nahm meine linke Hand und ich wartete darauf, dass ihre Zufriedenheit durch meine Fingerkuppen in mich eindringen und mich von innen ausschwemmen würde.

Herzen können nicht brechen, aber platzen können sie bestimmt. Mein Herz platzte vor Liebe zu Nina. Es gab nichts Schöneres, als zu wissen, dass sie abends heil zu Hause und kein Dach auf sie eingestürzt war. Es gab nichts Schöneres, als sie so zufrieden zu sehen. Zufrieden mit mir. Nina. Mein kühler, großer, weicher Felsenpinguin. Meine Mama.

Als wir vom Einkaufen zurückkamen, schaltete Nina das Backrohr ein, holte die Lasagne aus dem Kühlschrank und stellte sie hinein.

»Wie stolz bist du auf mich?«, fragte ich sie, während sie die grünen Salatblätter abzupfte und wusch.

»Sehr stolz. Und nicht nur ich bin stolz auf dich. Auch Frau Scheffel.«

Dass ich beim Klassenausflug dabei war. Bis zum Schluss! Dass ich in der Garderobe kein Tamtam mehr machte, wenn es darum ging, mich anzuziehen. Dass ich nicht mehr speiben musste und auch mal meinen Platz wechselte, wie die anderen Kinder. Dass ich überhaupt im Unterricht nicht mehr störte.

»Nina.«

»Ja?«

»Hast du gewusst, dass, wenn Menschen genauso hoch springen könnten wie Katzen, dass sie dann aus dem Stand über eine Giraffe springen könnten?«

»Lustig.«

Sie rührte in der Salatschüssel herum und schickte mich Händewaschen. Weil es kein Problem mehr war, mich Händewaschen zu schicken.

Ich ging ins Badezimmer, ohne das Licht anzuschalten. Trotzdem konnte ich Riris Silhouette im Spiegel erkennen. Ich drehte den Wasserhahn auf, wusch meine Hände und drehte ihn wieder zu. Ich trocknete meine Hände, indem ich sie in der Luft schüttelte. Riri stieg für einen Moment ebenfalls in die Luft. Ich drehte den Wasserhahn wieder auf, das Wasser lief und lief. Riri flog aufgeregt durchs Badezimmer. Ich wusch meine Hände und wusch meine Hände und wusch meine Hände. Riri zog mit ihren Krallen an meinen Haaren. Ich drehte den Wasserhahn zu, schüttelte mit aller Kraft meine Hände in der Luft und BAM! erwischte Riri mit einem Schlag meiner Rechten.

Sie knallte gegen den Spiegel und rutschte benommen hinunter aufs Waschbecken. Sie stellte sich auf die Beine, plusterte ihr Gefieder, schüttelte ein paar Wassertropfen ab und flog auf meinen Kopf.

»Was treibst du so lange?!«, rief Nina aus der Küche. Ich ging zurück und setzte mich an den Tisch.

»Freust du dich schon auf das Faschingsfest?«

Sie kam von hinten an mich heran, beugte sich über mich und küsste meinen Kopf. Riri sprang zeitgleich von dort weg, hinunter auf die Tischplatte. Ich saugte Ninas Fructis-Shampoo-Duft ein. Ja, ich würde zum Faschingsfest in die Sporthalle gehen. *Da kannst dir gleich die Kugel geben. Fünftausend Kinder im Zuckerrausch*, hatte Patrick gesagt, als ich ihm von meinem Vorhaben erzählte. Ich schwitzte.

»Es ist noch sehr viel zu tun«, sagte ich.

Nie hätte Nina gedacht, dass ich so problemlos auf Kinderfeste gehen würde, dass ich sogar Spaß daran hätte! Ob das nicht wunderschön sei, Spaß zu haben mit den anderen Kindern? Wie sehr es sie glücklich machte, mich glücklich zu sehen.

Ich lächelte.

Ninas Freude quoll nur so aus ihr heraus und sie wollte gar nicht mehr aufhören, über mich zu sprechen. Ich blickte immer wieder zwischen Kühlschrank und Backrohr hin und her und wusste nicht mehr, ob die Strömung, die mich erwischte, angenehm kühl oder gefährlich heiß war.

Dass ich das Postthema nicht mehr bis zu den Knochen abnagen musste, auch das finde sie befreiend, ich nicht auch?

Ich lächelte. Abgenagte Knochen.

»Nina?«

»Ja?«

»Hast du gewusst, dass Spatzen Zigarettenstummel verwenden, um sie in ihre Nester einzubauen?«

»Ist das nicht giftig und gefährlich für die Spatzen?«

»Ja.«

Sie stellte die Lasagne auf den Tisch, stach zwei Stücke aus der Auflaufform und legte sie auf unsere Teller. Sie teilte ihr Stück in kleinere Stücke, der Dampf stieg auf und das Faschierte lief über die Nudelplatten wie ein Rudel aufgescheuchter Wanzen.

Ich blickte auf meinen Teller. Rot. Rot waren bereits meine Lippen, meine Zunge, mein Gaumen. Bei roten Sachen hatte ich das Gefühl, mich selbst zu essen. Ich wollte mich nicht essen. Mir grauste. Gleich musste ich es tun. Gleich musste ich über die Giraffe springen und mich selbst essen. Es war ein Moment von Trilliarden Momenten, über die ich jeden Tag springen musste.

»Ich bin müde«, sagte ich und legte die Gabel weg.

»Du kannst dich nach dem Essen hinlegen. Geht schon, leg los. Ist nicht so heiß.«

Ich konnte nicht.

Riri setzte sich auf meinen linken Unterarm und hackte mit dem Schnabel auf mich ein. Ich versuchte sie abzuschütteln, doch es gelang mir nicht.

»Hab ich dir schon erzählt, gestern war der Regionalverkaufsleiter da. Du weißt schon, der, der immer so komisch wippt beim Gehen. Du hast ihn schon mal gesehen. Der mit der Schwammerlfrisur.«

»Mhm.«

»Frau Koch, hat er zu mir gesagt, ich habe heute nicht viel Zeit, ich schau mir nur die Schlichttechnik an. Ich mache jeweils eine Stichprobe in der Streckzone, Sichtzone, Greifzone und Bückzone. Ja, bitte, wenn du Namen dafür brauchst, habe ich mir gedacht. Aber nicht gesagt natürlich. Und wie wir im Trockensortiment waren, hat er lange auf die Knabbereien geschaut und plötzlich, als hätte er irgendeine Vision gehabt, hat er die Paprika-Riffle-Chips-Packung rausgezogen. Dabei sind drei andere Packungen rausgefallen!«

Ich starrte an Ninas Gesicht vorbei auf den Kühlschrank im Wohnzimmer. Ich stellte mir vor, wie ich die Tür öffnete und alles Stück für Stück herausräumte. In meinem Kopf leerte ich die Gemüselade, legte Paprika, Gurke, Salat, Käse, Joghurts, Wurst, Eier, Milch, einfach alles auf den Boden. Riri würde schwer auf meinem Kopf sitzen, sich, nachdem ich sie von dort verscheucht hätte, auf den Kühlschrank setzen und jede meiner Bewegungen beobachten. Ich würde die Ablagen aus den Verankerungen fädeln und sie herausziehen. Vor mir ein Alexandra-hoher, kalter Raum.

»Wie hat er gewusst, dass das passiert, woran hat er das gesehen? Ob ich denke, dass das gut geschlichtet ist, hat er mich gefragt. Ob ihm klar ist, wie viele Chips er mit der Aktion zerbröselt hat, habe ich mir gedacht. Aber gesagt habe ich natürlich nichts. Also er ist schon ein Trottel, aber trotzdem, wie hat er das gesehen, dass die Chips dahinter nicht gut geschlichtet waren? Ich habe das nicht gesehen.«

Mit einer um den Türgriff gebundenen Schnur würde ich in den Kühlschrank einsteigen und die Tür von innen zuziehen. Und Riri flatternd, flatternd, flatternd und protestierend, hätte keine Chance, zu mir durchzudringen.

»Warum weinst du?«, fragte Nina.

»Ich weine gar nicht.«

»Natürlich weinst du. Was ist los?«

»Ich weine nicht.«

Nina schaute irgendwie.

Ich sprang vom Tisch auf, lief zur Küchenlade und holte eine zweite Gabel für meine zweite Hand.

Nina schaute enttäuscht oder erschrocken oder verängstigt.

»Mutter.«

»Ja, Kind?«

»Du bist nicht stolz auf mich.«

»Klar bin ich stolz auf dich.«

»Nein. Du bist stolz auf Riri.«

»Riri?«

Ich zeigte mit der rechten Gabel in meiner rechten Hand auf meinen linken Unterarm, auf dem Riri mit gefährlich ungeduldigen Augen saß. Die Zinken der Gabel spiegelten sich in ihren schwarzen Augen.

»Nennen dich die anderen Kinder jetzt so?«

»Ich bin doch nicht Riri, Nina!«

»Dann eben Alex. Ich bin stolz auf dich, Alex.«

»Riri. Du bist stolz auf Riri«, sagte ich und legte die Gabeln weg.

Nina schaute verwirrt in den Teller. Sie aß einen Bissen,

hörte zu kauen auf, hob ihren Kopf und BAM! sah mir brunnenlochtief in die Augen.

»Sag einmal, hat's dich?!«

Ein dampfendes, rotes Stück Faschiertes mit Béchamelschlieren, weiß wie Sehnen, glitt von ihrem Haaransatz über die Stirn das Gesicht entlang und klatsche vor ihr auf den Tisch.

Ich wischte meine roten Finger in der Strumpfhose ab.

»Was soll das? Was stimmt nicht mit dir?!« Nina rang um Luft.

Ich griff noch einmal mit beiden Händen in die Lasagne und warf ihr eine weitere Portion auf die Brust.

Ja. Was denn?

Geschichten

Geschichten beginnen zum Beispiel mit einem Kescher: Nemo schwimmt im weiten, blauen Pazifik, la la la, schwimmt knapp unter die Wasseroberfläche und hält mutig oder leichtsinnig oder lebensmüde seine Flosse an ein Boot. Jemand taucht von oben den Kescher ins Wasser und Zack! fischt den Fisch heraus. Ich glaube, Geschichten könnten auch so enden.

Flying Amigo III

Henry Fonda blickt in die Ferne, hinter ihm bauschen ungeheuer weiße Wolken, er selbst ist ganz in Schwarz gekleidet, weil er der Böse ist. Schwarze, eng sitzende Hosen, der Revolvergürtel hängt quer über der Hüfte, von dort ist eine Hand gerade dabei, die glänzende Waffe zu ziehen, während die andere nach unten hängt, als gäbe es nichts Natürlicheres auf der Welt, als der zweite Arm an einem den Revolver ziehenden Körper zu sein. Sein Hemd wird von der Colorado-Sonne beschienen und bekommt dadurch einen rötlichen Stich, was ich mithilfe meiner Schreibtischlampe gut imitieren konnte. Sein Hut: wie frisch aus der Manufaktur. Mein Hut: von Conny.

Ich blickte zwischen Spiegel und Bild hin und her, immer wieder, und verglich Henrys Erscheinung mit meiner. Das Bild hatte ich aus dem Heftchen, das in der DVD-Hülle steckte. Ich hatte es ausgeschnitten und mit Tixo an die Wand geklebt. Nina dachte, ich würde nur dieses eine Bild kennen, dabei hatte ich ja längst den ganzen, langen Film gesehen. Es war mir unbegreiflich, warum Nina darauf bestand, dass ich damit warten sollte, bis ich 16 war. Bis auf einen Gehängten, bei dem von Anfang an klar war, dass er sterben würde, konnte ich nicht viel Schlimmes entdecken. Zu Beginn wird eine Familie ausgelöscht, das schon, aber der Film bietet keine Gelegenheit, die Familie kennenzulernen, sie fehlt einem also nicht. Das Töten von Figuren ist eine billige Masche, um das Publikum zu rühren. Stirbt eine Figur in einem Film, ist es immer schrecklich bedeutsam. Denn der Tod ist für die Menschen bedeutsam. Vielleicht erschossen sich die anderen Kinder im Schulhof oder an der Bushaltestelle deswegen immer mit unsichtbaren Pistolen. Mir bedeutete dieses Spiel nichts.

Ich aß einen Butterkeks und betrachtete mich. Anders als ich trug Henry auf dem Bild kein Halstuch, aber Nina meinte, es würde meinem Kostüm guttun, ich könnte es wie ein Bandit über Mund und Nase ziehen. Keine Ahnung, warum ich auf sie gehört hatte. Es hing tausendfach falsch um meinen Hals. Über Mund und Nase geschoben, hätte es die Chance gehabt, echt auszusehen, doch ich bekam keine Luft damit und zerrte es wieder herunter, den Knoten im Nacken. Der Revolver in meiner Hand fühlte sich auch nicht richtig an. Er war aus Plastik und viel zu leicht. *Dieser oder keiner. Wir haben keinen Goldesel.* Lieber war ich ein unbewaffneter Bandit als ein Bandit mit falscher Waffe. Ich zog den Revolver aus dem Hosenbund und warf ihn unter den Schreibtisch. Ich ärgerte mich sofort, dass ich ihn so unbedacht geworfen hatte, niemand im Haus sollte geweckt werden. Patrick war nicht da. Nina hatte zwar ein gutes Gehör, aber zum Glück auch einen tiefen Schlaf. Aber der Wäscheberg neben meinem Bett regte sich. Ich duckte mich schnell. Gottseidank saß der Hut auf meinem Kopf, so konnte sie nicht an meine Haare herankommen. Sie landete auf dem Spiegel und sah mich an. Als hätte ich noch ein Paar Augen gebraucht, um sie auf die vielen Fehler zu richten.

Das größte Problem waren die Stiefel. Ich hatte sie mehrere Nachmittage lang mit Ölkreide bearbeitet. Es sollte realistisch aussehen. Ich wollte Stiefel, die vieles erlebt hatten: einen Ritt quer durch Arizona, oder zumindest durch die spanischen Badlands, wo man, wie ich aus dem Heftchen in der DVD-Hülle wusste, Spiel mir das Lied vom Tod gedreht hatte. Ich wollte ein von Steigbügeln gekerbtes Leder, einen Rist, der schon öfter eine leere Whiskeyflasche weggekickt hatte, und Fersen, denen man ansah, dass sie täglich auf sprödem Verandaholz abgelegt wurden. Nina hatte gemeint, ich müsste nur auf die Straße marschieren und die Schuhe, sie sagte wirklich *Schuhe*, ein bisschen »einstauben«. Ich trat näher an den Spiegel heran und sah, wie mir das Projekt entglitten war. Die Farbgebung war völlig daneben, das Vorhaben, meinen Stiefeln Geschichte anzudichten, gescheitert. Henry Fonda, er sah über mich hinweg. In die Ferne, dorthin, wo die Männer breitbeinig standen. Ich spürte einen heftigen Schmerz im Hals und erst als ich meinen Blick von den Stiefeln in mein Gesicht richtete, entdeckte ich mich selbst, wie ich an dem Halstuch zerrte, wie ein Hund, der sich in die Wade des Postboten verbeißt. Ich zerrte und zerrte, der Stoff war feucht, nicht von verschüttetem Whiskey oder Kautabakspucke, sondern von unmännlichen Tränen. Das Tuch schnitt sich in meine Haut, der Knoten zog sich immer fester zusammen.

Wenigstens war da ein Stern an meiner Brust. Ich schüttelte meinen Kopf. Stern? Ich war verdammt noch mal kein Sheriff, ich war ein Bandit! Was sollte der Stern da überhaupt? Was sollte der Stern da? Was sollte der Stern da? Was sollte der Stern da? Wie viele Fehler verträgt ein Kostüm?

BAM! Riri verpasste mir einen Krallenhieb ins Gesicht. Mit meinem Blut an den Füßen zog sie Kreise knapp unter der Zimmerdecke, dann hüpfte sie rasend schnell über den Boden und hinterließ Spuren, die aussahen wie kleine Flugzeuge. Die Krallenabdrücke ignorierend und einer eigenen Zeit gehorchend, rollte eines meiner Haarbüschel im Wind, der durchs Fenster hereinkam, quer durchs Zimmer wie ein Steppenläufer. Riri stieg wieder in die Luft und landete so unsanft auf meinem Nachtkasten, dass die alte Fischlampe über die Kante rutschte und herunterfiel. Ich hatte ihr den Rücken zugedreht, im Spiegel verdeckte mein Körper den ihren. Ich spürte den brunnenlochtiefen Blick zwischen meinen Schulterblättern, während ich in Henry Fondas schneidend blaue Augen schaute.

»Ich habe schon mal drei von diesen Mänteln gesehen«, sagte ich. »Sie haben am Bahnhof auf jemanden gewartet. In den Mänteln waren drei Männer und in den Männern drei Kugeln.«

Behutsam machte ich einen Schritt auf den Kasten zu. Ich öffnete die Tür und sah: Scuttle. Ich griff schnell nach seiner Lehne und zog ihn heraus. Ich drehte den Butterkeks in meiner rechten Hand und warf ihn hinein. Sie zögerte keine Sekunde, flog in den Kasten und stürzte sich auf den Keks, wie Vinko sich damals auf einen

Hühnerflügel gestürzt hatte. Ich knallte die Kastentür hinter ihr zu, versperrte sie und legte den Schlüssel auf die Kommode. Sie wehrte sich etwa fünf Minuten lang nicht, danach fing sie in ihrer Gefangenschaft an, Radau zu machen und sich immer wieder gegen die Tür zu werfen. Unter heftigem Schlagen und Klopfen setzte ich mich das erste Mal seit sehr langer Zeit auf Scuttle und ich spürte, dass er mir nicht böse war, dass er mich wie früher umarmte. Ich blickte aus dem Fenster, wo der Himmel langsam seine Farbe wechselte. Am dunkelsten ist die Nacht vor der Dämmerung.

* * *

Im Morgenlicht lag ich nackt auf dem Boden, in Ninas Armen, wie ein Baby.

»Ich bin kein Bandit«, sagte ich zu ihr.

Sie atmete schnell, Tränen rannen in einer ununterbrochenen Schnur aus ihren Augen wie Wasser von einem Eiszapfen, an den man ein Feuerzeug hält. Ihre Arme zitterten in Ehrfurcht vor dem, was sie gerade getan hatte.

»Ich habe dich gerade vom Fensterbrett heruntergeholt«, sagte sie mehr zu sich selbst als zu mir, einfach, damit sie begreifen konnte.

»Ich bin kein Bandit«, wiederholte ich.

»Ist gut, Riri. Du bist kein Bandit. Du musst kein Bandit sein.«

»Ich bin auch nicht Riri.«

Sie sah mich an und streichelte über meinen linken Oberarm. »Verstehe. Du bist nicht Riri. Du bist Alex.«

Nina robbte mit mir über den Boden und lehnte mich mit dem Rücken ans Bett. Es schepperte dumpf im Kasten und Kleiderbügel schlugen hell klirrend aneinander. Obwohl Nina offenbar nichts davon gehört hatte, stand sie auf, ging zum Kasten und rüttelte an der verschlossenen Tür. Ich wollte sie davon abhalten, stattdessen deutete ich auf die Kommode, wo der Schlüssel lag. Sie steckte den Schlüssel ins Loch, drehte, die Tür öffnete sich, ich sah hinein, doch ich sah nur Schwarz. Sie holte meinen Mantel heraus und zog ihn mir an.

»Und jetzt?«, fragte ich.

»Jetzt«, sagte sie. »Jetzt lässt du mich nachdenken.«

Sie hockte sich neben mich auf den Boden, wischte Rotz und Tränen von ihren Händen in die Pyjamahose und schnappte sich einen Butterkeks von meinem Nachtkasten. Während sie nachdachte, aß sie locker fünf Kekse. Eine frische Gegenwart bröselte von ihren Lippen herunter, was Riri dazu veranlasste, aus dem Dunkel des Kastens herauszukommen. Sie hüpfte heraus, selbstbewusst und so als sei nichts gewesen, wie es ihre Art war. Sie pickte die frischen Brösel auf, Nina sah über den Vorgang hinweg.

»Du weißt, wie gefährlich das gerade war?«, sagte sie endlich. »Du hättest aus dem Fenster fallen können.«

»Ja.«

»Du hättest dir die Beine brechen können.«

»Ja.«

»Oder Schlimmeres.«

»Ja.«

»Es hat mit diesem Vogel zu tun, von dem du mir erzählt hast. Habe ich recht?«

Ich nickte.

»Du bist nicht Riri, habe ich recht?«

»Ich bin nicht Riri. Das ist Riri.« Ich zeigte mit ausgestrecktem Finger auf den Vogel, der einen Meter von uns entfernt saß.

Nina sog den Keksmatsch aus ihren Backenzähnen. Etwas in ihrem Gesicht veränderte sich. Ich rechnete damit, dass sie den Keksmatsch jeden Moment seitlich aus dem Mund auf den Boden spucken würde wie Kautabak, aber sie schaute nur. Sie schaute mit den großen Augen, die sie nun einmal hatte. Sie schaute mit den Augen einer Claudia Cardinale in der Schlussszene. Sie schaute, wie Claudia Cardinale schaut, als Charles Bronson in die Hütte kommt, seine Sachen vom Nagel nimmt und sagt: Tja, ich muss gehen.

Das war aber nicht Ninas Text.

»Da bist du ja«, sagte sie stattdessen und ich folgte ihrem Blick, um zu sehen, ob sie wirklich sah, was ich sah. Ob sie sie erkannte. Sie kniff ein Auge zu, streckte ihre Hand aus, formte mit Zeigefinger und Daumen eine Pistole und zielte, tatsächlich, genau auf Riri. Riri schüttelte sich, spreizte ihre Flügel, die mittlerweile die Spannweite eines Mäusebussards hatten und neigte überrascht ihren Kopf. Nina zögerte nicht, ließ den Daumen nach vorne kippen und drückte ab.

Riri machte Piep!, flog in die Luft und landete auf meinem Kopf.

Ich schleppte mich auf allen Vieren mit ihr auf dem Kopf unter meinen Schreibtisch, schnappte den Revolver und warf ihn Nina zu. Nina, immerhin die Tochter eines

Jägers, zielte mit sicherer Hand. Riri, obwohl sie gewachsen war, ihrem Wesen nach noch ganz die alte Nachtigall, blickte schicksalsergeben in den Lauf, dem Lauf der Dinge entgegen.

Nina machte Pew!

Ich spürte, wie sich ihre Beine von meinem Kopf zurückzogen und sie hinter meinem Nacken zu Boden stürzte. Nina blies auf das Ende des Laufs, um ihn zu kühlen, und steckte den Revolver in den Gummibund ihres Pyjamas. Eine kleine Rauchwolke stieg auf und verflüchtigte sich über unseren Köpfen.

Etwas in mir wehrte sich gegen dieses Ende und Riri hob einen Flügel. Sie plusterte ihr Gefieder und stand wieder auf den Beinen.

»Der Revolver ist nicht echt, Nina.«

Nina überlegte kurz, dann sprang sie vom Boden auf und lief aus dem Zimmer. Ich hörte ihre Schritte, dann ein Schieben, ein Klappern und Knacken. Ich hörte, wie Nina die Dachbodenluke in ihrem Schlafzimmer öffnete und wieder schloss. Sie kam zurück und stellte sich breitbeinig in den Türrahmen.

Ich saß auf dem Boden und blickte zu ihr hinauf. Meine Froschperspektive ließ sie bis an die Zimmerdecke wachsen. Ihre nackten Zehen, ihre flatternde Pyjamahose, das weite T-Shirt und die starken Arme, die aus den Ärmeln herauswuchsen. Mit dem rechten Arm stützte sie sich auf Patricks Jagdgewehr ab, als wäre es ein Spazierstock.

Riri flatterte.

Eine Sopranstimme über Geigen und Hörnern, anschwellend, holte den Chor ab, und Nina legte das Gewehr an. Die Langsamkeit, mit der sie es tat. Ihr unerbittlicher Blick, der sich an der Nasenspitze vorbei, den Gewehrlauf entlang in der staubigen Landschaft meines Zimmers entlud.

Nina machte Puff! und Riri fiel um.

Ich schaute auf den reglosen Vogel, den müden Schnabel, die schlappen Flügel, die Federn, wie sie sich ganz ohne eigenen Willen dem Wind hingaben, der durchs offene Fenster kam. Die lebendigen Holunderaugen.

»Erledigt«, sagte Nina und half mir vom Boden auf.

»Und jetzt?«, fragte ich.

»Und jetzt, Frühstück.«